Berufsverbote für Geschäftsleiter von Kapitalgesellschaften

Europäische Hochschulschriften
Publications Universitaires Européennes
European University Studies

Reihe II
Rechtswissenschaft

Série II Series II
Droit
Law

Bd./Vol. 4612

PETER LANG
Frankfurt am Main · Berlin · Bern · Bruxelles · New York · Oxford · Wien

Christiane Martin

Berufsverbote für Geschäftsleiter von Kapitalgesellschaften

Analyse und Änderungsvorschläge mit rechtsvergleichender Würdigung des Company Directors Disqualification Act 1986

PETER LANG
Internationaler Verlag der Wissenschaften

Bibliografische Information der Deutschen Nationalbibliothek
Die Deutsche Nationalbibliothek verzeichnet diese Publikation in der Deutschen Nationalbibliografie; detaillierte bibliografische Daten sind im Internet über <http://www.d-nb.de> abrufbar.

Zugl.: Marburg, Univ., Diss., 2007

D 4
ISSN 0531-7312
ISBN 978-3-631-57369-3

www.peterlang.de

Meinen Eltern

Danksagung

Mein herzlichster Dank gilt Frau Prof. Dr. Katja Langenbucher, die meine Arbeit betreut hat und mir stets als Ansprechpartner zur Seite stand.

Bedanken möchte ich mich zudem bei Herrn Prof. Dr. Johannes Wertenbruch, der sich als Zweitgutachter der Arbeit angenommen und das Gutachten in kurzer Zeit erstellt hat.

Dank, verbunden mit tiefster Zuneigung und großem Respekt, möchte ich auch meinen Eltern, Dorothee und Georg Martin, sagen, deren immerwährende Unterstützung es mir erst ermöglicht hat, meinen Lebensweg bis hierher zu gehen und diese Arbeit zu schreiben.

Liebevoll und unterstützend zur Seite gestanden hat mir auch mein Freund Lars Fleischer. Hab vielen Dank dafür.

Wertvolle Hilfe hat mir schließlich auch Heike Schwengber geleistet, indem sie die mühevolle Arbeit des Korrekturlesens übernommen hat. Mein herzlicher Dank ist ihr sicher.

Christiane Martin
Menden, im Juni 2007

Inhaltsverzeichnis

Abkürzungsverzeichnis 15

Einführung und Gang der Arbeit 17

A. Aufgaben von Berufsverboten für Geschäftsleiter 21
- I. Bekämpfung von Wirtschaftskriminalität 21
- II. Gewährleistung von Mindeststandards guter Unternehmensführung 24
- III. Korrektiv für fehlende „Berufseingangskontrollen" 28
- IV. Berufsverbote als Instrument für effektiven Gläubigerschutz 31
- V. Prävention 33
- VI. Director's Disqualification: Berufsverbote in Großbritannien 35
- VII. Zusammenfassung 38

B. Ausgestaltung von Berufsverboten: Defizite und Ansätze für eine Novellierung 39
- I. Berufsverbote in Deutschland: § 6 II 3 GmbHG und § 76 III 3 AktG 39
  - 1. § 6 II 3 GmbHG, § 76 III 3 AktG 40
  - 2. §§ 6 II 4 GmbHG, 76 III 4 AktG iVm § 70 StGB: Bestellungs- und Tätigkeitshindernis aufgrund gerichtlichen Urteils 41
    - a. Inhalt 41
    - b. Rechtsfolgen 42
  - 3. §§ 6 II 4 GmbHG, 76 III 4 AktG iVm verwaltungsbehördlicher Entscheidung 43
    - a. Inhalt 44
      - aa. Der Begriff der Unzuverlässigkeit 44
      - bb. Adressat des Gewerbeverbots 45
    - b. Rechtsfolgen 47
- II. Berufsverbote in Großbritannien: Der Company Director's Disqualification Act 47
  - 1. Disqualifizierungsgründe 48
    - a. S. 2 CDDA: Gesellschaftsbezogene Verbrechen 48

b. Ss.3, 5 CDDA: Dauerhafte Verstöße gegen gesellschaftsrechtliche Bestimmungen 48
c. S. 4 CDDA: Fraudulent Trading 49
d. S. 6 CDDA: unfitness 50
e. S. 8 CDDA: Disqualifizierung nach Unternehmensuntersuchung 50
f. S. 9 A-E CDDA: Wettbewerbsverstösse 51
g. S. 10 CDDA: Wrongful trading 52
h. S. 11 CDDA: Bankrott 53
2. Rechtsfolgen 53
III. Strohmanngestaltungen 55
1. Lösungen durch den CDDA 56
a. Verbot des Handelns als shadow director 56
b. Verbot des Handelns als de facto director 57
c. Verbot der anderweitigen Ausübung von Leitungsmacht 58
2. Die Strohmannproblematik bei §§ 6 II 3 GmbHG, 76 III 3 AktG 59
a. Amtsunfähige Person als Schattendirektor 59
b. Amtsunfähige Person als externer Berater 59
c. Alleingesellschafter als faktischer Geschäftsführer 60
d. Faktische Geschäftsführung in Mehrpersonengesellschaften 60
IV. Gläubigerschutz 60
1. Gläubigerschutz im CDDA 61
a. Allgemeines 61
b. Im Besonderen: Die Disqualifizierung wegen unfitness 62
aa. Kriterien der unfitness im Anhang zum CDDA 62
bb. Die Entwicklung des Begriffs der unfitness in der Rechtsprechung 64
(1) Breach of commercial probity and morality 65
(2) Lack of competence 70
c. Zusammenfassung 73
2. Gläubigerschutz bei §§ 6 II 3 GmbHG, 76 III 3 AktG 74
V. Grenzübergreifende Wirkung von Berufsverboten 75
1. Grenzübergreifende Wirkung der Disqualification order 76
a. Die Entscheidung Re Seagull Manufactoring (No.2) 76
b. Bewertung 77
aa. Anwendungsbereich 77
bb. Territoriale Reichweite 77
c. Zusammenfassung 80

2. Grenzübergreifende Wirkung der Berufsverbote aus §§ 6 II 3 GmbHG, 76 III 3 AktG ____ 81
a. Ausländische Verurteilungen und ausländische Berufsverbote ____ 82
b. Grenzüberschreitende Umgehungsgestaltungen ____ 86
c. Zusammenfassung ____ 88
VI. Verbotsverfahren ____ 88
1. Das Disqualifizierungsverfahren des CDDA ____ 89
a. Gerichtliche Zuständigkeit ____ 89
b. Disqualifizierungen im Rahmen von s. 6 CDDA (unfitness) 89
aa. Einleitung des Verfahrens ____ 89
bb. Verkürztes gerichtliches Verfahren: Carecraft procedure 90
cc. Disqualifizierung im Verwaltungsverfahren: disqualification undertakings ____ 91
c. Befreiung von der Disqualifizierungsanordnung: leave to act 94
d. Zusammenfassung ____ 96
2. Berufsverbotsverfahren im deutschen Recht ____ 97
VII. Durchsetzung von Verboten und Sanktionen bei Verstößen ____ 97
1. Durchsetzung und Sanktionen im CDDA ____ 97
2. Durchsetzung und Sanktionen bei §§ 6 II 3 GmbHG, 76 III 3 AktG ____ 99
VIII. Verfassungskonformität gesellschaftsrechtlicher Berufsverbote ____ 100
1. §§ 6 II 3 GmbHG, 76 III 3 AktG und Berufsfreiheit ____ 100
a. Berufsverbote als subjektive Zulassungsschranken ____ 100
b. Rechtfertigungswürdige Zwecke ____ 102
aa. Geeignetheit von Berufsverboten ____ 102
bb. Erforderlichkeit ____ 103
(1) Eignungsprüfung statt Berufsverbot ____ 103
(2) Inhaltliche Beschränkung ____ 103
(3) Differenzierung der Dauer von Berufsverboten ____ 104
(4) Berufsverbote als Ermessensentscheidung ____ 106
cc. Angemessenheit ____ 107
c. Zusammenfassung ____ 109
2. §§ 6 II 3 GmbHG, 76 III 3 AktG und der Gleichheitsgrundsatz 110
a. Die Gleichbehandlung von wesentlich Ungleichem ____ 110
aa. Gleichbehandlung ____ 111
bb. Verletzung des Gleichheitsgebotes ____ 112
b. Die Ungleichbehandlung von wesentlich Gleichem ____ 113
aa. Ungleichbehandlung ____ 113
bb. Verletzung des Gleichheitsgebotes ____ 115

c. Zusammenfassung 116
IX. Sonderproblem: Die gewerbsmäßige Unternehmensbestattung 117
1. Formen der Unternehmensbestattung 117
2. Großbritannien: phoenix-companies 120
3. Deutschland: Vermögenslosigkeit als Bestellungshindernis zur Bekämpfung der Unternehmensbestattungsproblematik? 121
X. Ergebnis 123

C. Neue Ansätze 127
I. Forderungssicherungsgesetz (FoSiG) und Gesetz zur Modernisierung des GmbH-Rechts und zur Mißbrauchsbekämpfung (MoMiG): Beseitigung der bisherigen Defizite? 128
1. Inhalt und Erwägungsgründe des FoSiG 128
2. Inhalt und Erwägungsgründe des MoMiG 129
3. Bewertung der Gesetzentwürfe 130
a. Kurzvergleich von FoSiG und MoMiG 131
b. Strohmanngestaltungen und Gesellschafterhaftung 131
aa. Arten von Strohmanngestaltungen 132
(1) Amtsunfähiger Gesellschafter, der sein Weisungsrecht ausübt 132
(2) Amtsunfähige Person als nicht geschäftsführender Vertreter 133
(3) Amtsunfähiger Allein- oder Mehrheitsgesellschafter als faktischer Geschäftsführer 133
(4) Amtsunfähiger Nichtgesellschafter als faktischer Geschäftsführer 133
bb. Haftungsausschluß analog § 43 GmbHG ? 134
(1) Exkurs: Haftungsausschlüsse im Rahmen von § 43 GmbHG 134
(2) Ergebnis 137
cc. Schadensersatzpflicht der Gesellschafter 137
dd. Strohmanngestaltungen in der AG 138
ee. Formulierungsmängel 138
c. Gläubigerschutz 139
aa. Einführung handels- und gesellschaftsrechtlicher Verbotstatbestände 139
bb. Strafrechtliche Verbotstatbestände: Verfassungsrechtliche Kritik 141
d. Grenzübergreifende Wirkung von Berufsverboten 144

e. Sonderproblem: Die gewerbsmäßige Unternehmensbestattung 144
aa. Die Lösung der Unternehmensbestattungsproblematik durch das MoMiG 144
bb. Bewertung 147
f. Verbleibende und neue verfassungsrechtliche Kritik an den Gesetzentwürfen 149
4. Zusammenfassung 149
II. Eigene Vorschläge: Weitere Verbotstatbestände 151
1. Allgemeine Vermögensstraftaten als verbotsauslösende Tatbestände 151
2. Öffentlich-rechtliche Pflichten 156
a. Arten von öffentlich-rechtlichen Pflichten 156
b. Angemessenheit und Notwendigkeit eines Tätigkeitsverbots bei Pflichtverletzung 157
3. Zivilrechtliche Geschäftsleiterpflichten 158
a. (Vor)Vertragliche Geschäftsleiterpflichten 159
b. Deliktische Verantwortlichkeit des Geschäftsleiters 160
c. Notwendigkeit eines Berufsverbots 162
4. Kapitalmarktbezogene Berufsverbote 164
a. § 14 WpHG: Insiderhandel 165
b. § 15 a WpHG: Director's Dealings 166
c. § 264 a StGB: Kapitalanlagebetrug 166
5. Zusammenfassung 167
III. Änderung der nationalen Berufsverbotsregelungen nach dem Vorbild des Company Directors Disqualification Act 168
1. Einführung einer unfitness-Regelung 168
a. Konzeptionelle Unterschiede der Rechtsordnungen und Unbestimmtheit des Begriffs 168
aa. Vergleich mit § 35 GewO: Das Merkmal der Unzuverlässigkeit 169
bb. Vergleich mit §§ 33, 36 KWG: Die Merkmale „Unzuverlässigkeit" und „fehlende Eignung" 170
b. Zusammenfassung 171
c. Bedürfnis für eine unfitness-Regelung im deutschen Recht 172
aa. Unfitness-Disqualifizierungen und erweiterte nationale Verbotstatbestände: Ein Inhaltsvergleich 172
bb. Kompensation für fehlendes Mindestkapital? 173
cc. Stellungnahmen in der Literatur 174
dd. Kritik an der unfitness-Regelung im CDDA 176

d. Zusammenfassung 177
2. Verfahrensfragen 177
a. Bedürfnis für ein eigenes Tätigkeitsverbotsverfahren wie im CDDA 177
b. Praktikabilität eines eigenen Berufsverbotsverfahrens 178
c. Zusammenfassung 178
d. Ausnahmen von Berufsverboten? 178
3. Dauer von Berufsverboten 180
a. Ermessensentscheidung 180
b. Dauer 181
4. Strohmanngestaltungen 183
5. Sanktionen bei Verstössen 184
a. Sanktionen gegen disqualifizierte Geschäftsleiter 184
b. Sanktionen gegen beherrschte, nicht disqualifizierte Geschäftsleiter 185
c. Gesellschafterhaftung 186
d. Eintragung des Berufsverbots in ein öffentliches Register 188
aa. Eintragung in das Bundeszentralregister 188
bb. Eintragung in das elektronische Handelsregister 189
e. Beschwerde-Hotline 190
6. Grenzübergreifende Wirkung von Tätigkeitsverboten 192
a. Grenzüberschreitende Umgehungsgestaltungen 192
aa. Eignung der englischen Lösung zur Übernahme in das deutsche Recht 192
bb. Sonderanknüpfung für ausländische Gesellschaften 193
cc. Vorschlag Hirtes 195
b. Ausländische Verurteilungen und ausländische Berufsverbote 200
aa. Eignung der englischen Regelung zur Übernahme in das deutsche Recht? 200
bb. Eigener Vorschlag 201
cc. Reformansätze auf europäischer Ebene 205

Zusammenfassung 207

Ergebnis 209

Literaturverzeichnis 211

Anhang 225

Abkürzungsverzeichnis

In dieser Arbeit wurden nur allgemein gebräuchliche und im Duden, Die deutsche Rechtschreibung, Mannheim 2006, aufgeführte Abkürzungen gebraucht.

Für die deutsche Fachterminologie wird verwiesen auf Kirchner, Hildebert und Butz, Cornelie; Abkürzungsverzeichnis der deutschen Rechtssprache, 5. Auflage, Berlin 2003.

Darüber hinaus wurden folgende Abkürzungen verwendet:

All ER	All England Law Reports
All ER Rep.	All England Law Reports Reprint
BCC	British Company Law Cases
BCLC	Butterworths Company Law Cases
CA	Companies Act
IA	Insolvency Act
JBL	Journal of Business Law
WLR	Weekly Law Reports

Einführung und Gang der Arbeit

Geschäftsleiter von Kapitalgesellschaften besetzen eine verantwortungsvolle Position. Geleitet von der Aufgabe, das Unternehmen möglichst ertragreich und zukunftssicher zu führen, müssen sie nicht nur die Interessen der Gesellschafter bzw. Anteilseigner im Blick haben, sondern auch und in ganz besonderer Weise die Belange der von der Gesellschaft abhängigen Personen. An erster Stelle sind hier die Mitarbeiter zu nennen, für die der Fortbestand des Unternehmens zugleich eine Sicherung ihrer Arbeitsplätze bedeutet. Eine kaum weniger schutzwürdige Gruppe stellen daneben die Gläubiger der Gesellschaft dar – seien es private oder öffentlich-rechtliche. Auch sie bauen – weniger persönliche, dafür umso mehr finanzielle – Abhängigkeiten zum Unternehmen auf und setzen aufgrund dessen ebenfalls Vertrauen in den Geschäftsleiter.

In zunehmendem Maße werden GmbH-Geschäftsführer und AG-Vorstandsmitglieder jedoch den an sie gestellten Ansprüchen nicht mehr gerecht. Wirtschaftsstraftaten wie Betrug, Untreue und Bankrottdelikte sind beinahe an der Tagesordnung. Das Wohl der schutzwürdigen Dritten außer Acht lassend, haben viele Geschäftsleiter oftmals nur die eigenen Vermögensinteressen im Blick. Die juristische Auseinandersetzung ist insbesondere in spektakulären Fällen wie EM.TV und Flowtex von großem öffentlichem Interesse begleitet worden.

Besonders deutlich zeigt sich der Verfall der kaufmännischen Moral bei Insolvenzen. Den wohl schwerwiegendsten Fall von Geschäftsleiterfehlverhalten stellen die sogenannten gewerbsmäßigen Unternehmensbestattungen dar, bei denen insolvenzreife Unternehmen allein zu dem Zweck verkauft werden, die alten Geschäftsführer und Gesellschafter aus jeglichen Haftungsrückgriffen zu entziehen und sich der unbefriedigten Gläubiger zu entledigen. Daneben gibt es zahlreiche Fälle von Insolvenzverschleppungen und andere Formen von Gläubigerbenachteiligung im Abwicklungsstadium.

Die zur Verantwortung gezogenen Beteiligten zeichnen sich sämtlich durch ein Verhaltensmuster aus, von dem das Wirtschaftsleben mehr und mehr geprägt wird: Der rücksichtslose Umgang mit Fremdgeldern, oftmals an kriminelles Verhalten heranreichende Vorgehensweisen mit dem Ziel, Gläubiger oder Anleger zu schädigen oder zumindest unter Inkaufnahme einer Schädigung Dritter einen eigenen Vorteil zu erlangen.

Ein Unrechtsbewußtsein fehlt oftmals bei den Verurteilten; aus ihren Äußerungen kann man sogar den Eindruck gewinnen, daß sie ihr unrechtmäßiges, zum großen Teil gar strafrechtlich relevantes Verhalten lediglich als Kavaliersdelikt begreifen. Dies nährt den Zweifel, ob sie in Zukunft ein moralisch einwandfreies und rechtmäßiges Verhalten an den Tag legen werden. Ihre Verurteilungen stellen anscheinend nur geringe Anreize zur Besserung dar. Dies ist nachvollziehbar, bedenkt man, daß Haftstrafen nur selten ausgesprochen werden und zivilrechtliche Schadensersatzverpflichtungen oft an Beweisschwierigkeiten scheitern. Über die damit nicht immer effektive straf- oder zivilrechtliche Verurteilung hinaus bleibt es den Tätern daneben unbenommen, weiterhin am Markt zu agieren, und das sogar in der gleichen oder einer ähnlichen Position wie vor ihrer Verurteilung. Damit fehlt dem juristischen Nachspiel ihres Fehlverhaltens nicht nur eine Anreizwirkung zu besserem Verhalten, sondern es ist ihm auch eine effektive Abschreckungswirkung für andere am Markt tätige, potentielle Täter fremd. Dieses Manko führt in der Folge dazu, daß die übrigen Marktteilnehmer schutzlos dem (wirtschafts)kriminellen Verhalten Einzelner ausgesetzt sind. Es bedarf daher eines Instruments, das sowohl eine eigenständige Anreizwirkung zu besserem Verhalten enthält und eine Abschreckungsfunktion ausübt, als auch die redlichen Marktteilnehmer vor dem unrechtmäßigen Verhalten Einzelner schützt.

Diese Arbeit begreift Berufsverbote für Geschäftsleiter als ein solches Instrument. Sie werden als Möglichkeit erkannt, Personen, die ungeeignet sind, den Posten als Geschäftsleiter einer Kapitalgesellschaft verantwortungsbewußt, seriös und gesetzmäßig gegenüber der Gesellschaft und Dritten auszufüllen, vom Marktgeschehen fernzuhalten.

Die Untersuchung beginnt mit der Frage, welche Aufgaben Berufsverbote für Geschäftsleiter von Kapitalgesellschaften sinnvollerweise erfüllen können. In einem nächsten Schritt wird erörtert, ob die bestehenden Berufsverbotsregelungen in §§ 6 II 3 GmbHG, 76 III 3 AktG dieser Aufgabenstellung gerecht werden oder ob sie hier an Defiziten kranken. Um einen Einstieg in die spätere eigentliche rechtsvergleichende Diskussion zu finden, stellt die Untersuchung hier auch die englische Parallelregelung vor: den Company Directors Disqualification Act 1986. Auch er wird daran gemessen, ob Disqualifizierungen, die auf seiner Grundlage ergehen, die an ihn gestellten Aufgaben erfüllen. Hinterfragt werden insbesondere die Fähigkeit der Berufsverbotsregelungen, Gläubigerschutz zu gewährleisten und Umgehungsgestaltungen – sei es in Form von Strohmanngestaltungen im Inland oder auch mittels grenzüberschreitender Konstellationen – verhindern zu können. Zu klären ist dabei unter anderem, ob und inwieweit §§ 6 II 3 GmbHG und 76 III 3 AktG grenzübergreifende Wirkung entfalten. Daneben widmet sich die Untersuchung dem Sonderproblem der Gewerbsmäßigen Unternehmensbestattung und erörtert die Nützlichkeit von Berufsverboten zur Bekämpfung dieser besonders sozialschädlichen Form von Wirtschaftskriminalität.

Im dritten und eigentlichen Hauptteil der Untersuchung werden Lösungsansätze diskutiert, wie die gesellschaftsrechtlichen Berufsverbotsregelungen in §§ 6 II 3 GmbHG und 76 III 3 AktG optimiert werden können. Dieser Aufgabe stellen sich das Gesetz zur Sicherung von Werkunternehmeransprüchen und zur verbesserten Durchsetzung von Forderungen (FoSiG) sowie das Gesetz zur Modernisierung des GmbH-Rechts und zur Mißbrauchsbekämpfung (MoMiG), zwei momentan in der parlamentarischen Beratung befindliche Gesetzentwürfe. Ob ihnen dieses Vorhaben gelingt, zeigt eine Bewertung der beiden Entwürfe. Beurteilungsmaßstab ist dabei der im ersten Teil entwickelte Aufgabenkatalog für Berufsverbote. Daneben werden eigene Reformansätze in die Diskussion eingebracht.

Schließlich findet der eigentliche Rechtsvergleich mit dem englischen Recht statt. Es wird erörtert, ob der Company Directors Disqualification Act ganz oder zumindest in Teilen ein Vorbild für eine Novellierung der deutschen Berufsverbotsregelungen darstellen kann, so daß diese ihre Aufgaben effizienter erfüllen. Systematischen Gründen geschuldet findet im letzten Teil dieses Abschnitts die Auseinandersetzung mit der Notwendigkeit, Zulässigkeit und Ausgestaltung von Berufsverboten mit grenzübergreifender Wirkung statt. Sie endet mit einem Ausblick auf das Vorhaben der europäischen Kommission, europaweite Berufsverbotsregelungen für Geschäftsleiter von Kapitalgesellschaften zu entwickeln.

Am Ende der Untersuchung steht eine völlige Neukonzeption der §§ 6 II 3 GmbHG, 76 III 3 AktG, die sich als Symbiose aus den sinnvollsten Reformvorschlägen darstellt.

A. Aufgaben von Berufsverboten für Geschäftsleiter

Der Ansatzpunkt für eine kritische Auseinandersetzung mit der Frage, ob die gesellschaftsrechtlichen Tätigkeits- und Bestellungshindernisse für Geschäftsführer und Vorstände ausreichen oder ob ihre inhaltliche Neugestaltung erforderlich ist, liegt in der Bestimmung der Aufgaben, die sie erfüllen können und der Ziele, die sie erreichen sollen.

I. Bekämpfung von Wirtschaftskriminalität

Insbesondere der Blick auf die großen Bilanzskandale und spektakulären Unternehmenszusammenbrüche der letzten Jahre offenbart, daß das Verhalten vieler Marktteilnehmer den Standard guten kaufmännischen Gebahrens zunehmend unterläuft. Das Wort eines Kaufmanns besitzt nicht mehr den Wert wie noch vor einigen Jahrzehnten, als der Handschlag unter Kaufleuten einen Vertragsschluß besiegelte und als geschäftliche Verpflichtungen gegenüber dem Vertragspartner noch als persönliche Schuld verstanden wurden, deren ordnungsgemäße Erfüllung auch eine Frage der Ehre war. Heutzutage ist der Untergang der altgedienten, auf gegenseitigem Vertrauen basierenden kaufmännischen Sitten zu befürchten, wenn wieder einmal falsche Unternehmenszahlen Banken zu Millionenkrediten bewogen haben, die von vornherein ungesichert waren und deren Rückzahlung nicht gewährleistet, ja oft vom Darlehensnehmer auch gar nicht beabsichtigt war oder wenn eine Gesellschaft – oft viel zu spät – Insolvenz anmeldet, so daß Gläubigerforderungen unbefriedigt bleiben, Geschäftsführer und Inhaber aber zuvor noch „die eigenen Schäfchen ins Trockene gebracht" haben, um, nunmehr von den Altverbindlichkeiten befreit, einen Neuanfang wagen zu können.

Solche und ähnliche Verhaltensweisen, bei der die eine Seite im Interesse einer guten Geschäftsbeziehung und im Vertrauen auf die Redlichkeit und Ehrlichkeit des Geschäftspartners handelt, die andere Seite aber nur auf den eigenen Vorteil bedacht ist und diesen auch mit unrechtmäßigen Mitteln erreichen will, führen für den redlich Handelnden zu einer nicht zu unterschätzenden Vermögensgefährdung. Darüber hinaus – und dieser Aspekt wiegt im Ganzen betrachtet noch schwerer – verliert er das Vertrauen in die Zuverlässigkeit seiner Geschäftspartner und damit in das ordnungsgemäße Funktionieren des Rechts- und Wirtschaftssystems allgemein, wenn er immer wieder mit solchermaßen unrechtmäßig agierenden Personen konfrontiert wird. So wie ihm geht es inzwischen auch anderen Wirtschaftsteilnehmern, Anlegern und der Allgemeinheit.

Zu diesem Vertrauensverlust beigetragen haben dabei nicht nur die eingangs erwähnten überregional bekannt gewordenen „großen Fälle", darunter Comroad[1], EM.TV[2] und Infomatec[3]. Oftmals sind es vielmehr kleine oder mittelständische Unternehmen, deren Geschäftsleitung auf kriminellem Wege versucht, eigene (Vermögens)Vorteile zu sichern und dabei Gläubiger schädigt. An der Tagesordnung sind dabei Insolvenzverschleppungen, Insolvenzdelikte wie der Bankrott und die Verletzung der Buchführungspflicht, Betrügereien, Unterschlagungen oder die gewerbsmäßige Unternehmensbestattung als eine besonders gläubigerschädigende Form der organisierten Wirtschaftskriminalität[4]. Tätigkeitsverbote wie in §§ 6 II 3 GmbHG, 76 III 3 AktG könnten nun ein Instrument darstellen, um das verlorene Vertrauen wieder zu stärken, und die schon beinahe zum Kavaliersdelikt beschönigte Wirtschaftskriminalität zu bekämpfen.

Sie bewirken, daß es nicht bei der Sanktion einer kriminellen Handlung mittels Geld- oder Haftstrafe bleibt, sondern halten den betreffenden Geschäftsleiter darüber hinaus eine bestimmte Zeit von der Ausübung seines Amtes ab, so daß der Markt die Chance bekommt, von unredlichen und unzuverlässigen Wirtschaftsteilnehmern „befreit" zu werden.

Die Effizienz von Berufsverboten für Geschäftsleiter bei der Bekämpfung von Wirtschaftskriminalität läßt sich bereits mit einem Blick auf die Definition dieser Art von Kriminalität begründen: Wirtschaftskriminalität umfaßt die Gesamtheit der Straftaten und Ordnungswidrigkeiten, die bei wirtschaftlicher Betätigung unter Mißbrauch des im Wirtschaftsleben benötigten Vertrauens begangen werden und über eine individuelle Schädigung hinaus Belange der Allgemeinheit berühren[5]. Diese Begriffbestimmung läßt den Schluß zu, daß nicht nur strafrechtliche Verfolgungsmittel ausreichen, um Wirtschaftskriminalität wirkungsvoll zu begegnen. Denn es geht nicht nur darum, eine konkrete Tat zu ahnden. Es müssen

---

1 OLG Frankfurt am Main ZIP 2005, 710; Verurteilung der AG gem. §§ 826, 31 BGB: Haftung für falsche Ad- hoc-Mitteilungen, die durch den Vorstand publiziert wurden.

2 BGH ZIP 2005, 78: Verurteilung der Beklagten Vorstandsmitglieder wegen unrichtiger Darstellung gem. § 400 I Nr. 1 AktG.

3 OLG München ZIP 2005, 298: Verurteilung der Vorstandsmitglieder wegen bewusst unwahrer Ad-hoc-Mitteilungen gem.§ 826 BGB.

4 Wirtschaftsstraftaten insgesamt in 2004/2005: 81.135/89.224, davon Insolvenzverschleppungen: 8.222/8.425, übrige Insolvenzstraftaten: 6849/6704; Straftaten nach dem AktG, GmbHG, HGB, GenG,RechnungslegungsG, UmwG: 9283/9505; Zahlen aus Polizeiliche Kriminalstatistik 2004, abrufbar unter: www.bka.de/pks; zum Phänomen der Gewerbsmäßigen Unternehmensbestattung siehe noch unter B.IX.

5 Dannecker in Wabnitz/Janovsky, S. 17.

auch individuelle Schädigungen kompensiert werden, was durch zivilrechtliche Schadensersatzverpflichtungen möglich wird. Schließlich soll aber auch mißbräuchliches Verhalten schon im Vorfeld verhindert werden, so daß das Vertrauen des Einzelnen und der Allgemeinheit in redliches und rechtmäßiges Handeln am Markt gar nicht erst erschüttert wird. Eine wirkungsvolle Sanktion sollte daher auch eine Anreizwirkung für den Täter enthalten, sich wieder als vertrauenswürdig in das Wirtschaftsleben einzugliedern. Das erforderliche Vertrauen ist aber nicht schon dadurch wieder hergestellt, daß der einzelne Täter wegen einer von ihm begangenen Wirtschaftsstraftat verurteilt wird: Diese Verurteilung erfaßt nur die vergangene Tat, sie hält den Täter aber nicht unbedingt von der Begehung weiterer Taten ab. Es ist ihm ohne weiteres möglich, nach Verbüßung seiner Strafe – und soweit er nur eine Geldzahlung zu leisten hatte oder seine Strafe zur Bewährung ausgesetzt worden ist, sofort – sein unlauteres Handeln fortzusetzen, sofern er nur das Risiko einer erneuten strafrechtlichen Verfolgung nicht scheut. Auch eine zivilrechtliche Schadensersatzverpflichtung als Sanktion für wirtschaftskriminelles Verhalten führt nicht immer zum Ziel, Gefahren einzudämmen und neues Vertrauen aufzubauen: Schadensersatzprozesse gegen Geschäftsleiter scheitern oft an Beweisschwierigkeiten; die Binnenhaftung gemäß §§ 43 II GmbHG, 93 II AktG sieht sich erheblichen Durchsetzungsschwierigkeiten gegenüber[6]. Einen Anreiz, sich zukünftig wieder vertrauenswürdig zu verhalten, übt eine zivilrechtliche Haftung damit nicht unbedingt aus.

Die Schutzlücken, die sowohl strafrechtliche als auch zivilrechtliche Sanktionen nicht vollständig schließen, können Berufsverbote füllen, indem sie die Bestellung einer straffällig gewordenen und damit vertrauensunwürdigen Person zum Geschäftsleiter verhindern bzw. einen nicht vertrauenswürdigen und kriminellen Geschäftsleiter von seinem bereits ausgeübten Amt ausschließen. Dadurch wird der Betreffende im Anschluß an die Verbüßung einer Strafe oder neben der zivilrechtlichen Haftung für einen weiteren Zeitraum davon abgehalten, in der strategischen Position eines Unternehmensleiters am wirtschaftlichen Verkehr teilzunehmen. So schützt das Berufsverbot Dritte vor erneutem rechtswidrigem Verhalten des Betreffenden und etwaigen daraus entstehenden Schäden. Diesen Ansatz verfolgte auch der Gesetzgeber mit der Einführung von § 6 II 3 GmbHG:

> „Die Sätze 2 und 3 sollen verhindern, daß Personen, die wegen bestimmter Konkursdelikte bestraft worden sind oder gegen die ein Berufsverbot verhängt worden ist, *alsbald ihre Geschäfte unter dem Deckmantel einer anonymen Kapitalgesellschaft wieder aufnehmen und hierdurch Dritte gefährden.*“[7]

---

6 Fleischer, WM 2004, 157 (163).
7 Bundestagsdrucksache 8/1347, S. 31.

Auch ein Blick auf § 70 StGB, der die Rechtsgrundlage für ein strafrechtliches Berufsverbot als Nebenstrafe darstellt, zeigt, daß Berufsverbote über die eigentliche strafrechtliche Verfolgung von Wirtschaftskriminalität hinaus das Ziel verfolgen, Gefahren abzuwehren: Es wird ausgesprochen, wenn die negative Prognoseentscheidung des Gerichts ergibt, daß von dem Täter auch in Zukunft mit hoher Wahrscheinlichkeit die Gefahr der Begehung weiterer (Wirtschafts-) straftaten ausgeht[8] und setzt erst ein, nachdem der Täter eine eventuelle Haftstrafe verbüßt hat, § 70 IV 3 StGB. Auch das strafrechtliche Berufsverbot zeigt somit, daß Berufsverbote ein adäquates Sanktionsinstrument neben der straf- und zivilrechtlichen Verfolgung sind.

II. Gewährleistung von Mindeststandards guter Unternehmensführung

Berufsverbote können auch die Aufgabe übernehmen, Standards festzulegen, die zu einer allgemeinen Qualitätsverbesserung bei der Unternehmensführung von Kapitalgesellschaften beitragen. Geht es um die Qualität der Unternehmensleitung, rückt heutzutage zunächst der Corporate Governance Kodex in das Blickfeld. Für die Zwecke dieser Untersuchung soll er aber nicht der alleinige Beurteilungsmaßstab sein. Zum einen hat er seinen Anknüpfungspunkt allein im Aktienrecht und richtet sich daher nur an die Führungs- und Leitungsorgane in der AG. Diese Untersuchung befasst sich jedoch gleichermaßen mit der Unternehmensleitung in AG und GmbH. Zum anderen will er zwar auch „das Vertrauen der internationalen Anleger, der Kunden, der Mitarbeiter und der Öffentlichkeit in die Leitung und Überwachung (deutscher börsennotierter Aktiengesellschaften) fördern“[9]. Jedoch hinterfragt er die Qualität der Unternehmensleitung weniger aus Gläubigerschutzaspekten als vielmehr vor dem Hintergrund einer nachhaltigen Wertschöpfung im Interesse der Aktionäre, Gläubiger, Arbeitnehmer und der Öffentlichkeit[10].

GmbH und AG bieten den Vorteil, bei nur auf das Gesellschaftsvermögen beschränkter Haftung in großem Umfang geschäftlich tätig werden zu können; vgl. § 13 II GmbHG, § 1 I 2 AktG. Das Risiko eines geschäftlichen Fehlschlags liegt daher nicht allein in der Sphäre der Gesellschafter bzw. Anteilseigner oder der für die Gesellschaft handelnden Personen, sondern ebenso, teilweise sogar in viel größerem Maße auf Seiten an der Gesellschaft nicht unmittelbar beteiligter Dritter, insbesondere der Gläubiger. Das Haftungsprivileg verlangt daher eine beson-

8 Stree in Schönke/Schröder, § 70, Rn. 12; Bockemühl in MK-StGB, § 70, Rn. 14.
9 Präambel des Deutschen Corporate Governance Kodex.
10 Hüffer, § 161, Rn. 2.

dere Berücksichtigung der Interessen Dritter. Zugleich ist ihm aber die Gefahr immanent, daß es gerade zu Lasten von Gläubigern, Anlegern und anderen Gesellschaftsdritten mißbraucht wird. Insbesondere der Fall einer insolventen GmbH, deren Vermögenswerte noch an die Gesellschafter gelangen konnten, bevor der Insolvenzantrag gestellt wurde, verdeutlicht diese Mißbrauchsgefahr. Gläubiger sehen sich hier einem Forderungs(total)ausfall gegenüber, weil der Haftungsfonds der Gesellschaft nicht zur Befriedigung ausreicht oder gar nicht mehr zur Verfügung steht, Gesellschafter und erst recht Geschäftsleiter im Regelfall aber keine Inanspruchnahme befürchten müssen[11]. Derart mißbräuchliches Verhalten wird vorrangig gesteuert von den Geschäftsleitern der Gesellschaften, da sie die maßgeblichen Entscheidungen treffen. Geschäftsleiter müssen sich aber ständig ihrer Verantwortung Dritten, insbesondere Gläubigern gegenüber bewußt sein, wenn sie geschäftliche Entscheidungen treffen. Die Art und Weise, wie sie

11 Ausnahmen von dem Grundsatz, daß bei Kapitalgesellschaften allein das Gesellschaftsvermögen zur Begleichung von Verbindlichkeiten herangezogen wird, das Privatvermögen der Gesellschafter – anders als bei Personen(handels)gesellschaften – aber unangetastet bleibt, läßt die Rechtsprechung jedoch seit einiger Zeit über den Durchgriffstatbestand des existenzvernichtenden Eingriffs zu, als dessen Folge Gesellschafter persönlich für Gesellschaftsschulden haften. Der BGH setzt für diese Haftung an einem Mißbrauch der Gesellschaftsform an, der seiner Ansicht nach vorliegt, wenn Gesellschafter auf die Zweckbindung des Gesellschaftsvermögens zur Gläubigerbefriedigung keine Rücksicht nehmen, sondern der Gesellschaft durch offene oder verdeckte Entnahmen ohne angemessenen Ausgleich Vermögenswerte entziehen, die diese zur Erfüllung ihrer Verbindlichkeiten benötigt (BGHZ 149, 10 (16 f); BGH NJW 2002, 3024; BGH DStR 2005, 340). Die Rechtsprechung bemüht sich seit der Anerkennung der generalklauselartigen Rechtsfigur des existenzvernichtenden Eingriffs um eine Ausfüllung und Konturierung. So hat der BGH entschieden, daß ein Vermögensentzug auch dann vorliegt, wenn der Gesellschaft Geschäftschancen entzogen werden, mit dem Ziel, sie auf die Gesellschafter zu verlagern (BGH MDR 2005, 343), des weiteren, daß auch derjenige wegen existenzvernichtenden Eingriffs haftet, der zwar nicht an der GmbH, wohl aber an einer Gesellschaft beteiligt ist, die ihrerseits Gesellschafterin der GmbH ist, soweit er einen beherrschenden Einfluß auf die Gesellschafterin ausüben kann (BGH MDR 2005, 343). Zu der Qualität des Eingriffs hat sich der BGH in der Weise geäußert, daß nicht ein Managementfehler bei dem Betrieb des Gesellschaftsunternehmens die Haftung auslöst, sondern erst ein gezielter, betriebsfremden Zwecken dienender Eingriff in das Gesellschaftsvermögen (BGH DStR 2005, 340); für einen weitergehenderen Überblick siehe Wackerbarth, ZIP 2005, 877. Die Rechtsfigur des existenzvernichtenden Eingriffs ist inzwischen allgemein anerkannt, ihre dogmatische Einordnung unterliegt jedoch nach wie vor stetiger Diskussion. Vorgeschlagen wird eine Einordnung in der Nähe von § 826 BGB, andere begründen eine Analogie zu §§ 105, 128 HGB, ein dritter Ansatz sieht den existenzvernichtenden Eingriff als eine Erweiterung zu den Kapitalerhaltungsvorschriften (dazu auch m.w. N. Wackerbarth, ZIP 2005, 877 (880) und Hüffer, S. 372.)

dieser Verantwortung nachkommen, macht einen Teil ihrer Qualität als Geschäftsführer aus. Gute Unternehmensführung bedeutet demnach auch integres, rechtmäßiges und entsprechend den Regeln des Wirtschaftslebens ausgerichtetes Verhalten, das nicht nur die Gesellschaftsinteressen verfolgt, sondern auch die Interessen der mit der Gesellschaft in Berührung kommenden Dritten im Blick hat.

Immer vor diesem Hintergrund, daß sich eine gute Unternehmensführung nicht nur am Ziel einer nachhaltigen Wertschöpfung ausrichten, sondern neben diesem unternehmensinternen Qualitätsanspruch auch die Außenwirkung der Unternehmensleitung für Dritte beachten sollte, ergibt sich der Maßstab für eine gute Unternehmensführung an vielen Stellen aus dem Gesetz. Überragende Wichtigkeit kommt bei Kapitalgesellschaften der Kapitalaufbringung und –erhaltung sowie dem Gläubigerschutz zu. Neben der Pflicht, bei Gründung der Gesellschaft für die Zurverfügungstellung des Stamm- bzw. Mindestkapitals zu sorgen und danach keine verbotenen Auszahlungen zu veranlassen, müssen Geschäftsleiter im Gläubigerinteresse insbesondere ihre Insolvenzantragspflicht gem. § 64 I GmbHG, § 92 II AktG beachten. Standards guter Unternehmensführung verlangen aber auch eine wahrheitsgemäße Darstellung der Unternehmenssituation, so daß der wirtschaftlichen Lage angepaßte Entscheidungen getroffen werden können und Gläubiger und Anleger ein umfassendes Bild über das Unternehmen erhalten. Dieser Anforderung tragen die Grundsätze ordnungsgemäßer Buchführung Rechnung, nach denen der Geschäftsleiter die Unternehmensbilanzen zu erstellen hat. Zu ihnen gehören neben bewertungsrechtlichen Vorgaben[12] auch das Vorsichtsprinzip (§ 252 I Nr.4 HGB), die Grundsätze der Klarheit und Übersichtlichkeit (§ 243 II HGB), der Vollständigkeit (§ 264 I HGB), der Richtigkeit und Willkürfreiheit (vgl. § 264 II HGB), der Nachprüfbarkeit und damit einhergehend die handels- und steuerrechtlichen Buchführungspflichten (§§ 238 ff HGB, §§ 41 ff. AO). Ein Geschäftsleiter, der diese Vorgaben – auch fahrlässig – nicht beachtet und dadurch die Unternehmenslage in unzutreffender Weise darstellt, gefährdet mittel- und langfristig nicht nur den Fortbestand seines Unternehmens, sondern setzt auch eine Gefahr für (potentielle) Geschäftspartner und andere Gläubiger, wenn sie aufgrund unzutreffender Informationen unter falschen Voraussetzungen in Geschäftsbeziehungen mit dem Unternehmen eintreten. Handelt er sogar bewußt entgegen der gesetzlichen Vorschriften, büßt er schon dadurch seine Vertrauenswürdigkeit ein. Diese vorwiegend aus dem Handels- und

12 Im einzelnen gehören hierher das going-concern-Prinzip, die Grundsätze der Bewertungsstetigkeit, der Bilanzidentität, der Einzelbewertung, das Realisationsprinzip, das Anschaffungskostenprinzip, das Herstellungskostenprinzip, das Stichtagsprinzip, das Imparitätsprinzip und das Periodisierungsprinzip; vgl. §§ 252, 253 HGB und für eine ausführliche Darstellung Krag/Mölls, S. 29 ff. und Wöhe, S. 75 ff.

Steuerrecht herausgegriffenen Vorgaben für Geschäftsleiter verdeutlichen, welche Bedeutung die Sicherstellung einer qualitativ hochwertigen Unternehmensführung hat.

Setzt ein Berufsverbot an der Verletzung der dargestellten Voraussetzungen für eine ordnungsgemäße Unternehmensführung an, so bewirkt dies zweierlei: Zum einen erkennen Geschäftsleiter – wenn nicht schon durch die Lektüre der übrigen Vorschriften – spätestens bei der Lektüre des Verbotskatalogs, welche Anforderungen das Rechtssystem an eine zuverlässige und vertrauenswürdige Leitungsperson einer Kapitalgesellschaft stellt. Sie können hieran die Qualität ihrer Unternehmensführung überprüfen. Insoweit kann sich eine Präventivfunktion von Berufsverboten entfalten. Zum anderen entfernt das Verbot diejenigen Geschäftsleiter, die sich durch einen Verstoß gegen die an sie gestellten Anforderungen als nicht geeignet für dieses Amt erwiesen haben, vom Markt und „reinigt“ diesen so.

Die Möglichkeit, durch Berufsverbote für Geschäftsleiter von Kapitalgesellschaften für ein Mindestniveau bei den Standards guter Unternehmensführung zu sorgen, erkennen auch andere Rechtsordnungen. Der englische Gesetzgeber verfolgt dieses Ziel – neben anderen – mit dem Company Director's Disqualification Act 1986. Die Urteile in den Sachen *Secretary of State for Trade and Industry v Gray* und *Re Grayan Building Services Ltd* bringen seine Intention hierbei deutlich zum Ausdruck:

> „The concept of limited liability and the sophistication of our corporate law offers great privileges and great opportunities for those who wish to trade under that regime. But the corporate environment carries with it the discipline that *those who avail themselves of those privileges must accept the standards laid down and abide by the regulatory rules and disciplines in place to protect creditors and shareholders*...The Parliamentary intention to *improve managerial safeguards and standards* for the long term good of employees, creditors and investors is clear.“[13]
>
> „The purpose of making disqualification (under s 6) mandatory was to ensure that *everyone whose conduct had fallen below the appropriate standard was disqualified for at least two years,* (...). Parliament has decided that it is occasionally necessary to disqualify a company director to *encourage the others.*“[14]

---

13 Secretary of State for Trade and Industry v Gray [1995] 1 BCLC 276 at 288 per Henry LJ, siehe hierzu auch Re Bradcrown Ltd [2001] 1 BCLC 547 at 550, wo der Zweck des CDDA erläutert wird als „to raise standards in the conduct and responsibility of those who manage companies incorporated with the privilege of limited liability.“

14 Hoffmann L.J. in Re Grayan Building Services Ltd, [1995] BCC 554, CA.

III. Korrektiv für fehlende „Berufseingangskontrollen"

Das Gesetz macht die Bestellung zum Geschäftsführer einer GmbH bzw. zum Vorstand einer AG bisher davon abhängig, daß der Bewerber keine Insolvenzstraftat begangen hat und nicht aufgrund eines strafrechtlichen oder verwaltungsbehördlichen Berufsverbots von diesem Amt ausgeschlossen ist, vgl. §§ 6 II 3, 4 GmbHG, 76 III 3, 4 AktG. Im übrigen stellt es aber keine Zulassungsvoraussetzungen für eine Geschäftsleitertätigkeit in Kapitalgesellschaften auf, insbesondere werden keine besonderen persönlichen Eigenschaften vorausgesetzt oder spezifischen Kenntnisse verlangt. Auch wenn die Besetzung einer Führungsposition natürlich dennoch in den meisten Fällen davon abhängig gemacht wird, daß der Bewerber bestimmte Qualifikationen erfüllt, kann daher grundsätzlich jeder das Amt eines Geschäftsführers oder Vorstandsmitglieds ausüben. Wenn das Gesetz für die Berufung in das Amt eines Geschäftsleiters also keine besonderen Anforderungen stellt, können Berufsverbote hier den Zweck verfolgen, im Nachhinein korrigierend einzugreifen. Die Korrektivfunktion besteht dabei darin, daß ein Geschäftsleiter, der sich für seine Amtsausübung nicht besonders qualifizieren mußte, zumindest im Nachhinein disqualifiziert werden kann, wenn er sich insbesondere durch unrechtmäßiges, drittgefährdendes Verhalten als ungeeignet für das Amt erweist[15].

Geschäftsleitern zunächst völlig freien Zugang zu Führungspositionen in Kapitalgesellschaften zu gewähren und erstmalig im Nachhinein – bei Vorliegen bestimmter Voraussetzungen – die weitere Ausübung ihrer Tätigkeit durch ein Berufsverbot zu beschränken, scheint zunächst widersprüchlich[16]. Sinnvoller könnte es dem gegenüber sein, dem Bewerber schon im Vorfeld bestimmte Kenntnisse und Fähigkeiten abzuverlangen, die er für das Geschäftsleiteramt zu erfüllen hat[17]. Dieser Vorschlag ist aber nur dann zielführend, wenn die Anforderungen eines Geschäftsleiters an seine Geeignetheit im Vorfeld abgefragt werden könnten.

Geeignetheitskriterien für Geschäftsleiter ergeben sich aus verschiedenen Blickwinkeln. Kapitalgesellschaften haben die unterschiedlichsten Unterneh-

---

15 Diesen Gedanken äußert auch Hicks in seinem Aufsatz über die britische Director's Disqualification, J.B.L 2001, 433 (439) ; auch Davies, AG 1998, 346, 351 will den Vertrauensvorschuß, der auch britischen Geschäftsleitern gewährt wird, durch die nachträgliche Möglichkeit einer Disqualifizierung korrigiert wissen: „...british law imposes ex ante no requirement for a licence or qualification upon a person who wishes to act as a director of a company – in contrast say to professional activity as a lawyer or an accountant...".

16 Hicks, J.B.L. 2001, 433 (451).

17 Hicks, J.B.L. 2001, 433 (451).

mensgegenstände zum Inhalt. Daher kann es keine spezifische fachliche Qualifikation für *den* Geschäftsleiter einer Kapitalgesellschaft geben. Aber aus dem gesetzlichen Pflichtenprogramm des Geschäftsleiters lassen sich eine Reihe „technischer“ Fähigkeiten ableiten, die er besitzen sollte. So fordert § 264 II HGB von den gesetzlichen Vertretern einer Kapitalgesellschaft, sich ein umfassendes Bild von der Vermögens-, Finanz- und Ertragslage des von ihnen vertretenen Unternehmens zu machen. Dies fällt leichter, wenn der Geschäftsleiter Grundkenntnisse der Rechnungslegung, der Buchführung und des Bilanzrechts besitzt. Denn dann kann er auf einer verlässlichen Grundlage vernünftige unternehmerische Entscheidungen fällen. Fehlen einem Geschäftsleiter auf diesen Gebieten jegliche Kenntnisse, kann er aus den ihm vorliegenden Zahlen nicht den Stand seines Unternehmens ersehen. Er erkennt z.B. nicht, ob das Unternehmen sich in einer Krise befindet, wenn er nicht gelernt hat, eine Bilanz zu lesen. Er ist sich auch nicht über die Konsequenzen einer solchen Krise im Klaren (Beachtung der Kapitalerhaltungsgrundsätze, bei Fortgang der Krise Insolvenzantragspflicht), wenn er sich nicht über die entsprechenden gesetzlichen Normierungen informiert hat. Es kann somit für die Gesellschaft und die Gesellschaftsgläubiger weitreichende Folgen haben, wenn ein Geschäftsleiter die Gesellschaft führt, der aufgrund mangelnder „technischer“ Kenntnisse hierfür ungeeignet ist. Kenntnisse dieser Art könnten – theoretisch – zum Gegenstand einer Eignungsprüfung gemacht werden[18].

Allerdings zählen die angeführten Aufgaben zwar zum gesetzlichen Pflichtenprogramm des Geschäftsleiters. Das bedeutet aber in letzter Konsequenz nur, daß er die alleinige Verantwortung trägt. Es ist ihm im übrigen unbenommen, die Erfüllung der Aufgaben zu delegieren, sei es an fachkundige Mitarbeiter im Unternehmen oder an externe Dritte wie Steuerberater oder Wirtschaftsprüfer. Letztlich entscheidend ist, daß die maßgeblichen Informationen in seiner Hand zusammenlaufen und er auf dieser Grundlage die notwendigen unternehmerischen Entscheidungen treffen kann. Um beim oben gewählten Beispiel zu bleiben, genügt es, wenn der Wirtschaftsprüfer dem Geschäftsleiter im Rahmen der jährli-

---

18 Die praktische Ausführung erweist sich aber als schwierig. Zum einen müßte eine Prüfung für Geschäftsleiter von Kapitalgesellschaften entwickelt werden, welche die notwendigen Kenntnisse abfragt. Neben der Frage, wie diese Prüfung inhaltlich aussehen soll und wer die Prüfungsfragen zusammenstellt (z.B. IHK), ist unklar, welches Gremium die Prüfung abnehmen soll. Der beurkundende Notar im Rahmen der Bestellung des Geschäftsführers/Vorstands? Das Registergericht, bevor der Geschäftsleiter in das Handelsregister eingetragen wird? Oder doch ein Prüfungsgremium der Industrie- und Handelskammer?; Kingsley, Company Lawyer 1998, 7 (10), führt zudem an, daß im Vorfeld dieser Prüfungen entsprechende Kurse angeboten werden müssten und sieht die hierdurch entstehenden Kosten – gleich ob von den zukünftigen Geschäftsleitern oder sogar vom Staat zu tragen – als generelles Problem an, das die praktische Durchführbarkeit ebenfalls behindert.

chen Bilanzbesprechung die wichtigsten Kennzahlen hervorhebt und daran die Vermögens-, Finanz- und Ertragslage des Unternehmens erläutert. Aufgabe des Geschäftsleiters ist es dann, Schlußfolgerungen zu ziehen und die notwendigen unternehmerischen Entscheidungen zu treffen.

Spätestens hier zeigt sich, daß die Eignung einer Person zum Geschäftsleiter zumindest nicht überwiegend abhängig ist von den „rein technischen“ Fähigkeiten wie eine Bilanz lesen oder die Bücher korrekt führen zu können. Statt dessen kommt es in viel größerem Maß auf Qualitäten wie Unternehmergeist, Kreativität, Führungsgeschick, Sozialkompetenz, eine gute Einschätzungsgabe und Mut, aber auch Verantwortungsgefühl, Ehrlichkeit und Redlichkeit gegenüber dem Unternehmen, seinen Mitarbeitern und Gesellschaftsdritten wie Gläubigern an. Der Geschäftsleiter muß diese Qualitäten sowohl für die Erledigung des Tagesgeschäftes als auch bei strategischen Entscheidungen und damit für die zukunftsorientierte Weiterentwicklung des Unternehmens nutzen. Diese Eigenschaften sind aufgrund ihrer großen subjektiven Komponente nicht abprüfbar, vielmehr wird ihr Vorhandensein und der Grad ihrer Ausprägung auch durch den Charakter der jeweiligen Person beeinflußt. Dies zeigt sich insbesondere bei den Kriterien Sozialkompetenz, Verantwortungsgefühl, Ehrlichkeit und Redlichkeit. Eine Eignungsprüfung, die regelmäßig nur objektive Merkmale wie das Vorliegen bestimmter Kenntnisse und Fähigkeiten abfragt, kann also gerade nicht ermitteln, ob ein Bewerber diese Qualitäten besitzt. Der Ansatz, Bewerbern auf ein Geschäftsleiteramt einer Prüfung zu unterziehen, die ihre Qualifizierung ermitteln soll, erweist sich damit als nicht zielführend, da nicht sämtliche Qualifizierungskriterien Gegenstand einer solchen Prüfung sein können.

Vielmehr muß erkannt werden, daß eine „Eingangskontrolle“ in ein Geschäftsleiteramt weder möglich noch gewollt ist. Denn schon die geltende gesetzliche Regelung bezweckt, daß Personen nicht deshalb aus dem Geschäftsleiteramt ferngehalten werden sollen, weil ihnen bestimmte, „geschäftsleiterspezifische“ Kenntnisse fehlen. Vielmehr wird ihnen das Privileg abgesprochen, eine Kapitalgesellschaft leiten zu dürfen, wenn sie sich für dieses Amt als unzuverlässig und nicht geeignet erweisen, insbesondere wenn von ihnen eine Mißbrauchsgefahr ausgeht[19]. Ob ein Geschäftsleiter diese Anforderungen erfüllt, kann nicht im Vorfeld seiner Bestellung eruiert werden, sondern zeigt sich erst im Verlauf seiner Leitungstätigkeit – es sei denn, er hat durch die Begehung einer Insolvenzstraftat oder einer sonstigen Verfehlung, die ein strafrechtliches oder verwaltungsrechtliches Berufsverbot nach sich gezogen hat, bereits bewiesen, daß er von Vornherein für ein Geschäftsleitungsamt ungeeignet ist. Dann entfällt schon die Möglichkeit seiner Bestellung. Wird erst während seiner Leitungstätigkeit mißbräuchli-

19 Reg-Begr. BT-Drucks. 8/1347. S. 31.

ches Verhalten seinerseits festgestellt, muß eine wirkungsvolle Sanktion ihn sofort von weiterem Tätigwerden „unter dem Deckmantel einer anonymen Kapitalgesellschaft“ abhalten[20]. Berufsverbote können diese Sanktion darstellen. Sie bezwecken daher, anstatt einer „Berufseingangskontrolle“ korrigierend einzugreifen[21].

IV. Berufsverbote als Instrument für effektiven Gläubigerschutz

Berufsverboten kann auch erhebliches Gewicht beim Schutz von Gläubigern zukommen.

Die klassische Rolle eines Geschäftsführers einer GmbH besteht darin, im Rahmen seiner Unternehmensführung die Interessen der Gesellschaft zu vertreten. Seine Verpflichtung auf das Unternehmensinteresse erfordert ein Vertrauensverhältnis zwischen ihm und den Gesellschaftern. Füllt er jedoch seine Funktion als Interessenwalter der Gesellschaft nicht gut genug aus, kommt es früher oder später zu einem Bruch in diesem Vertrauensverhältnis. Die Gesellschafter haben dann die Möglichkeit, den Geschäftsführer von seinem Amt abzuberufen und so aus der Geschäftsleitung des Unternehmens zu entfernen. Zusätzlicher Berufsverbotsregelungen bedarf es aus diesem Blickwinkel, der auf die gesellschaftsinternen Verhältnisse abstellt, nicht.

Es wäre jedoch zu kurz gegriffen, nur die gesellschaftsinterne Vertrauensstellung des Geschäftsleiters zu betrachten. Auch Geschäftspartner und andere Gläubiger sind auf eine vertrauensvolle Zusammenarbeit angewiesen, bei der ihre Interessen Berücksichtigung finden, denn Geschäftsleiter sind heutzutage nicht mehr nur den Interessen der von ihnen vertretenen Gesellschaft und deren Gesellschafter verpflichtet, sondern haben auch Dritt- und dabei insbesondere Gläubigerinteressen zu wahren. Für den Vorstand einer AG ergab sich diese Verpflichtung, auch Drittinteressen zu wahren, schon früh aus dem Gesetz. Bereits § 70 I AktG 1937 verstand neben den Unternehmensinteressen auch die Interessen der Aktionäre, der Arbeitnehmer und des Gemeinwohls als maßgebliche, das unternehmerische Ermessen des Vorstands leitende, gleichrangige Gesichtspunkte[22]. Trotz der Streichung des § 70 I AktG in dieser Form ist seine Aussage für das geltende Recht immer noch relevant, so daß der Vorstand aus der Verpflichtung

---

20 Reg-Begr. BT-Drucks. 8/1347, S. 31.

21 So im Ergebnis auch Kingsley, Company Lawyer 1998, 7 ff. und Hicks, JBL 2001, 433 ff.

22 Hüffer, AktG, § 76, Rn. 12.

auf das Unternehmensinteresse heraus immer auch als Sachwalter für Drittinteressen agiert[23].

Die Verantwortlichkeit des Geschäftsleiters gegenüber Dritten kommt im Rahmen vertraglicher Beziehungen dadurch zum Ausdruck, daß er gegenüber dem Vertragspartner umfassende Informations- und Aufklärungspflichten erfüllen muß[24]. Die Bedeutung des Gläubigerschutzes bei der Geschäftsleitertätigkeit zeigt sich aber besonders deutlich dadurch, daß sich der Geschäftsleiter einer Kapitalgesellschaft einer strafrechtlichen Verantwortlichkeit ausgesetzt sieht, wenn er Gläubigerinteressen verletzt. Insbesondere ist hier der Verstoß gegen die gesellschaftsrechtliche Insolvenzantragspflicht aus §§ 64 I, 84 I Nr. 2 GmbHG bzw. §§ 92 II, 401 I Nr. 2 AktG zu nennen, der nebenbei auch zu einer haftungsrechtlichen Verantwortlichkeit des Geschäftsleiters gemäß §§ 823 II BGB, 64 I GmbHG bzw. 92 II AktG führt, wenn seine Pflichtverletzung bei einem Gläubiger einen Schaden verursacht hat. Aber auch für die Nichterfüllung öffentlichrechtlicher Pflichten wie aus dem Steuer- oder Sozialrecht kann der Geschäftsleiter straf- und haftungsrechtlich zur Verantwortung gezogen werden[25]. Die Funktion des Geschäftsleiters als Sachwalter auch für Drittinteressen sprach auch schon der Gesetzgeber bei der Einführung der gesellschaftsrechtlichen Berufsverbote in § 6 II 3 GmbHG an: Ziel sollte sein, ungeeignete Geschäftsleiter von diesem Amt fernzuhalten, um eine Gefährdung von Dritten, insbesondere von Gläubigern zu verhindern[26]. Schon hier verdeutlicht sich ihre Garantenstellung in Bezug auf schützenswerte Interessen von Gläubigern und der Öffentlichkeit allgemein[27].

Verletzt ein Geschäftsleiter drittgerichtete Pflichten, beeinträchtigt dies das Vertrauensverhältnis des Gesellschaftsdritten zu dem Geschäftsleiter oder zerstört es gar. Zwar können bezifferbare Schäden im Einzelfall über eine Ersatzverpflichtung gegen den Geschäftsleiter oder die Gesellschaft kompensiert werden. Die durch sein Fehlverhalten hervorgerufene Zerstörung des Vertrauensverhältnisses wird darüber hinaus aber nicht geahndet, denn Gesellschaftsdritten steht ja – anders als den Gesellschaftern in einer vergleichbaren Situation – kein

---

23 Mertens in KK-AktG, § 76, Rn. 16; Drygala, ZIP 2005, 423 (424).

24 Grds. obliegt diese Pflicht der Gesellschaft; in besonderen Fällen trifft den Geschäftsführer aber unter Umständen auch eine eigene Verantwortlichkeit, so bei wirtschaftlichem Eigeninteresse am Vertragsschluß oder bei Inanspruchnahme besonderen persönlichen Vertrauens, siehe hierzu nur Haas, S. 78.

25 Hommelhoff/Kleindiek in Lutter/Hommelhoff, § 43, Rn. 67 ff. und Rn. 78 ff.; Haas in Michalski, § 43, Rn. 352 ff. und Rn. 374 ff.

26 Reg.Begr. BT-Drucks. 8/1347, S. 31.

27 Mertens in Hachenburg, § 43, Rn. 19 ff; Haas in Michalski, § 43, Rn. 287; Drygala, ZIP 2005, 423, 424.

Abberufungsrecht zu. Sie und insbesondere künftige Geschäftspartner oder andere Gläubiger sehen sich damit der Gefahr ausgesetzt, mit einem unseriösen Geschäftspartner in Geschäftsbeziehungen zu treten, der ihre schutzwürdigen Belange nicht beachtet. Eine vertrauensvolle Zusammenarbeit schließt das von vornherein aus. Vermeiden ließe sich diese Situation, wenn die Gesellschafter erkennen, daß das Verhalten ihres Geschäftsleiters ein potentielles Risiko für Gesellschaftsgläubiger und andere Dritte darstellt und ihn abberufen. Diese Folge muß aber nicht eintreten, denn die Nichtberücksichtigung von Gläubigerinteressen durch den Geschäftsleiter bedeutet nicht, daß er zugleich ein schlechter Interessenwalter für die Gesellschaft ist.

Ein Berufsverbot für einen unseriösen Geschäftsleiter kann in dieser Situation ein geeignetes Schutzinstrument für Gesellschaftsdritte sein: Über die Verfehlung im Einzelfall hinaus verhindert es die weitere Ausübung des Leitungsamtes. Der Einschnitt in den Karriereweg sowie die drohende Stigmatisierung im geschäftlichen wie gesellschaftlichen Umfeld sollten einem Geschäftsleiter Motivation sein, Drittinteressen die gleiche Wertigkeit zuzumessen wie den Interessen, die er gegenüber der Gesellschaft und ihren Gesellschaftern zu beachten hat. Verletzt er jene, droht ihm der Ausschluß aus seinem Amt aufgrund eines Berufsverbots, mißachtet er diese, droht ihm die Abberufung. Berufsverbote wirken damit als „Abberufung von außen" und stellen so das Schutzinstrument für Gesellschaftsdritte, insbesondere Gläubiger, dar, um sie vor ungeeigneten Geschäftsleitern zu bewahren.

V. Prävention

Die Notwendigkeit, Bestellungs- und Tätigkeitsverbote auszusprechen, wird gelegentlich mit dem Hinweis abgelehnt, daß andere präventive Maßnahmen zur Erreichung einer effizienten Unternehmensführung sinnvoller seien und den Einzelnen auch weniger stark belasteten[28]. Die Überwachung durch Gesellschafter, Beiräte und Aufsichtsräte, die Prüfung durch den Abschlußprüfer und die Installierung interner Kontrollsysteme griffen früh genug ein, um sowohl das Unternehmen und seinen Fortbestand als auch Dritte zu schützen, und stellten daher effektivere Instrumente dar[29]. Wer jedoch mit dieser Begründung Bestellungs- und Tätigkeitsverboten jegliche Existenzberechtigung verweigern will, übersieht, daß durch ihr Fehlen Schutzlücken entstehen können, wie die folgenden Überlegungen zeigen sollen.

---

28 Maul, WM 2004, 2146 (2149).
29 Maul, WM 2004, 2146 (2149).

Wirtschaftskriminalität äußert sich im Rahmen von Kapitalgesellschaften häufig in Form von Insolvenzdelikten[30] – daß der Gesetzgeber dies erkannt hat, wird durch §§ 6 II 3 GmbHG, 76 III 3 AktG belegt, die für ein Berufsverbot an die Begehung einer Insolvenzstraftat der §§ 283 ff. StGB anknüpfen. Um gerade diesem klassischen Bereich der Wirtschaftskriminalität schon im Vorfeld keinen Raum zu geben, sieht das Gesetz einen Kontrollmechanismus in Gestalt der jährlichen Pflichtprüfung durch einen Abschlußprüfer bei Kapitalgesellschaften (außer bei kleinen Gesellschaften iSv § 267 I HGB) vor, vgl. § 316 HGB. Die Abschlußprüfung stellt einen wichtigen Beitrag zur Insolvenzprophylaxe und für den Gläubigerschutz dar, indem sie die unternehmensinternen Vorgänge genau beleuchtet[31]. Deckt sie wirtschaftskriminelles Verhalten auf, können zumindest zeitnah Gegenmaßnahmen ergriffen werden, welche die negativen, idR finanziellen, Auswirkungen korrigieren oder wenigstens relativieren. Bei einer ordnungsgemäßen Durchführung müßte daher jeder Wirtschaftsdelinquent von seiner unweigerlichen Entdeckung ausgehen, wodurch sich seine Delinquenzbereitschaft auf ein Mindestmaß verringert, wenn nicht gänzlich verschwindet[32].

Auch die Kontrolltätigkeit des Aufsichtsrats einer AG (§ 111 AktG) und die Möglichkeit von GmbH-Gesellschaftern, Maßregeln zur Prüfung und Überwachung der Geschäftsführung festzulegen (§ 46 Nr. 6 GmbHG) stellen vom Gesetz vorgesehene Möglichkeiten dar, um Fehlverhalten der Geschäftsleitung zu verhindern und damit letztlich auch wirtschaftskriminelles Verhalten zu unterbinden.

Diese präventiv wirkenden Instrumente erfüllen ihren Zweck jedoch nur, wenn sie richtig eingesetzt werden. Selbst wenn einem Geschäftsleiter im Rahmen einer Abschlußprüfung wirtschaftskriminelles Verhalten nachgewiesen wird, zeitigt dies keine unmittelbaren berufsrechtlichen Folgen für ihn, soweit er nicht vom Aufsichtsrat bzw. von der Gesellschafterversammlung von seinem Amt abberufen wird[33]. Es ist aber keineswegs sicher, daß Gesellschafterversammlung

---

30 Von den in 2004/2005 erfassten 81.135/89224 erfassten Fällen von Wirtschaftskriminalität waren insg. 14902/15093 Fälle Insolvenzstraftaten.

31 Schünemann in GS Kaufmann, S. 640.

32 Schünemann in GS Kaufmann, S. 640.

33 Zwar kann die strafrechtliche Ahndung des wirtschaftskriminellen Verhaltens mit einer Verurteilung zu einer Freiheitsstrafe dafür sorgen, daß der Geschäftsleiter für die Zeit der Haftverbüßung nicht am Markt agieren kann. An seiner Bestellung zum Geschäftsführer oder Vorstand ändert die strafgerichtliche Verurteilung selbst jedoch nichts (Ausnahme: eine Verurteilung gemäß §§ 283 ff. StGB) Darüber hinaus geht die Verurteilung oft nicht über eine Bewährungs- oder Geldstrafe hinaus, so daß es dem Delinquent – ohne besonderes Berufsverbot – möglich ist, sein Amt ohne Unterbrechung weiter auszuüben.

oder Aufsichtsrat in jedem Fall so vernünftig handeln[34] und bei Ein-Personen-GmbH existiert diese letzte Kontrollinstanz faktisch erst gar nicht. Erst die Androhung des Verlustes des Geschäftsleitungsamtes in §§ 6 II 3 GmbHG, 76 III 3 AktG zeigt diesen Geschäftsleitern auf, welch einschneidende Konsequenzen ein Fehlverhalten für ihre weitere berufliche Entwicklung haben kann. Sie werden nicht nur von dem aktuellen Leitungsamt ausgeschlossen, sondern können für die Dauer des Verbots in keiner Kapitalgesellschaft leitend tätig werden. Hierdurch droht die Unterbrechung oder im schlimmsten Fall die Beendigung des eingeschlagenen Karrierewegs und die zumindest teilweise Entwertung bisheriger Humankapitalinvestitionen[35].

Die somit durchaus vorhandene Präventivwirkung von Berufsverboten sollte daher zumindest neben anderen im Vorfeld greifenden Kontrollmechanismen eingesetzt werden.

VI. Director's Disqualification: Berufsverbote in Großbritannien

Im britischen Recht finden sich seit fast 90 Jahren Regelungen über Berufsverbote. Bereits der Companies Act 1928 schloss nicht entlastete Konkursschuldner und wegen Betruges vorbestrafte Personen von dem Amt eines director in Kapitalgesellschaften aus[36]. Da die Rechtsprechung insbesondere in der zweiten Hälfte des 20. Jahrhunderts die Gründe für eine Disqualifizierung immer weiter ausgedehnt hatte, wurde dies zum Anlaß genommen, für Berufsverbotsregelungen einen sondergesetzlichen Platz zu schaffen. Die Notwendigkeit für eine umfassendere Regelung sah das Cork Committee in seinem Abschlußbericht 1982 auch vor folgendem Hintergrund:

> „It has been made evident to us that there is a widespread dissatisfaction at the ease with which a person trading through the medium of one or more companies with limited liability can allow such a company to become insolvent, form a new company, and then carry on trading much as before, leaving behind him a trail of unpaid creditors, and often repeating the process several times."[37]

Das Gesetz gibt die Möglichkeit, unter dem Schutz beschränkter Haftung unternehmerisch tätig werden zu können. Dieses Privileg stärkt zwar die Unterneh-

---

34 Vgl. nur den Fall Mannesmann, LG Düsseldorf, NJW 2004, 3275 und BGH NZG 2006, 141.

35 Fleischer, WM 2004, 157 (164).

36 Cheffins, p. 548; Hicks, J.B.L. 1988, 27, 29.

37 The Report of the Review Committee on Insolvency Law and Practice (the Cork Committee), Cmnd 8558 (1982), para 1813.

merinitiative, indem es das Unternehmerrisiko haftungsrechtlich reduziert. Es wird jedoch pervertiert, wenn der Unternehmer nur mit dem Ziel unternehmerisch tätig wird, es zu seinen Gunsten ausnutzen zu wollen. Für solche Mißbrauchsfälle sollte daher Abhilfe geschaffen werden, was Harman J. in *Re Douglas Construction Services* später noch einmal feststellte:

> „The purpose and the great value of the invention in 1862 of the limited liability company was to enable entrepreneurs to take risks without bankrupting themselves. Down to that date persons had to trade on their personal liablility. Thereafter, if they could get credit, they can trade with the protection of limited liability. That is a great privilege which has caused part of the great expansion of wealth in this country in the last hundred years. It is, of course, a privilege which must be exercised responsibly and cannot be abused and, if abused, the courts must prevent those who abuse it from doing so in the future."[38]

Eine geeignete Maßnahme zur Vermeidung des Mißbrauchs dieses Privilegs beschränkter Haftung sah das Cork Committee in Berufsverboten für directors. Sie haben, zunächst verteilt auf den Companies Act 1985 und den Insolvency Act 1985, im Company Directors Disqualification Act 1986 (CDDA)[39] eine eigenständige Regelung gefunden[40]. Neben der Mißbrauchsbekämpfung verfolgt das Gesetz aber auch andere Ziele:

> „The purpose of the 1986 CDDA is the *protection of the public*, by means of prohibitory remedial action, by anticipated deterrent effect on further misconduct and by *encouragement of higher standards of honesty and diligence* in corporate management, from those who are unfit to be concerned in the management of a company."[41]

Es geht also weniger um eine Bestrafung des directors für sein Fehlverhalten. Die Wirkungen einer Disqualifizierungsanordnung reichen in die Zukunft, womit vielmehr die Allgemeinheit vor weiterem Fehlverhalten geschützt wird[42]. Die Wichtigkeit dieses Zieles betont das Gesetz selbst in s. 7 (1) CDDA, wenn es eine Disqualifizierung für notwendig erachtet, soweit dies „expedient in the public interest" liegt. Verhindert werden soll das weitere, zukünftige Tätigwerden von Personen, die eines Geschäftsleitungsamtes für nicht würdig befunden werden, weil sie – wie die Vergangenheit gezeigt hat – eine Gefahr für Gläubiger und an-

---

38 Re Douglas Construction Services Ltd. [1988] 4 BCC 553, 557.

39 Siehe im Anhang.

40 Für eine ausführlichere Darstellung der Entwicklung hin zum CDDA in seiner heutigen Form siehe Sealy, p. 19/20 und Griffin, p. 133–135.

41 Re Blackspur Group plc, Secretary of State for Trade and Industry v Davies, [1998] 1 BCLC 676 per Lord Woolf MR.

42 Sealy, p. 538.

dere mit der Gesellschaft in Berührung kommende Dritte darstellen[43]. Durch den zeitweiligen Ausschluß von der weiteren Tätigkeitsausübung als director schränken sich die Karrieremöglichkeiten des Betroffenen ein; auch Beeinträchtigungen seines Rufs sind zu befürchten. Insbesondere in diesen Auswirkungen kommt auch das abschreckende Moment der Disqualifizierungsanordnungen zum Ausdruck.

Die Einführung des CDDA sollte auch einen Erziehungseffekt mit sich bringen. Ziel ist es, die directors zur Einhaltung von Standards guter Unternehmensführung anzuhalten. Der Court of Appeal in *Secretary of State for Trade and Industry v Gray* verdeutlicht dies[44]:

> „The concept of limited liability and the sophistication of our corporate law offers great privileges and great opportunities for those who wish to trade under that regime. But the corporate environment carries with it the discipline that those who avail themselves of those privileges must accept the standards laid down and abide by the regulatory rules and disciplines in place to protect creditors and shareholders...The Parliamentary intention to improve managerial safeguards and standards for the long term good of employees, creditors and investors is clear."[45]

Die Disqualifizierung eines gegen die Standards guter Unternehmensführung verstoßenden Geschäftsleiters entfernt nicht nur amtsunwürdige Personen aus dem Geschäftsverkehr, sondern setzt auch für die Allgemeinheit und insbesondere die Teilnehmer des Wirtschaftslebens das Zeichen, daß vertrauenswürdigem und redlichem Geschäftsgebahren immer noch ein hoher Stellenwert zugemessen wird. Zugleich wirkt eine Disqualifizierung abschreckend für andere Geschäftsleiter, was sie dazu anhalten soll, ihre Pflichten ordnungsgemäß zu erfüllen.

> „The purpose of making disqualification (under s 6) mandatory was to ensure that everyone whose conduct had fallen below the appropriate standard was disqualified for at least two years, whether in the individual case the court thought that this was necessary in the public interest or not. *Parliament has decided that it is occasionally necessary to disqualify a company director to encourage the others.*"[46]

Um die von ihm verfolgten Ziele zu erreichen, hält der CDDA mit den Disqualifizierungsanordnungen (disqualification orders) ein leistungsstarkes Instrumentarium bereit, um directors von private und public companies, die – insbe-

---

43 Hannigan, p. 322; Cheffins, p. 550.

44 Secretary of State for Trade and Industry v Gray [1995] 1 BCLC 276 at 288 per Henry LJ.

45 Siehe hierzu auch Re Bradcrown Ltd [2001] 1 BCLC 547 at 550, wo der Zweck des CDDA erläutert wird als „to raise standards in the conduct and responsibility of those who manage companies incorporated with the privilege of limited liability."

46 Hoffmann L.J. in Re Grayan Building Services Ltd, [1995] BCC 554, CA.

sondere im Insolvenzfall – gegen ihre gesetzlichen Pflichten und Obliegenheiten verstoßen haben, strafrechtlich belangt wurden oder aus anderen Gründen dafür ungeeignet sind, von einem Geschäftsleitungsamt auszuschließen. Berufsverbote nehmen im englischen Recht der Kapitalgesellschaften inzwischen einen hohen Stellenwert ein, was *Walters* und *Davies* zum Ausdruck bringen, wenn sie feststellen, daß „ the disqualification of directors is one of the most significant parts of modern company law“[47] und „the CDDA has grown from a cottage industry into a seizable legal enterprise[48].

VII. Zusammenfassung

Zusammenfassend läßt sich sagen, daß Tätigkeitsverbote für Geschäftsleiter von Kapitalgesellschaften antreten, um gleich mehrere Aufgaben zu erfüllen. Sie dienen ebenso zur Bekämpfung von Wirtschaftskriminalität wie dem Gläubigerschutz. Daneben eignen sie sich dazu, allgemeine Standards für eine qualitativ hochwertige Unternehmensführung festzulegen und können schließlich im Nachhinein als Korrektiv für das Fehlen von Berufseingangskontrollen eingesetzt werden. Über alledem steht ihre Präventivwirkung, da der drohende Verlust des Leitungsamtes und tiefe Einschnitte in den weiteren Karriereweg zu redlichem und rechtmäßigem Verhalten motiviert.

Mit der gleichen Zielsetzung wurde der Company Directors Disqualification Act 1986 in Kraft gesetzt, eine mit §§ 6 II 3 GmbHG, 76 III 3 AktG insoweit vergleichbare englische Regelung.

47 Walters, Company Lawyer 2001, 290.
48 Davies, AG 1998, 346 (352).

B. Ausgestaltung von Berufsverboten: Defizite und Ansätze für eine Novellierung

Ob Berufsverbote ihren Aufgaben gerecht werden, hängt wesentlich von ihrer Ausgestaltung ab. Sie müssen einen Geschäftsleiter immer dann treffen, wenn er sich gläubigerschädigend verhält, ihm wirtschaftskriminelles Handeln vorgeworfen werden kann oder er sich anderes Fehlverhalten bei der Führung einer Kapitalgesellschaft hat zu Schulden kommen lassen, das ihn als unzuverlässig und für ein Geschäftsleitungsamt ungeeignet erkennen läßt. Diese Anforderungen können nur solche Verbotsregelungen erfüllen, bei denen sämtliche dieser Verfehlungen verbotsauslösend wirken und die dem Betroffenen keine Umgehungsmöglichkeiten lassen. Im Gegenzug darf ein solches Berufsverbot nicht über Gebühr einschränken und belasten. In diesen Kontext gehört die Frage nach der verfassungsrechtlichen Beurteilung von Tätigkeitsverboten. Der nachfolgende Abschnitt wird daher die gesellschaftsrechtlichen Berufsverbotsregelungen in §§ 6 II 3 und 76 III 3 AktG vorstellen und sie auf die genannten Anforderungen hin untersuchen. Um einen vollständigen Überblick zu geben, wird auch kurz auf §§ 6 II 4 GmbHG un 76 III 4 AktG eingegangen, die ein Tätigkeits- und Bestellungshindernis als Geschäftsleiter einem strafrechtlichen Berufsverbot gemäß § 70 StGB bzw. einer verwaltungsbehördlichen Entscheidung folgen lassen. Im Hinblick auf die später zu beantwortende Frage, ob die Berufsverbote für directors im englischen Recht Ansätze für eine Neugestaltung der deutschen Berufsverbotsregelungen bieten können, wird auch der Company Directors Disqualification Act dargestellt und analysiert.

I. Berufsverbote in Deutschland: § 6 II 3 GmbHG und § 76 III 3 AktG

Der Frage nach möglichen Defiziten in den bestehenden Berufsverbotsregelungen für Geschäftsleiter soll ihre inhaltliche Darstellung vorausgehen. Das Augenmerk dieser Untersuchung ist auf §§ 6 II 3 GmbHG und 76 III 3 AktG gerichtet, ein vollständiger und systematischer Überblick verlangt jedoch auch die Einbeziehung der Regelungen in §§ 6 II 4 GmbH und 76 III 4 AktG, die Berufsverbote auf der Grundlage einer strafrechtlichen Verurteilung bzw. einer verwaltungsbehördlichen Entscheidung vorsehen.

1. § 6 II 3 GmbHG, § 76 III 3 AktG

§ 6 II 3 GmbHG bestimmt, daß jemand, der wegen einer Straftat gemäß §§ 283–283 d des Strafgesetzbuches verurteilt worden ist, auf die Dauer von fünf Jahren seit der Rechtskraft des Urteils nicht Geschäftsführer sein kann, wobei in die Frist die Zeit nicht eingerechnet wird, in welcher der Täter auf behördliche Anordnung in einer Anstalt verwahrt worden ist.

Mit gleichlautendem Inhalt formuliert § 76 III 3 AktG eine Berufsverbotsregelung für Vorstände von Aktiengesellschaften.

Aus dem insoweit eindeutigen Wortlaut der Normen folgt im Einzelnen:

- Wird gegen einen bereits bestellten Geschäftsführer ein Berufsverbot ausgesprochen, so endet seine Bestellung ipso iure; eine Abberufung ist nicht erforderlich[49]. Die Eintragung im Handelsregister ist sodann von Amts wegen zu löschen[50].
- Die Bestellung einer Person zum Geschäftsführer, die bereits einem Berufsverbot unterliegt, ist gemäß § 134 BGB nichtig[51].
- Wenn eine Bestellung zu einem früheren Zeitpunkt als dem Amtsantritt erfolgt, so kommt es für die Wirksamkeit der Bestellung auf den Zeitpunkt des Amtsantritts an[52].

Die systematische Stellung der Normen im Abschnitt über die Errichtung bzw. die Verfassung der Gesellschaft zeigt dabei, daß nur eine Tätigkeit als ordentlich bestellter Geschäftsführer bzw. Vorstand verhindert werden soll. Als ein der Geschäftsführung unterstellter Angestellter, so als Prokurist oder als Abteilungsleiter, darf der Betroffene dagegen tätig werden[53]. Auch ist es zulässig, einen anderen als Geschäftsführer für sich tätig sein zu lassen[54].

---

49 BGHZ 115, 78 (80); Bay ObLG DB 1987, 1882.

50 BayObLG NJW-RR 1989, 934 (935); KG NJW-RR 1999, 1341 (1342); OLG Naumburg GmbHR 2000, 378 (380).

51 Bay ObLG DB 1991, 1976 (1977); OLG Naumburg GmbHR 2000, 378 (380); Heyder in Michalski, § 6, Rn. 21; Lutter, DB 1980, 1317 (1320).

52 Lutter, DB 1980, 1317 (1320).

53 Pelz, S. 270.

54 Pelz, S. 270 ; zu der daraus resultierenden Möglichkeit von Umgehungsgestaltungen siehe noch unter B.III.

2. *§§ 6 II 4 GmbHG, 76 III 4 AktG iVm § 70 StGB: Bestellungs- und Tätigkeitshindernis aufgrund gerichtlichen Urteils*

§ 6 II 4 GmbHG und § 76 III 4 AktG sprechen in Verbindung mit § 70 StGB ein Berufsverbot für Personen aus, denen durch ein gerichtliches Urteil die Ausübung eines Berufs, Berufszweiges, Gewerbes oder Gewerbezweiges untersagt worden ist. Sie können für die Zeit, für welche das Verbot wirksam ist, bei einer Gesellschaft, deren Unternehmensgegenstand ganz oder teilweise mit dem Gegenstand des Verbots übereinstimmt, nicht Geschäftsführer/Mitglied des Vorstands sein.

a. Inhalt

Die gerichtliche Entscheidung zur Verhängung eines Berufsverbots, von der § 6 II 4 GmbHG und § 76 III 4 AktG sprechen, steht in engem Zusammenhang mit § 70 StGB. Danach kann das Gericht ein Berufsverbot unter den Voraussetzungen aussprechen, daß jemand wegen einer rechtswidrigen Tat, die er unter Mißbrauch seines Berufs oder Gewerbes oder unter grober Verletzung der mit ihnen verbundenen Pflichten begangen hat, verurteilt oder nur deshalb nicht verurteilt wurde, weil seine Schuldunfähigkeit erwiesen oder nicht auszuschließen ist. Untersagt wird ihm durch dieses strafrechtliche Berufsverbot die Ausübung des Berufs, Berufszweiges, Gewerbes oder Gewerbezweiges für die Dauer von einem bis zu fünf Jahren, wenn die Gesamtwürdigung des Täters und der Tat die Gefahr erkennen läßt, daß er bei weiterer Ausübung des Berufs, Berufszweiges, Gewerbes oder Gewerbezweiges erhebliche rechtswidrige Taten der bezeichneten Art begehen wird. Das Berufsverbot kann auch für immer angeordnet werden, wenn zu erwarten ist, daß die gesetzliche Höchstfrist zur Abwehr der von dem Täter drohenden Gefahr nicht ausreicht.

§ 70 StGB gibt dem Tatrichter die Möglichkeit, ein als reine Sicherungsmaßregel ausgestaltetes Berufsverbot zu verhängen, um die Allgemeinheit vor spezifischen, mit der Ausübung eines Berufs oder Gewerbes verbundenen Gefahren zu schützen[55]. Das strafrechtliche Berufsverbot setzt die Begehung einer rechtswidrigen Tat unter Mißbrauch des Berufs oder Gewerbes voraus. Dafür muß der Täter die ihm durch die Ausübung seines Berufs oder Gewerbes gegebenen Möglichkeiten und Freiheiten bewußt und planmäßig zur Begehung einer Straftat ausgenutzt haben[56]. Er kann die Tat auch unter grober Verletzung von mit dem Beruf oder Gewerbe verbundenen Pflichten begangen haben, die mit der im Einzel-

55 Bockemühl in MK-StGB, § 70 StGB, Rn. 2.
56 OLG Hamburg, NJW 1955, 1568 (1569); Bockemühl, MK-StGB, § 70, Rn. 9.

fall ausgeübten beruflichen oder gewerblichen Tätigkeit in einem inneren Zusammenhang stehen[57]. Die Feststellung eines einmaligen Fehlverhaltens im Zusammenhang mit der Berufs- oder Gewerbeausübung, sei es in der Mißbrauchs- oder der Pflichtverletzungsalternative, reicht jedoch nicht aus, um ein Berufsverbot verhängen zu können. Die erhebliche Beschränkung der Berufsfreiheit durch ein Berufsverbot erfordert darüber hinaus eine negative Prognoseentscheidung des Gerichts, in der es in einer Gesamtwürdigung feststellt, daß die Gefahr besteht, daß der Täter mit nahe liegender Wahrscheinlichkeit weitere erhebliche Rechtsverletzungen in der Art der bereits begangenen Symptomtat begehen wird[58].

§ 70 StGB kann Geschäftsleitern einer inländischen GmbH oder AG die weitere Ausübung ihrer Tätigkeit in diesem Unternehmen untersagen. Darüber hinaus ermöglicht die rechtsformneutrale Ausgestaltung der Norm auch, Geschäftsleitern einer ausländischen Kapitalgesellschaft ein Berufsverbot aufzuerlegen[59]. Allerdings wird ein Verstoß gegen dieses Verbot gemäß §§ 145 c iVm §§ 3, 9 I, 1. Alt. StGB nur dann relevant, wenn die untersagte Tätigkeit im Inland ausgeübt wird. Daher erfaßt § 70 StGB insbesondere die Fälle, in denen der Geschäftsleiter einer ausländischen Gesellschaft mit einer Zweigniederlassung im Inland tätig wird.

b. Rechtsfolgen

Das Gericht hat bei Vorliegen der formellen und materiellen Voraussetzungen für die Anordnung eines Berufsverbots eine Ermessensentscheidung zu fällen. Es muß hierbei insbesondere berücksichtigen, ob die Verhängung des Verbots dem Grundsatz der Verhältnismäßigkeit entspricht[60]. Das Berufsverbot hat zur Folge, daß der Täter den in dem Urteil bezeichneten Beruf für die festgesetzte Dauer nicht ausüben darf. Damit der durch das Berufsverbot vorgenommene Eingriff in das Grundrecht der Berufsfreiheit Verhältnismäßigkeitserwägungen stand hält, ist neben der individuellen Bestimmbarkeit seiner Dauer auch eine genaue Bezeichnung der untersagten Tätigkeit erforderlich. Im Hinblick auf ein Berufsverbot für Geschäftsleiter genügt es dem Bestimmtheitsgrundsatz insbesondere nicht, ein

---

57 BGHSt 22, 144 (146); OLG Karlsruhe, StV 1993, 403 (405); Stree in Schönke/Schröder, § 70, Rn. 6.

58 Bockemühl, MK-StGB, § 70, Rn. 13, 14; Stree in Schönke/Schröder, § 70, Rn. 12.

59 Lanzius, S. 203.

60 Bockemühl in MK, § 70, Rn. 26.

Verbot „jeder selbständigen Geschäftstätigkeit[61]" oder ein Verbot der „Betätigung als Manager[62]" auszusprechen.

Im Gegensatz zu den Bestellungs- und Tätigkeitsverboten der §§ 6 II 3 GmbHG, 76 III 3 AktG untersagt das strafrechtliche Berufsverbot eine Tätigkeit als Geschäftsleiter nicht insgesamt, sondern stellt sie unter die Bedingung, daß der Unternehmensgegenstand der Gesellschaft nicht mit dem Gegenstand des Berufsverbotes übereinstimmt, § 6 II 4, letzter Halbsatz GmbHG sowie § 76 III 4, letzter Halbsatz AktG. Der maßgebliche Unterschied dieser Berufsverbote zu jenen in §§ 6 II 3 GmbHG, 76 III 3 AktG zeigt sich somit in der relativen Wirkung der Ausschlußgründe[63]. Trotz der Begrenzung auf den Unternehmensgegenstand kann ein gerichtliches Berufsverbot aufgrund von § 70 StGB für den Betroffenen aber umso schwerer wiegen, da sich für ihn sowohl die Tätigkeit als Geschäftsführer verschließt, als auch er in dem vom Verbot umfaßten Rahmen nicht in einem Arbeits – oder Anstellungsverhältnis tätig werden darf[64]. Ferner ist es ihm untersagt, den Beruf oder das Gewerbe für sich von einem anderen ausüben zu lassen, vgl. § 70 III StGB.

Auch die Dauer eines Berufsverbots, das aufgrund eines Urteils ergeht, unterscheidet sich von der Zeitspanne, die ein Berufsverbot umfaßt, das auf einem absoluten Ausschlußgrund gemäß § 6 II 3 GmbHG bzw. § 76 III 3 AktG gründet. Anstelle einer starren Fünf-Jahresfrist für diese kann das gerichtlich festgesetzte Berufsverbot für die Dauer von einem bis zu fünf Jahren gelten, in manchen Fällen gar für immer angeordnet werden, vgl. § 70 I 2 StGB. Dem gegenüber besteht hier aber auch die Möglichkeit, das Berufsverbot erstmalig nach einem Jahr zur Bewährung auszusetzen, vgl. § 70 a StGB. Hierdurch gewährleistet der Gesetzgeber, daß das Berufsverbot einer regelmäßigen Kontrolle unterliegt und somit jederzeit überprüft werden kann, ob es im Laufe seiner Dauer noch verhältnismäßig ist[65]. Verstößt der Betroffene vorsätzlich gegen das Berufsverbot aus § 70 StGB, trifft ihn eine Strafbarkeit gemäß § 145 c StGB.

3. §§ 6 II 4 GmbHG, 76 III 4 AktG iVm verwaltungsbehördlicher Entscheidung

Schließlich sehen §§ 6 II 4 GmbHG und 76 III 4 AktG die Auferlegung eines Berufsverbotes auch dann vor, wenn jemandem durch die vollziehbare Entscheidung einer Verwaltungsbehörde die Ausübung eines Berufs, Berufszweiges, Ge-

61 BGH bei Dallinger, MDR 1952, 530.
62 BGH bei Dallinger, MDR 1958, 139.
63 Ulmer in Hachenburg-GmbHG, § 6, Rn. 11.
64 Tröndle/Fischer, § 70, Rn. 11; Pelz, S. 269.
65 BerlVerfGH, NJW-RR 2005, 1294.

werbes oder Gewerbezweiges untersagt wird. In der Zeit, für welche das Verbot wirksam ist, kann der Betroffene bei einer Gesellschaft, deren Unternehmensgegenstand ganz oder teilweise mit dem Gegenstand des Verbots übereinstimmt, nicht Geschäftsführer/Mitglied des Vorstands sein."

a. Inhalt

Ergeht ein Berufsverbot aufgrund verwaltungsbehördlicher Entscheidung, stellt insbesondere § 35 GewO, im Übrigen eine der gemäß § 35 VIII GewO vorgehenden gewerberechtlichen Spezialregelungen, die Rechtsgrundlage dieser Entscheidung dar[66]. Danach ist einem Gewerbetreibenden die Ausübung seines Gewerbes zu untersagen, wenn ihm Unzuverlässigkeit bei der Ausübung vorzuwerfen und die Untersagung zum Schutze der Allgemeinheit oder der im Betrieb Beschäftigten erforderlich ist.

aa. Der Begriff der Unzuverlässigkeit

Der Begriff der Unzuverlässigkeit ist im Laufe von Jahrzehnten von Rechtsprechung und Rechtswissenschaft entwickelt und präzisiert worden, so daß heute auch ohne eine gesetzliche Definition eine allgemein anerkannte Formel existiert, wonach ein Gewerbetreibender dann als unzuverlässig anzusehen ist, wenn er nicht die Gewähr dafür bietet, daß er in Zukunft sein Gewerbe ordnungsgemäß ausüben wird[67]. Diese Definition führt zu einem weiten Beurteilungsspielraum. Aufgrund des fast unübersehbar breiten Anwendungsbereichs von § 35 GewO enthält das Gesetz auch nicht einmal Regelbeispiele. Statt dessen haben sich im Rahmen einer weitläufigen Kasuistik aus Fällen der Rechtsprechung Fallgruppen entwickelt, bei deren Vorliegen eine Gewerbeuntersagung – vorbehaltlich der Einzelfallbeurteilung – wegen Unzuverlässigkeit angebracht ist. Eine erste Fallgruppe stellt die Begehung von Straftaten dar, wobei nicht jede strafgerichtliche Verurteilung ein Gewerbeverbot begründen kann, sondern es muß sich aus dem zu Grunde liegenden Sachverhalt ergeben, daß aus dem strafrechtlich relevanten Verhalten auch eine gewerberechtliche Unzuverlässigkeit folgt[68]. Daneben können nicht unerhebliche Steuerrückstände des Gewerbetreibenden – entweder aufgrund ihrer absoluten Höhe oder auch im Verhältnis zu seiner steuerlichen Ge-

---

66 Ulmer in Hachenburg, § 6, Rn. 14.

67 BVerwGE 65, 1 f., Heß in Friauf, § 35, Rn. 49; Tettinger in Tettinger/Wank, § 35, Rn. 26; Frotscher, S. 145; Arndt in Steiner, S. 962.

68 Laubinger, VerwArch 1998, 145 (150).

samtbelastung – ein Indiz für seine gewerberechtliche Unzuverlässigkeit sein[69]. In diese Fallgruppe gehören auch Pflichtverstöße des Gewerbetreibenden gegen sonstige steuerliche Pflichten, wie die (rechtzeitige) Abgabe von Steuererklärungen gem. §§ 149 AO ff. und die Unterstützung der Behörden durch entsprechende Mitwirkung bei der Sachermittlung, vgl. § 90 AO[70]. Weiterhin können Verstöße gegen sozialversicherungsrechtliche Pflichten wie die Nichtabführung von Arbeitnehmerbeiträgen zur Sozialversicherung zur Annahme der Unzuverlässigkeit führen[71]. Gibt ein Gewerbetreibender auch bei anhaltender mangelnder wirtschaftlicher Leistungsfähigkeit ohne Rücksicht auf die Ursachen seiner wirtschaftlichen Schwierigkeiten seinen Gewerbebetrieb nicht auf, so erweist er sich ebenfalls als unzuverlässig[72]. Mangelnde Sachkunde soll dagegen nur in Ausnahmefällen als Begründung für die gewerberechtliche Unzuverlässigkeit herangezogen werden, um zu verhindern, daß über § 35 GewO eine verfassungsrechtlich nicht zulässige Sachkundenachweispflicht eingeführt wird[73]. Auch auf der Verletzung zivilrechtlicher Pflichten – womit auch Wettbewerbsverstöße erfaßt sind – kann eine Gewerbeuntersagung wegen Unzuverlässigkeit im Regelfall nicht fußen, da Schutzgut des § 35 GewO nicht einzelne Gläubiger sind, sondern die Allgemeinheit[74]. Nur wenn gleichzeitig Straftaten oder Ordnungswidrigkeiten hinzukommen oder aber der Gewerbetreibende so hartnäckig zivilrechtliche Pflichten verletzt, daß daraus auf charakterliche Mängel geschlossen werden kann, ist die Gewerbeuntersagung gestützt auf diese Gründe möglich[75].

bb. Adressat des Gewerbeverbots

Die Untersagungsverfügung ergeht an den Gewerbetreibenden. Wer – insbesondere im Hinblick auf die im Rahmen dieser Untersuchung interessierenden Kapitalgesellschaften – ein Gewerbe betreibt, erläutert das BVerwG in seinem Urteil vom 30.09.1976[76], das allgemein Zustimmung gefunden hat[77]:

---

69 BVerwGE 65, 1 (2); VGH BW GewArch 1991, 112 (113); Hess VGH GewArch 1994, 238.
70 BVerwGE 65, 1 (2); BVerwG GewArch 1982, 233 (234); VGH BW GewArch 1991, 112 (113).
71 BVerwGe 65, 1 (2); Bay VGH GewArch 1992, 181 (182).
72 BVerwGE 65, 1 (4); BVerwG GewArch 1982, 233; für Einzelfragen innerhalb dieser Fallgruppe siehe auch Tettinger in Tettinger/Wank, § 35, Rn. 61 ff.
73 BVerfGE 19, 330 (338, 339);Laubinger, VerwArch 1998, 145 (155).
74 Tettinger in Tettinger/Wank, § 35 GewO, Rn. 72.
75 Heß in Friauf, § 35, Rn. 78.
76 BVerwG GewArch 1977, 14.

„Der Vorstand einer Aktiengesellschaft, die Gesellschafter und Geschäftsführer einer GmbH sowie die Kommanditisten einer Kommanditgesellschaft sind nicht Gewerbetreibende. Gewerbetreibender ist auch nicht, wer einem anderen, dem die Ausübung eines Gewerbes untersagt ist, Generalvollmacht erteilt hat, die von jenem dazu benutzt wird, Kapitalgesellschaften zu gründen und zu leiten, die das dem Bevollmächtigten untersagte Gewerbe betreiben."

Gewerbetreibende sind vielmehr die Gesellschaften[78]. Diese Aussage des BVerwG hat zur Konsequenz, daß für die Beurteilung der Unzuverlässigkeit der hier interessierenden GmbH und AG auf das Verhalten der gesetzlichen Vertreter abzustellen ist, die Unzuverlässigkeit dieser Personen dann aber der Gesellschaft als eigene zugerechnet wird[79]. Wenn jedoch ein unzuverlässiger Geschäftsleiter nur seiner Gesellschaft eine Untersagungsverfügung „bescheren" kann, ohne selbst mit ihr belastet zu sein, wirft das die Frage auf, ob die gewerberechtliche Untersagungsverfügung überhaupt ein effektives Bestellungs- und Tätigkeitshindernis iRv § 6 II GmbHG, 76 III AktG darstellt, mit dem unzuverlässige und damit ungeeignete Geschäftsleiter aus dem Wirtschaftsleben fern gehalten werden können. Hier scheint aber die Regelung in § 35 VII a GewO eine Antwort zu geben, wonach die Untersagungsverfügung auch gegen Vertretungsberechtigte oder mit der Leitung des Gewerbebetriebes beauftragte Personen ausgesprochen werden kann. Soweit sich der Geschäftsführer einer GmbH oder der Vorstand einer AG als unzuverlässig erwiesen haben, kann die zuständige Behörde also auch gegen sie persönlich vorgehen[80]. Ob damit die Ausgangsfrage zufriedenstellend beantwortet ist, hängt jedoch noch davon ab, welche Tätigkeit mit der Verfügung

---

77 Hess VGH Gew Arch 1978, 224; OLG Schleswig-Holstein GewArch 1989, 235 (236) und erneut BverwG, GewArch 1994, 156; Marcks in Landmann/Rohmer, § 35, Rn. 65; Tettinger in Tettinger/Wank, § 35 Rn. 90.

78 BVerwG Gew Arch 1977, 14.

79 VGH BW GewArch 1994, 373; Tettinger in Tettinger/Wank, § 35, Rn. 91; Heß in Friauf, § 35,Rn. 137.

80 Mit § 35 VII a GewO sollte die Gesetzeslücke geschlossen werden, die entstand, wenn einem Gewerbetreibenden die Gewerbeausübung nach § 35 GewO untersagt ist und ihm in einer GmbH die Stellung eines selbständigen Gewerbetreibenden eingeräumt wird; Hess VGH GewArch 1993, 160 (161). Die GmbH fungiert hierbei als Strohmann, die tatsächlich keinerlei Einfluß auf das Gewerbe ausübt, sondern als jederzeit steuerbare Marionette vorgeschoben wird, um zwecks Täuschung des Rechts- und Wirtschaftsverkehrs die wahren faktisch-wirtschaftlichen Machtverhältnisse zu verschleiern (st. Rspr., BVerwGE 65, 12 (13); BVerwG NVwZ 2004, 103 (104); Bay VGH GewArch 2003, 120; VG Gießen GewArch 2003, 35). Typischerweise erscheint diese Konstellation in der Ein-Mann-GmbH. Es handelt sich hierbei um einen Fall des Rechtsformenmißbrauchs, dessen Beweis erheblichen Schwierigkeiten unterliegt. Diese Beweisschwierigkeiten haben seit der Einführung des § 35 VII a GewO an Bedeutung verloren.

gemäß § 35 VII a GewO untersagt wird. Vom Wortlaut aus betrachtet scheint es möglich, die konkrete unselbständige Tätigkeit oder aber (auch) eine vergleichbare selbständige Gewerbetätigkeit zu unterbinden. Systematik, Telos und vor allem der Wille des historischen Gesetzgebers sprechen für die zweitgenannte Auslegungsalternative. Mit der Einführung des § 35 VII a GewO sollte verhindert werden, daß nach Untersagung des Gewerbebetriebs der unzuverlässige Geschäftsführer einer GmbH die Tätigkeit selbst als Gewerbetreibender fortsetzt[81]. Daher untersagt die Verfügung die künftige selbständige Gewerbeausübung im Bereich der bisherigen unselbständigen Tätigkeit[82]. Das Ziel von § 6 II GmbHG, 76 III AktG, unseriöse Geschäftsleiter ihren Ämtern zu entheben, wird also auch mit § 35 VII a 1 GewO nicht erreicht. Allerdings macht § 35 VII a 3 GewO die Absätze 1 und 3 bis 7 von § 35 GewO für diesen Fall der Untersagungsverfügung anwendbar. Das eröffnet die Möglichkeit, gemäß § 35 VII a 3 iVm I 2 GewO die Untersagungsverfügung gegen einen Geschäftsführer oder einen Vorstand auf die konkrete unselbständige Tätigkeit zu erstrecken[83]. Somit können unzuverlässige und damit ungeeignete Geschäftsleiter entsprechend der Intention der Bestellungs- und Tätigkeitsverbote gemäß §§ 6 II 4 GmbHG, 76 III 4 AktG durch die vollziehbare Entscheidung einer Verwaltungsbehörde von dem Geschäftsleiteramt ferngehalten werden.

b. *Rechtsfolgen*

Eine verwaltungsbehördliche Ermessensentscheidung untersagt die Ausübung des Leitungsamtes für Geschäftsführer von GmbH und Vorständen von AG für die in der Entscheidung festgelegte Dauer und in dem dort bestimmten Umfang[84].

II. Berufsverbote in Großbritannien: Der Company Director's Disqualification Act

Seit 1986 regelt der Company Director's Disqualification Act (CDDA) die Disqualifizierung von Personen, die sich durch besonderes Fehlverhalten für das Amt eines directors als ungeeignet erwiesen haben. Disqualifizierungsanordnungen nehmen im englischen Gesellschaftsrecht eine so bedeutsame Stellung ein,

---

81 BT-Drucks. 10/318, 51; OVG NW NWVBl. 1996, 153 (154).
82 Tettinger/Wank, § 35, Rn. 236; BVerwG GewArch 1996, 241; VGH BW GewArch 1994, 420; HessVGH GewArch 1998, 289 (290).
83 VGH BW GewArch 1994, 420; Kempen, NVwZ 1997, 243 (246); für die weiteren Erstreckungsvoraussetzungen Tettinger in Tettinger/Wank, § 35, Rn. 141 ff.;
84 Ulmer in Ulmer-GmbHG, § 6, Rn. 21.

daß sie anderen Gläubigerschutzinstrumenten wie der wrongful bzw. fraudulent trading-Haftung mindestens gleichwertig gegenüberstehen.

1. Disqualifizierungsgründe

Die Gründe für eine Disqualifizierungsanordnung umfassen ein weites Feld. Sie sind abgestimmt auf die Ziele, die der CDDA verfolgt: Schutz der Allgemeinheit und insbesondere der Gläubiger, Erhaltung und Verbesserung von Unternehmensleitungsstandards, Mißbrauchsverhinderung. Dementsprechend lösen strafrechtliche Verfehlungen im Zusammenhang mit der Gesellschaft ebenso eine Disqualifizierungsanordnung aus wie Verstöße gegen gesellschaftsrechtliche Vorgaben, die eine rechtmäßige und ordentliche Unternehmensleitung sicherstellen wollen und damit letztlich auch dem Gläubigerschutz zu Gute kommen.

a. S. 2 CDDA: Gesellschaftsbezogene Verbrechen

Das Gericht kann nach seinem Ermessen eine Disqualifizierungsanordnung erlassen, wenn eine Person wegen eines Verbrechens verurteilt wurde, das sie „in connection with the promotion, formation, management or liquidation of a company“ begangen hat. Dieser Zusammenhang ist dann zu bejahen, wenn das Verbrechen „some factual connection with the management of the company“ aufweist[85]. Eine solche Verbindung erkennen die Gerichte nicht nur bei strafrechtlich relevantem Handeln unmittelbar aus der Position als director an (so bei Verstössen gegen Buchführungs- und Aufzeichnungsvorschriften), sondern auch, wenn das Verbrechen nicht mit der eigentlichen Geschäftsführungstätigkeit zusammenhängt oder nur Gelegenheiten, die das Amt bietet, zu eigenen Gunsten ausgenutzt werden[86].

b. Ss.3, 5 CDDA: Dauerhafte Verstöße gegen gesellschaftsrechtliche Bestimmungen

Einer Disqualifizierungsanordnung nach s. 3 und s. 5 CDDA liegen andauernde Verstösse (persistent default) von directors gegen gesellschaftsrechtliche Be-

85 Re v. Goodman, [1994] BCLC 349; in diesem Fall ging es um einen Direktor, der des insider dealings schuldig war.

86 In R v. Appleyard [1985] 81 Cr App R 319 wurde gegen einen Direktor eine Disqualifizierungsanordnung verhängt, der Geschäftsräume in Brand gesteckt hatte, um so einen Versicherungsmißbrauch zu begehen; in Re v. Goodman [1992] BCC 625, ging es um einen Direktor, der Insiderhandel betrieben hatte.

stimmungen zu Grunde, die ihnen Verpflichtungen bezüglich korrekter Buchführung und Rechnungslegung, der rechtzeitigen Abgabe von Bilanzen und allgemein bezüglich der Offenlegung von Geschäftsunterlagen auferlegen. S. 3 CDDA verdeutlicht die immense Bedeutung der Publizität im englischen Gesellschaftsrecht, insbesondere im Hinblick auf den Gläubigerschutz[87]. S. 27 (7) CDDA verweist für den Inhalt dieser unter dem Begriff „companies legislation" zusammengefassten Verpflichtungen auf entsprechende Bestimmungen aus dem Companies Act sowie dem Insolvency Act. Um eine Anordnung gemäß dem CDDA auszulösen, muß ein director allerdings gegen eine Pflicht verstoßen haben, die ihn persönlich trifft; Verpflichtungen, die er – auch – für die Gesellschaft erfüllt, genügen nicht[88].

Ein Verstoß ist „persistent", wenn eine Person ihn mehrmals oder aber eine Reihe unterschiedlicher Verstösse begeht[89]. Ist aber jemand innerhalb von fünf Jahren drei Mal seinen Verpflichtungen nicht nachgekommen und vom Gericht vergeblich zur Nachholung aufgefordert worden, so besteht eine Vermutung dafür, daß er „persistently in default" ist, woraufhin das Gericht eine Disqualifizierungsanordnung mit einer Maximaldauer von fünf Jahren erlassen kann, vgl. s. 3 (2), (3) CDDA. Insbesondere ist dabei unerheblich, bei wie vielen Gesellschaften die fragliche Person als director tätig ist und ob im Übrigen eine Vielzahl nicht zu beanstandender Unterlagen rechtzeitig eingereicht wurden[90].

Inhaltlich unterscheidet sich s. 3 CDDA nicht von s. 5 CDDA, allerdings setzt die Anwendung von s. 3 CDDA voraus, daß die Disqualifizierungsanordung durch ein Gericht erlassen wird, das „has a jurisdiction to wind up any of the companies in relation to which the offence or other default has been or is alleged to have been comitted", vgl. s. 3 (4) CDDA. Im Rahmen von s. 5 CDDA kann dagegen nur ein court of summary conviction die Disqualifizierung anordnen.

c. S. 4 CDDA: Fraudulent Trading

Wird im Rahmen eines Liquidationsverfahrens festgestellt, daß jemand
1. im Rahmen der Liquidation gemäß s. 458 Companies Act des fraudulent trading strafbar ist oder
2. auf andere Weise wegen Betrugs oder eines Pflichtverstosses im Zusammenhang mit der Gesellschaft strafbar ist, als er officer, liquidator, receiver oder manager of the company's property war,

87 Gernoth, BB 2004, 837 (842).
88 Sealy, p. 23.
89 Re Arctic Engineering Ltd & Ors [1985] 1 BCC 99, 563.
90 Gernoth, BB 2004, 837 (842).

kann das Gericht ihn für bis zu 15 Jahren disqualifizieren.

Fraudulent trading kann auch im Rahmen von s. 2 CDDA einen Disqualifizierungsgrund darstellen, allerdings ist dort im Gegensatz zu s. 4 CDDA eine Verurteilung erforderlich. Dagegen ist fraudulent trading bei s. 4 CDDA nur dann relevant, wenn es im Zusammenhang mit einer Liquidation festgestellt wird[91].

d. S. 6 CDDA: unfitness

Der Hauptanwendungsfall einer Disqualifizierungsanordnung aber ist die unfitness (Ungeeignetheit); s. 6 CDDA. Das Gericht hat eine Anordnung mit einer Mindestdauer von zwei Jahren zu erlassen, wenn es davon überzeugt ist, daß das Verhalten eines aktuellen oder ehemaligen director einer Gesellschaft, die insolvent[92] geworden ist, „makes him unfit[93] to be concerned in the management of a company“[94]. Die Maximaldauer der Anordnung bei unfitness beträgt 15 Jahre.

e. S. 8 CDDA: Disqualifizierung nach Unternehmensuntersuchung

Ansatzpunkt für eine Disqualifizierung gemäß s. 8 CDDA ist eine company investigation, die vom Secretary of State for Trade and Industry, bzw. durch von ihm ernannte Inspektoren durchgeführt wird. Companies Act und Insolvency Act führen unterschiedliche Gründe für eine solche Untersuchung auf:

- gemäß s. 431 CA: aufgrund eines Gesuchs der betreffenden Gesellschaft selbst oder einer Gruppe von Mitgliedern der Gesellschaft
- gemäß s. 432 (1) CA: auf Anordnung des Gerichts
- gemäß s. 218 (4), (5) IA: wenn der Secretary of State for Trade and Industry durch den Bericht eines liquidator im Rahmen einer freiwilligen Liquidation auf mögliche kriminelle Verhaltensweisen aufmerksam wird.

Einzelne Bestimmungen des Companies Act sowie des Financial Services Act geben dem Secretary of State die Möglichkeit, Unterlagen und Auskünfte einzufordern, welche die Unternehmensuntersuchung erfordern. Der Financial Services Act, ss. 94, 177, ermächtigt den Secretary of State darüber hinaus, den Untersuchungsgegenstand auszuweiten auf

- *the affairs of a unit trust scheme or a collective investment scheme und*
- *possible contraventions of the insider dealing legislation*

---

91 Sealy, p. 24.

92 Zum Begriff der Insolvenz: s. 6 (2) CDDA.

93 Zum Begriff der unfitness siehe noch die umfangreichen Rechtsprechungsnachweise unter B.IV.1.

94 Hierzu siehe insgesamt noch ausführlich unter B.III.1.c.

- *the affairs of any person currently or formerly carrying on investment business.*

Eine Disqualifizierungsanordnung gemäß s. 8 CDDA setzt voraus, daß die Untersuchung ergeben hat, daß eine Disqualifizierung „expedient in the public interest" liegt und das Verhalten des Betroffenen als unfit einzustufen ist. Für die Beurteilung der unfitness ist wie im Rahmen von s. 6 CDDA Schedule 1 zu berücksichtigen, allerdings nur Part. 1. Hier zeigt sich ein maßgeblicher Unterschied zur Disqualifizierung wegen unfitness gemäß s. 6 CDDA: Die Gesellschaft muß bei s. 8 CDDA nicht insolvent sein[95]. Darüber hinaus liegt es immer im Ermessen des Gerichts, eine Anordnung zu erlassen, selbst wenn es zum unfitness-Urteil kommen sollte. Diese Freiheit hat es bei s. 6 CDDA nicht mehr; bei Bejahung von unfitness ist dort eine Disqualifizierung die zwingende Folge.

Die Disqualifizierungsanordnung gemäß s. 8 CDDA kann für die Dauer von bis zu 15 Jahren ausgesprochen werden; eine Mindestdauer sieht das Gesetz nicht vor.

f. S. 9 A-E CDDA: Wettbewerbsverstösse

S. 204 Enterprise Act 2002 hat die neuen ss.9A-9E CDDA eingefügt, wonach das Office of Fair Trading bei dem zuständigen Gericht um den Erlaß einer Disqualifizierungsanordnung ersuchen kann, wenn einem director Verstösse gegen das Wettbewerbsrecht vorzuwerfen sind[96]. Eine Competition Disqualification Order (CDO) ergeht unter den folgenden Voraussetzungen:

1. Eine Gesellschaft verletzt wettbewerbsrechtliche Vorschriften.
   Zu den maßgeblichen Vorschriften gehören zum einen die Bestimmungen des Chapter I und II des Competition Act 1998, zum anderen die Artt. 81, 82 EG-Vertrag[97].

---

95 Griffin, p. 145; Sealy, p. 37.

96 Die Entscheidung, ob es sich zum Zwecke der Anordnung einer Disqualifizierung an ein Gericht wendet, macht das Office of Fair Trading (OFT) davon abhängig, ob es sich um einen wiederholten oder erstmaligen Verstoß gegen wettbewerbsrechtliche Vorschriften handelt, ob der Verstoß schwerwiegend ist und ob einer Gesellschaft *leniency* gewährt wurde: In diesen Fällen wird einer Gesellschaft mit nur einer reduzierten Geldbuße belegt oder sie wird ihr ganz erlassen entsprechend dem *Director General of Fair Trading's Guidance as to the Appropriate Amount of a Penalty* bzw. gemäß der *Notice on Immunity from Fines and Reduction of Fines in Cartel Cases* der Europäischen Kommission; Bericht des OFT, p. 8 ff.; abrufbar unter: www.oft.gov.uk/NR/rdonlyres/59DD34DB-574A-4FF6-A202-72A08116EA82/0/oft500.pdf.

97 Consultation paper des Office of Fair Trading (OFT), p. 3 (Fn. 94).

2. Der *director*[98] dieser Gesellschaft wird vom Gericht aufgrund dieser Vorgehensweise für ungeeignet befunden, „to be concerned in the management of the company".

Bei der Beurteilung, ob die Person in diesem Zusammenhang als ungeeignet einzustufen ist, sind vom Gericht folgende Vorgaben zu beachten[99]:

1. Es *muß* in seine Überlegungen miteinbeziehen, ob die Geschäftsdurchführung der betroffenen Person zu der Verletzung der wettbewerbsrechtlichen Vorschriften beigetragen hat oder – falls ein solcher Beitrag nicht festgestellt wird – ob es ersichtliche Gründe gab, anzunehmen, daß die Vornahme des betreffenden Geschäfts zu einer Verletzung wettbewerbsrechtlicher Vorschriften führen würde und die Person dennoch nichts unternommen hat, um dies zu verhindern oder ob die Person zwar nichts von der sich abzeichnenden Gesetzesverletzung wußte, es aber hätte wissen müssen.
2. Das Gericht *kann* für seine Beurteilung auch eventuelle vergangene wettbewerbsrechtliche Verletzungen der betroffenen Person in ihrer Funktion als director der Gesellschaft berücksichtigen.
3. Es *darf* allerdings *nicht* in Schedule 1 des CDDA aufgeführte Kriterien berücksichtigen.

Steht der Wettbewerbsverstoß und die Ungeeignetheit des directors, weiterhin in der Geschäftsführung involviert zu sein, fest, ist eine Competition Disqualification Order zwingend. Das Gericht hat lediglich Entscheidungsspielraum hinsichtlich der Dauer der Anordnung. Hierbei steht ihm eine Zeitspanne bis zu 15 Jahren zur Verfügung.

g. S. 10 CDDA: Wrongful trading

Stellt ein Gericht fest, daß jemand gemäß s. 213, 214 Insolvency Act wegen fraudulent trading[100] oder wrongful trading[101] persönlich haftbar zu machen ist,

---

98 *Director* ist in diesem Zusammenhang nicht nur ein ordentlich bestellter *director*, sondern auch ein *shadow director*, vgl. s. 9 E (5) CDDA und nach Ansicht des Office of Fair Trading ebenfalls ein *de facto director*; Consultation paper des OFT, p. 3, Fn. 6.

99 Siehe hierzu Hannigan, p. 342 und das Consultation paper des OFT, p. 5 (Fn. 94).

100 Der Tatbestand des fraudulent trading ist erfüllt, wenn die Direktoren die Gesellschaft in der Absicht, Gläubiger zu schädigen, oder zu einem anderen betrügerischen Zweck, fortführen, obwohl sie wissen, daß die Gesellschaft zur Begleichung ihrer Verbindlichkeiten nicht mehr in der Lage ist. Insbesondere die Voraussetzung der Schädigungsabsicht macht den Tatbestand des fraudulent trading nur schwer beweisbar. Gelingt der Beweis – und sind auch die anderen Voraussetzungen erfüllt – ist die Folge eine Durchgriffshaftung.

droht ihm darüber hinaus eine Disqualifizierung von bis zu 15 Jahren. Während in s. 4 CDDA fraudulent trading im Rahmen einer Liquidation zu einer Disqualifizierung führen kann, muß für die Anwendung von s. 10 CDDA die Insolvenz der betreffenden Gesellschaft festgestellt werden[102].

h. S. 11 CDDA: Bankrott

Der nicht entlastete Insolvenzschuldner ist bereits ipso iure von dem Amt eines directors sowie von der direkten oder indirekten Teilnahme an oder Befassung mit Gesellschaftsangelegenheiten ausgeschlossen. Ein Verstoss gegen s. 11 CDDA liegt schon dann vor, wenn er objektiv den Tatbestand der Vorschrift erfüllt, also entgegen dem Verbot als director agiert hat. Die Verschuldensfrage wird demgegenüber nicht gestellt; es handelt sich um einen Fall der strict liability, also der verschuldensunabhängigen Haftung[103].

2. *Rechtsfolgen*

Disqualifizierungsanordnungen untersagen natürlichen Personen nicht nur die Tätigkeit als director, sondern verbieten gemäß s. 1 (1) CDDA auch, als „liquidator[104] or administrator of a company[105]" sowie als „receiver[106] or manager of a

---

101 Neben dem fraudulent trading wurde mit dem Insolvency Act 1986 ein weiterer Durchgriffstatbestand in Form des wrongful trading eingeführt. Er setzt voraus, daß Verbindlichkeiten eingegangen werden, obwohl zu diesem Zeitpunkt die insolvenzbedingte Liquidation bereits absehbar ist und vernünftigerweise nicht damit gerechnet werden kann, daß die Verbindlichkeiten doch noch beglichen werden können. Anders als beim fraudulent trading entbehrt der Haftungstatbestand des wrongful trading den Nachweis einer Schädigungsabsicht.

102 Griffin, p. 145.

103 Re v. Brockley [1994] 1 BCLC 606.

104 Von der Gesellschafterversammlung bestellter Vertreter der Gesellschaft im Rahmen einer freiwilligen Liquidation; Just, S. 72.

105 Der administrator führt die Gesellschaft, die sich unter *administration* befindet. Dies ist ein durch den Insolvency Act 1986 und die Insolvency Rules 1986 eingeführtes Verfahren, durch das sich eine Gesellschaft, die sich in finanziellen Schwierigkeiten befindet, restrukturieren kann, ohne abgewickelt zu werden; im Einzelnen zur administration lies nach bei Just, S. 70, 71 und Triebel u.a., Englisches Handels- und Wirtschaftsrecht, Rn. 842.

106 Erfaßt wird sowohl der einfache receiver, der nur einzelne verpfändete Gegenstände verwertet, als auch der administrative receiver, der von dem Inhaber einer floating charge (eine Art Unternehmenshypothek, bei der eine Belastung entweder des gesamten Unternehmensvermögens oder eines Teiles davon erfolgt) für die Verwer-

company's property" tätig zu sein. Darüber hinaus darf der Betroffene gemäß s. 1 (1) (d) CDDA nicht „in any way, whether directly or indirectly, be concerned or take part in the promotion, formation or management of a company[107]." Den Begriff des directors definiert s. 741 (1) Companies Act:

„Director includes any person occupying the position of a director, by whatever name called."

Aufgrund der weiten Formulierung müssen die Gerichte im Einzelfall eruieren, ob eine Person als director im Sinne der Definition anzusehen ist. Kriterien hierfür können unter anderem die Ausgestaltung ihrer Tätigkeit oder auch ihre Bezeichnung in Verträgen mit der Gesellschaft sein[108]. Unstreitig erfaßt werden aber shadow directors und de facto directors; s. 22 (4), (5) CDDA[109]. Darüber hinaus hat der High Court in einer Entscheidung aus dem Jahre 1998 auch erstmals einer Gesellschaft die Fähigkeit aberkannt, director zu sein[110]; vgl. auch s. 14 CDDA.

Der CDDA 1986 sieht eine grundsätzlich mögliche Disqualifizierungsdauer von bis zu 15 Jahren vor. Eine Ausnahme macht die Disqualifizierung wegen wiederholter Verstösse gegen Buchführungs-, Rechnungslegungs- und Publizitätsvorschriften, bei denen der Ausschluß vom Geschäftsleitungsamt auf maximal fünf Jahre begrenzt ist, s. 3 (5) CDDA. In Fällen der Disqualifizierung wegen unfitness hat das Gericht sogar die im Gesetz vorgesehene Mindestqualifizierungsdauer von zwei Jahren zu beachten, s. 6 (4) CDDA. Die zur Verfügung stehende Zeitspanne ist von den Gerichten ermessensgerecht auszuschöpfen, wobei die Rechtsprechung Leitlinien entwickelt hat, damit zwischen der Dauer des Berufsverbotes und der Schwere der ihm zugrundeliegenden Verfehlung ein angemessenes Verhältnis besteht und allzu willkürliche Entscheidungen vermieden werden. Den Fall *Re Sevenoaks Stationers (Retail) Ltd* hat das entscheidende Gericht zum Anlaß genommen, Maßstäbe für die Dauer einer Disqualifizierung festzulegen[111]:

Die zur Verfügung stehende Zeitspanne von zwei bis 15 Jahren wird in drei Abschnitte eingeteilt. Das Gericht soll ein Berufsverbot für die Dauer von 10 bis 15 Jahren nur dann aussprechen, wenn ihm ein besonders schwerwiegender Fall zu Grunde liegt, unter anderem bei einer wiederholten Disqualifizierung. Schwe-

---

tung eines ganzen Unternehmens oder eines Großteils davon bestellt wird; Triebel u.a., Englisches Handels- und Wirtschaftsrecht, Rn. 847; Just, S. 69; Vorpeil, RIW 1994, 600 (601); Mithani/Wheeler, p. 194/195.

107 Hierzu noch ausführlicher unter B.III. 1.c.

108 Tolley's Company Law Handbook, p. 288.

109 Hierzu noch unter B.III.1.c.

110 Official Receiver v. Brady [1999] BCC 258.

111 Re Sevenoaks Stationers (Retail) Ltd, [1991] Ch 164.

re Verfehlungen wie Unterschlagung oder Mißbrauch der Gesellschaftsform zwecks Gläubigerbenachteiligung, die zum ersten Mal auftreten und nicht in die erste Gruppe fallen, rechtfertigen ein Tätigkeitsverbot von fünf bis zehn Jahren[112]. Ein zwei- bis fünfjähriger Ausschluß der Berufstätigkeit schließlich ist angemessen bei weniger schwerwiegenden Fällen wie grober Nachlässigkeit oder grober Inkompetenz[113]. Weitere Faktoren, die ein Gericht bei der Festlegung der Ausschlußdauer berücksichtigen kann, sind Alter und Gesundheitszustand des Geschäftsleiters, die Länge der Zeit der Gefährdung, ein eventuelles Eingeständnis, die Art und Weise seiner Unternehmensleitung vor und auch nach den Geschehnissen, die zur Disqualifizierung geführt haben und die Zeit seiner de facto-Disqualifizierung, also der Zeitraum zwischen dem Beginn des Disqualifizierungsverfahrens und der Entscheidung durch das Gericht[114]. Bei seinen Überlegungen hat das Gericht aber immer auch zu berücksichtigen, daß eine Disqualifizierungsanordnung einen Eingriff in die persönliche Freiheit des Einzelnen darstellt[115] und ihn auch durch die nicht zu leugnende Stigmatisierungswirkung beeinträchtigt[116].

Der Verstoß gegen eine Disqualifizierungsanordnung kann mit einer Geld- oder mit einer Haftstrafe geahndet werden, darüber hinaus zeichnet der das Verbot nicht Beachtende verantwortlich für alle Gesellschaftsverbindlichkeiten, die in der Zeit, in der er verbotswidrig für die Gesellschaft tätig ist, entstehen, ss. 13, 15 CDDA.

III. Strohmanngestaltungen

Berufsverbotsregelungen können ihre Ziele nur dann erreichen, wenn die Betroffenen keine Möglichkeit haben, das Verbot zu umgehen. Eine wirkungsvolle Regelung darf daher in dieser Hinsicht keine Lücken aufweisen.

---

112 Charlesworth & Morse, p. 383.

113 Charlesworth & Morse, p. 383.

114 Re Westmid Packing Services Ltd; Secretary of State for Trade and Industry v. Griffiths [1998] 2 BCLC 646, CA.

115 Re Lo-Line Electric Motors Ltd [1988] Ch 477 at 478, [1988] 2 All ER 692 at 696 per Browne-Wilkinson.

116 Re Westminster Property Management Ltd, Official Receiver v Stern [2000] 2 BCLC 396 at 423, per Henry LJ.

1. Lösungen durch den CDDA

Disqualifizierungsanordnungen gemäß dem CDDA untersagen nicht nur eine Tätigkeit als director, sondern erfassen auch andere Fälle, in denen ungeeignete Personen die Leitungsmacht in einer Gesellschaft auf Umwegen erlangen wollen.

a. Verbot des Handelns als shadow director

Der CDDA verbietet ein Tätigwerden nicht nur als director, sondern auch als shadow director (Schattendirektor).

S. 22 (5) CDDA definiert in Anlehnung an s. 741 (2) Companies Act 1985 einen shadow director als

> „a person in accordance with whose directions or instructions the directors of a company are accustomed to act (but so that a person is not deemed a shadow director by reason only that the directors act on advice given by him in a professional capacity)".

Die Erfassung von shadow directors soll verhindern, daß Personen den gesetzlichen Verpflichtungen eines directors und seiner Verantwortung dadurch ausweichen wollen, daß sie zwar aufgrund ihres Einflusses aus dem Hintergrund die richtungsweisenden Entscheidungen für die Unternehmensleitung geben, aber nicht formell als director ernannt werden[117]. Um seine Wirkungsweise zu verdeutlichen, wird auch das Bild des shadow directors als „the puppet master controlling the actions of the board" gezeichnet[118].

In zwei den Begriff des shadow director ausführlich beleuchtenden Entscheidungen stellten die Gerichte fest, daß es ausreicht, wenn die directors neben Instruktionen und Weisungen von einer Person auch deren schlichte (non professional) advices über einen längeren Zeitraum hinweg befolgen, um diese als shadow director zu erkennen[119]. Für die Qualifizierung als shadow director kommt es dabei maßgeblich darauf an, daß ein direkter Einfluß auf die Geschäftsangelegenheiten nachgewiesen werden kann[120]. Dieser soll vorliegen, wenn Weisungen des shadow directors tatsächlich in Handlungen des board of directors umgesetzt werden, wobei nicht erforderlich ist, daß der gesamte board entsprechend den Weisungen handelt[121]. Einen in sämtliche Geschäftsbereiche hineinreichenden Einfluß des shadow director fordert die Rechtsprechung zwar nicht[122], im Um-

---

117 Farrar, p. 337.
118 Re Unisoft Group Ltd (No.3) [1994] 1 B.C.L.C. 609 at 620 per Harman J.
119 Secretary of State for Trade and Industry v Deverell [2000] 2 All ER 365.
120 Payne, The Company Lawyer 2001, 90 (91).
121 Ultraframe (UK) Ltd. v. Fielding, [2005] EWHC 1638 (Ch.)
122 So schon in Re Kaytech [1999]2 BCLC 351 at 424.

kehrschluß ist der Nachweis des tatsächlichen Einflusses aber umso eher gegeben, je umfassender die Anweisungen ausgestaltet sind[123]. Ein tatsächlicher Einfluß in Form von advices kann auch einen Mehrheitsgesellschafter zu einem shadow director machen. Von einem Gericht bis jetzt so nicht entschieden, aber bereits in die Diskussion eingebracht wurde die Frage, ob nicht auch directors der Muttergesellschaft shadow directors einer Tochtergesellschaft sein können[124] und ob nicht secured creditors allein durch den Gebrauch der ihnen zustehenden Rechte maßgebenden Einfluß auf die Entwicklung der Gesellschaft nehmen können und aus diesem Grund als shadow directors anzusehen sind[125].

b. Verbot des Handelns als de facto director

Disqualifizierungsanordnungen gemäß dem CDDA beinhalten auch das Verbot, als de facto director einer Gesellschaft tätig zu werden.

De facto directors treten nach außen als director auf, ohne diese Position durch eine ordentliche Bestellung erhalten zu haben[126]. Sie müssen einem de jure director bezüglich Einfluß und Verantwortungsbereich faktisch entsprechen. Millett J definiert in *Re Hydrodam (Corby) Ltd*[127] einen de facto director als

„... a person who assumes to act as a director. He is held out as a director by the company, and claims and purports to be a director, although never actually or validly appointed as such. To establish that a person was a de facto director of a company, it is necessary to plead and prove that he undertook functions in relation to the company which could properly be discharged only by a director. It is not sufficient to show that he was concerned in the management of the company's affairs or undertook tasks to its business which can properly be performed by a manager below board level."

Seine Gegenüberstellung der beiden Begriffe verdeutlicht noch einmal die unterschiedlichen Ausprägungen eines shadow directors und eines de facto directors:

„A de facto director...is one who claims to act and purports to act as a director, although not validly appointed as such. A shadow director, by contrast, does not claim or purport to act as a director. On the contrary, he claims not to be a director. He lurks in the shadows, sheltering behind others who, he claims, are the only directors of the company to the exclusion of himself. He is not held out as a director of the company. To establish that a director is a shadow director of a company it is necessary to allege and prove: (1)

123 Payne, The Company Lawyer 2001, 90 (91).
124 Re Hydrodam [Corby] Ltd, [1994] 2 BCLC 180.
125 Re PFTZM Ltd, Jourdain v Paul [1995] 2 BCLC 354.
126 Ultraframe (UK) Ltd. v. Fielding, [2005] EWHC 1638 (Ch.)
127 [1994] 2 BCLC 180.

who are the directors of the company, whether de facto or de iure; (2) that the defendant directed those directors how to act in relation to the company or that he was one of the persons who did so; (3) that those directors acted in accordance with such directions and (4) that they were accustomed so to act. What is needed is, first, a board of directors claiming and purporting to act as such; and secondly, a pattern of behaviour in which the board did not exercise any discretion or judgement of its own, but acted in accordance with the directions of others."[128]

c. Verbot der anderweitigen Ausübung von Leitungsmacht

Neben dem Verbot, in einer bestimmten Position tätig zu sein, verwehrt s. 1 (1) (d) CDDA allen Adressaten eines Berufsverbots darüber hinaus, in irgendeiner Weise mittelbar oder unmittelbar mit der Gründung oder Leitung einer Gesellschaft befaßt zu sein oder an den Entscheidungsfindungsprozessen im Unternehmen teilzunehmen („ in any way, whether directly or indirectly, be concerned or take part in the promotion, formation or management of a company"). Der weitgefaßte Wortlaut in s. 1 (1) (d) CDDA läßt vermuten, daß diese Regelung als Auffangtatbestand für vielfältige Verhaltensweisen dienen soll, durch die eine mit einem Berufsverbot belegte Person im Rahmen einer Gesellschaft tätig werden kann und auch Umgehungshandlungen erfassen soll. Ein Blick auf die Rechtsprechung bestätigt diesen ersten Eindruck. In dem Fall *Re v. Campbell* war eine mit einem Berufsverbot belegte Person als Berater der Geschäftsleitung einer Gesellschaft tätig geworden[129]. Ihr Vorbringen, diese Tätigkeit falle nicht in den Regelungsbereich des Berufsverbotes, wies das Gericht mit der Begründung zurück, daß der Wortlaut des Verbots weit und umfassend zu verstehen sei. Es solle disqualifizierten Personen nicht möglich sein, auf irgendeine Art und Weise Teil der Geschäftsleitung zu sein und Einfluß auf die richtungsweisenden Entscheidungen in der Gesellschaft zu nehmen[130]. Über die Qualität dieses Einflusses befand das Gericht in dem australischen Fall *Commissioner for Cororate Affairs v Bracht*[131]. Es ging hier um die Frage, ob der Beschäftigte eines Unternehmens iSv s. 1 (1) CDDA in die Unternehmensleitung involviert war. Er hatte mit Banken Verhandlungen über neue Kreditaufnahmen geführt und mit dem Eigentümer der angemieteten Geschäftsräume Vereinbarungen über eine Mieterhöhung getroffen. Beide Entscheidungen mußten später noch durch einen director der Gesellschaft, der letztlich für finanzielle Angelegenheiten zuständig war, bestätigt werden. Das Gericht befand, daß der betroffene Beschäftigte in das management gemäß s. 1

128 [1994] 2 BCLC 180, 183 ; für die Wichtigkeit der Unterscheidung der beiden Begriffe auch Griffin, p. 158/159.

129 Re v Campbell, [1984], BCLC 83.

130 Farrar, p. 358.

131 Sealy, p. 201.

(1) CDDA eingebunden war. Daß sein Einfluß nicht soweit ging, die letztverbindliche Entscheidung zu treffen, sei dabei unschädlich. Es genüge, daß er durch seine Verhandlungsführung im Vorfeld einen entscheidenden Beitrag im gesamten Entscheidungsfindungsprozess geleistet habe und für die letztlich gefällte Entscheidung zumindest mitverantwortlich gewesen sei. Erst, wenn eine Person im Rahmen der Entscheidungsfindung und –fällung keinerlei Verantwortung trage und keinen aktiven Beitrag hierzu leiste, sondern sich ihre Teilnahme am Entscheidungsprozess in der lediglichen Ausführung der getroffenen Entscheidung erschöpfe, sei die Grenze der ausreichenden Einbeziehung in die Leitungstätigkeit des Unternehmens erreicht.

Die Bestimmungen des CDDA verhindern die Umgehung einer Disqualifizierungsanordnung also, indem das Berufsverbot nicht nur die Amtsausübung als Direktor, Schattendirektor oder de facto Direktor untersagt, sondern darüber hinaus jegliche Ausübung von Leitungsmacht verbietet.

2. *Die Strohmannproblematik bei §§ 6 II 3 GmbHG, 76 III 3 AktG*

Ein Berufsverbot der §§ 6 II 3 GmbHG, 76 III 3 AktG hat zur Folge, daß der Geschäftsleiter einer Kapitalgesellschaft mit Wirksamwerden des Verbotes ipso iure sein Amt verliert; eine Neubestellung ist gemäß § 134 BGB nichtig. Das Berufsverbot verhindert demnach eine Tätigkeit als formal ordnungsgemäß bestelltes Geschäftsleitungsorgan. Fraglich ist jedoch, ob die §§ 6 II 3 GmbHG, 76 III 3 AktG auch Umgehungsversuchen durch Strohmanngestaltungen Stand halten.

a. *Amtsunfähige Person als Schattendirektor*

Bestellt eine mit einem Berufsverbot belegte Person eine amtsfähige Person formal zum Geschäftsführer und nimmt selbst eine Gesellschafterposition ein, kann sie aus dem Hintergrund heraus durch über ihr Weisungsrecht aus § 37 GmbHG noch hinausgehende Vorgaben das Unternehmen lenken und so das Verbot umgehen. Hierin liegt ein schweres Defizit der aktuellen Regelung, welches den Zielen von Berufsverboten, Wirtschaftskriminalität zu bekämpfen, den Gläubigerschutz zu verbessern und Mindeststandards guter Unternehmensführung zu gewährleisten, zuwiderläuft.

b. *Amtsunfähige Person als externer Berater*

Die Position als Schattendirektor muß der Amtsunfähige nicht nur aus einer Gesellschafterstellung heraus besetzen, er kann auch als gesellschaftsexterner Berater eine Schlüsselfunktion in der Geschäftsführung einnehmen, etwa wenn der formal bestellte Geschäftsführer sich als fachlich inkompetent erweist und er sich bei seiner Entscheidungsfindung in so umfassenden Maße auf den Berater verlässt, dass dieser aus dem Hintergrund zum eigentlichen Entscheidungsträger der Gesellschaft wird[132].

c. Alleingesellschafter als faktischer Geschäftsführer

Eine amtsunfähige Person kann die Leitungsmacht in einer Gesellschaft auch dadurch an sich ziehen, dass sie nicht als Gesellschafter über ihr Weisungsrecht zum wahren Entscheidungsträger wird, sondern neben dem ordnungsgemäß bestellten Geschäftsführer als faktischer Geschäftsführer die Leitungsmacht innehat.

d. Faktische Geschäftsführung in Mehrpersonengesellschaften

Auch in Gesellschaften mit mehreren Gesellschaftern kann eine amtsunfähige Person als Gesellschafter oder als fremder Dritter die Position eines faktischen Geschäftsführers einnehmen. Sie benötigt hierfür lediglich die Zustimmung der (übrigen) Gesellschafter.

In jeder der genannten Konstellationen kann eine mit einem gemäß § 6 II 3 GmbHG, 76 III 3 AktG Berufsverbot belegte Person die Geschäftsleitungsmacht innehaben, ohne das – ihr verbotene – Amt des Geschäftsführers formal zu bekleiden. Die Effektivität der Berufsverbotsregelungen wird damit in enormem Maße geschmälert, da – neben den übrigen Zielen – nicht zuletzt auch die gewünschte Abschreckungsfunktion ausbleibt.

IV. Gläubigerschutz

Berufsverbote werden in dieser Untersuchung als Mittel zur Verbesserung des Gläubigerschutzes erkannt. Sie sanktionieren konkretes Fehlverhalten eines Geschäftsleiters. Bedeutender noch ist aber ihre Schutz- und Präventivwirkung über den Einzelfall hinaus. Sie sorgen dafür, daß Gläubiger für eine gewisse Zeit nicht dem weiteren schädigenden Verhalten des Geschäftsleiters ausgesetzt sind.

132 Vgl. Re Majestic Recording Studios Ltd, [1989] 4 BCC 519. Die insbesondere in Buchführung und Rechnungslegung unkundigen directors nahmen die Hilfe professioneller Berater in diesem Bereich in solchem Umfang in Anspruch, daß sie die gesamte Verantwortung auf diese externen Berater abwälzten. Diese traten infolgedessen nicht mehr als unabhängige Instanz auf, sondern nahmen die Position von faktischen Finanzdirektoren in der Gesellschaft ein.

Schließlich beinhaltet die Androhung, eine Zeit lang nicht das Amt eines Geschäftsführers besetzen zu dürfen, auch ein Abschreckungsmoment, das den Einzelnen von vornherein zu rechtmäßigem Verhalten bewegen soll.

Nachfolgend zeigt der Blick auf das englische Recht, ob und wie die Regelungen des CDDA dem Anspruch gerecht werden, mit Berufsverboten effektiven Gläubigerschutz zu realisieren. Die Untersuchung der deutschen Rechtslage wird zunächst zu klären haben, inwieweit Geschäftsführer verpflichtet sind, Gläubigerinteressen zu wahren. Denn nur eine Verletzung dieser Pflichten kann überhaupt die Grundlage für ein Tätigkeitsverbot darstellen. Sodann ist festzustellen, ob die bestehenden Berufsverbotsregelungen dem Anspruch an Gläubigerschutz gerecht werden.

1. Gläubigerschutz im CDDA

Eines der Hauptziele, das der CDDA verfolgt, ist der Schutz der Allgemeinheit vor ungeeigneten Geschäftsleitern. Besonders hat er dabei diejenigen vor Augen, deren Interessen durch das Fehlverhalten eines directors, sei es aufgrund von Pflichtverstößen oder anderweitig unredlichem Verhalten, einer besonderen Gefährdung ausgesetzt sind: die Gläubiger der Gesellschaft.

a. Allgemeines

Der Disqualifizierungskatalog des CDDA beinhaltet insbesondere auch solche Pflichtverletzungen, die eine Gläubigergefährdung oder –schädigung zur Folge haben: Verstöße gegen Publizitätsvorschriften und gegen ordnungsgemäße Bilanzierung, was es Gläubigern erschwert, die tatsächliche (finanzielle) Lage der Gesellschaft zu bewerten und einzuschätzen, ob sie sich einem solventen Geschäftspartner gegenübersehen. Ebenso gehören wrongful trading oder fraudulent trading sowie allgemeine strafrechtliche Verfehlungen im Zusammenhang mit der Gesellschaft, die nicht nur nachteilige (finanzielle) Auswirkungen auf Dritte haben, zu den Disqualifizierungsgründen. Insbesondere aber legt der CDDA Wert auf den Gläubigerschutz in Krise und Insolvenz der Gesellschaft, was er mit der Einführung des Disqualifizierungsgrundes der unfitness verdeutlicht. Hier können unterschiedlichste gläubigerschädigende Verhaltensweisen zur Disqualifizierung führen, soweit die Gesellschaft, um deren director es geht, während seiner Amtszeit oder danach insolvent wurde.

b. *Im Besonderen: Die Disqualifizierung wegen unfitness*

Eine Disqualifizierung wegen unfitness gem. s. 6 CDDA setzt im Einzelnen voraus, daß der Betreffende director einer insolventen Gesellschaft ist oder war, wobei die Insolvenz[133] entweder während seiner Tätigkeit dort oder auch später eingetreten sein kann, und sein Verhalten als director „makes him unfit to be concerned in the management of a company." Oftmals genügt schon ein einziges Fehlverhalten, um das unfitness-Urteil zu begründen, es können aber auch mehrfache gleichartige oder unterschiedliche Pflichtverstösse, die für sich gesehen nicht schwerwiegend genug für ein Berufsverbot sind, zu einer Disqualifizierung wegen unfitness führen.

Insbesondere die Disqualifizierung wegen unfitness trägt dazu bei, das vom CDDA verfolgte Ziel des Gläubigerschutzes zu realisieren. Dies hat seinen Grund darin, daß der Begriff der unfitness keine exakte Definition aufweist, sondern es sich vielmehr um eine ausfüllungsbedürftige Bestimmung handelt. Allein der Anhang zum CDDA (Schedule 1, Part I und II) enthält Kriterien, die dem entscheidenden Gericht als Leitlinien für die Bestimmung der unfitness dienen sollen. Darüber hinaus hat die Rechtsprechung bis heute keine konturierte und allgemeingültige Definition entwickelt, dies auch dadurch bedingt, daß der Begriffsinhalt durch eine unterschiedliche Schwerpunktsetzung dem stetigen Wandel unterliegt und unterliegen soll. Den Gerichten ist es so möglich, unterschiedlichste gläubigerschädigende Verhaltensweisen zu erfassen und mit einer Disqualifizierung zu sanktionieren. Dadurch sind auch über den Zeitraum von Jahrzehnten unterschiedliche Schwerpunktsetzungen erkennbar, die eine umfangreiche Rechtsprechung zur unfitness erklären. Die nachfolgenden Ausführungen sollen hierüber einen Überblick verschaffen.

aa. *Kriterien der unfitness im Anhang zum CDDA*

Gemäß s. 9 CDDA iVm Schedule 1 Part I und II muß das entscheidende Gericht anhand folgender Kritieren beurteilen, ob das Verhalten eines director als unfit einzustufen ist

---

133 Insolvenz liegt gemäß s. 6 (2) CDDA vor, wenn a) the company goes into liquidation at a time when its assets are insufficient for the payment of its debts and other liabilities and the expenses of the winding up (*Zahlungsunfähigkeit*), b) an administration order is made in relation to the company (*Restrukturierungsverfahren ohne eigentliche Abwicklung*) oder c) an administrative receiver of the company is appointed (*verwertet Sicherungsgegenstände für Gläubiger im Rahmen des Insolvenzverfahrens*).

- Verstöße gegen Treuepflichten gegenüber der Gesellschaft und andere director's duties sowie sonstige Pflichtverstöße
- den Umfang der Verantwortlichkeit des directors dafür, daß seine Gesellschaft insolvent geworden ist
- den Umfang der Verantwortlichkeit des directors bei der Vornahme von nach dem Insolvency Act 1986 anfechtbaren Rechtshandlungen
- den Umfang der Verantwortlichkeit des directors für Verstöße gegen Rechnungslegungs-, Buchführungs- und Publizitätsvorschriften
- die Verantwortlichkeit des directors für verschiedene Verstöße gegen Pflichten aus dem Companies Act 1985 und dem Insolvency Act 1986
- den Umfang der Verantwortlichkeit des directors für die Gründe, die zur Insolvenz der Gesellschaft geführt haben
- den Umfang der Verantwortlichkeit des directors für die Nichtlieferung bezahlter Waren sowie für die Nichterbringung von Dienstleistungen, für die bereits ein Entgelt geleistet wurde
- den Umfang der Verantwortlichkeit des directors für die Vornahme von nach dem Insolvency Act 1986 anfechtbaren Rechtshandlungen oder für *transactions at an undervalue*[134]
- den Umfang der Verantwortlichkeit des directors bei der Nichtbefolgung von Anforderungen, die der Insolvency Act 1986 an ihn im Zusammenhang mit Gläubigerausschüssen aufstellt
- jegliche Verstöße des directors gegen Regelungen des Insolvency Act 1986, die ihn im Falle der Insolvenz der Gesellschaft dazu verpflichten, Auskünfte über die Lage der Gesellschaft zu machen, an Zusammenkünften mit Amtsträgern teilzunehmen und mit ihnen zusammenzuarbeiten

Die Aufzählung ist nicht abschließend und das Vorliegen eines oder mehrerer Indizien führt nicht automatisch zur Bejahung von unfitness. Vielmehr kommt es darauf an, ob sich die festgestellten Verstösse im Einzelfall als schwerwiegend genug erweisen, um das unfitness-Urteil auszulösen[135]. In diesem Zusammenhang muß das Gericht auch immer berücksichtigen, daß, soweit es unfitness feststellt, es unweigerlich zu einer Disqualifizierung kommt. Ermessen kann es dann nur noch hinsichtlich der Dauer der Anordnung ausüben.

---

134 S. 238 Insolvency Act 1986: eine transaction at an undervalue liegt unter bestimmten Voraussetzungen vor, wenn eine Gesellschaft einen Vertrag abschließt, bei dem die Gegenleistung deutlich niedriger ist als der Wert der eigenen Leistung.

135 Mithani/Wheeler, p. 29.

bb. Die Entwicklung des Begriffs der unfitness in der Rechtsprechung

Das Gesetz definiert den Begriff der unfitness nicht, so daß die Rechtsprechung in Großbritannien bei der Begriffsausfüllung eine große Rolle spielt. Seit der Einführung der unfitness-Regelung in dieser Form durch den CDDA 1986 ist der Begriff nicht exakt konturiert worden, sondern die Gerichte haben unterschiedliche Merkmale zur Bestimmung von unfitness entwickelt. Einigkeit besteht allerdings darüber, daß „ordinary commercial misjudgment is not in itself sufficient to justify disqualification..."[136]. Die Ausprägung unterschiedlicher Bestimmungsmerkmale liegt in der Absicht begründet, die mit dem CDDA verfolgten Ziele so effektiv wie möglich durchzusetzen. Diese Ziele seien noch einmal kurz genannt: Schutz der Öffentlichkeit vor ungeeigneten Geschäftsleitern, Fernhalten ungeeigneter Personen vom Geschäftsleiteramt durch Abschreckung, Anreiz für die Einhaltung, Verbreitung und Anhebung von kaufmännischen Mindeststandards im Geschäftsleben. Eine präzise Definition der unfitness bedeutete zwar, daß ein Verhalten entweder eindeutig als unfit oder als fit eingeschätzt werden könnte; mit der Präzisierung des Begriffs ginge aber zugleich eine Eingrenzung auf bestimmte Fälle einher. Hierdurch entstünde die Gefahr, nur einen Teil disqualifizierungswürdiger Verhaltensweisen erfassen zu können mit der Folge, daß die Öffentlichkeit eben nicht hinreichend genug vor ungeeigneten Geschäftsleitern geschützt wird, daß die Abschreckungswirkung nicht umfassend genug ist und nicht deutlich werden kann, daß ein Verhalten nicht dem Standard einer guten Unternehmensführung entspricht.

Als übergeordnete Leitlinie für die Entscheidung, ob unfitness vorliegt, stellt das Gericht sich regelmäßig die Frage, ob ein director gegen die ihm obliegenden duties of care and skill verstoßen hat. Das ist insbesondere bei unmoralischem und unredlichem Verhalten im kaufmännischen Verkehr der Fall („breach of commercial probity and morality)[137]. Die Ungeeignetheit eines director steht danach außer Frage, wenn ihm

> „the *dishonest conduct* of a company's affairs, the *cynical exploitation* of the privilege of trading through limited liability, which would certainly indicate a *lack of commercial probity* and warrant disqualification"[138]

vorzuwerfen ist.

Darüber hinaus ist dem Gericht auch wichtig festzustellen, ob eine Person kompetent genug ist, um eine Gesellschaft zu führen[139]. Denn abgesehen von der

---

136 Re Lo-Line Electric Motors [1990] BCLC 677 per Browne Wilkinson VC.

137 Hannigan, p. 333; Davies, AG 1998, 346 (351).

138 Re Douglas Construction Services Ltd [1988] BCLC 397.

Pflicht, sich rechtmäßig und redlich zu verhalten, kann ein director seiner Leitungsaufgabe nur dann gerecht werden, wenn er überhaupt fähig ist, sein Amt auszufüllen und sich dabei entweder mit eigenen Kenntnissen einbringt oder dafür Sorge trägt, die Unternehmensentwicklung zumindest so überwachen zu können, daß er jederzeit über die Ertrags-, Vermögens- und Finanzlage informiert ist. Sir Nicholas Browne-Wilkinson äußerte diesen Gedanken in *Re Lo-Line Electric Motors Ltd*, als er feststellte

„... I have no doubt in an extreme case of gross negligence or total incompetence disqualification could be appropriate."[140]

Und bereits der English Jenkins Report aus dem Jahre 1962 wollte eine Person disqualifiziert wissen, wenn sie „acted in an improper, reckless or incompetent manner in relation to the companies' affairs."[141] Die Befähigung und Kompetenz eines Geschäftsführers hält auch Harman J. für ein wichtiges Beurteilungskriterium, denn er beurteilt die unfitness eines director danach, daß dieser „so stupid and ignorant" ist, „that he is quite incapable of appreciating what has happened and thereby causes large losses by in a sense incompetence."[142]

Mangels einer exakten Definition lebt die unfitness-Regelung des CDDA von einer umfangreichen Kasuistik. Um eine ungefähre Einordnung zu ermöglichen, wurden die nachfolgend dargestellten Entscheidungen jeweils einem der Hauptmerkmale „breach of commercial probity and morality" und „lack of competence" zugeordnet[143].

(1) Breach of commercial probity and morality

Verstösse gegen die kaufmännische Moral und Redlichkeit, die das unfitness-Urteil nach sich ziehen, sind äußerst vielgestaltig, was die folgenden Entscheidungen illustrieren.

---

139 Höfling, S. 193.

140 Re Lo-Line Electric Motors Ltd [1988] Ch 477, 486.

141 Hicks, J.B.L. 1988, 27 (42), Report of the Company Law Committee, June 1962, Cmnd. 1749, paras. 80, 85.

142 Re Douglas Construction Services Ltd. [1988] BCLC 397, 402.

143 Schon in Re Dawson Print Group Ltd [1987] 3 BCC 322, 324 bestimmte Hoffmann J: „There must, I think, be something about the case, some conduct which if not dishonest is at any rate in breach of standards of commercial morality, or some really gross incompetence which persuades the court that it would be a danger to the public if he were allowed to continue to be involved in the management of companies, before a disqualification order is made."

In *Re Swift*[144] und *Re Grayan Building Services Ltd*[145] hatten die directors mehrfach und andauernd gegen gesetzliche Verpflichtungen zur Offenlegung von Bilanzen und anderen Geschäftsunterlagen verstossen, was die Gerichte aufgrund der Fülle der Verstösse dazu veranlasste, unfitness festzustellen.

Im Fall der (auch nur drohenden) Insolvenz muß ein director Gläubigerinteressen wahren und darf keine Geschäfte auf ihr Risiko tätigen[146]. In *Secretary of State for Trade and Industry v Collins*[147] wußten die zwei Geschäftsleiter bereits im November 1993, daß die drohende Insolvenz nicht mehr abzuwenden war. Dennoch führten sie die Geschäfte bis September 1994 fort. Die Überschuldung belief sich letztendlich auf 11,3 Millionen Pfund. Die Geschäftsleiter wurden für die Dauer von sieben bzw. neun Jahren disqualifiziert. Die Begründung dafür liefert Richter Ferris J:

„Causing a company to trade for a significant period of time when it is recognised to be insolvent is always regarded as substantial misconduct, displaying a marked lack of commercial probity."[148]

Mit *Re Living Images Ltd* war vier Jahre zuvor ein vergleichbarer Fall anhängig[149]: Spätestens Ende 1989 zeichnete sich für die drei Geschäftsleiter ab, daß eine Insolvenz nicht mehr abzuwenden war. Dennoch führten sie die Geschäftstätigkeit bis Ende April 1990 fort, da sie hofften, noch einen großen Auftrag platzieren zu können, der die Gesellschaft zumindest kurzfristig vor einer Insolvenz hätte retten können. Allen war jedoch bewußt, daß die Chance, einen solchen Auftrag zu erhalten, als sehr gering einzustufen war. Das Gericht warf den Geschäftsleitern vor, die Augen vor dem Unabwendbaren verschlossen und statt dessen die Geschäftstätigkeit so lange aufrecht erhalten zu haben, wie sie noch den kleinsten Hoffnungsschimmer gesehen hätten. Damit hätten sie jedoch nur den schützenden Mantel der beschränkten Haftung genutzt, um schon in der Phase der objektiv nicht mehr abwendbaren Insolvenz noch mehr Gläubiger ins Boot zu holen mit dem Ziel, die dem Untergang geweihte Gesellschaft irgendwie aufrechtzuerhalten. Aus diesem Verhalten schloß das Gericht, daß die directors als unfit anzusehen seien und sprach Berufsverbote von sechs bzw. dreieinhalb Jahren aus.

Den Vorwurf des breach of commercial morality, der zum unfitness-Urteil führt, müssen sich auch Geschäftsleiter gefallen lassen, die den Geschäftsgang

---

144 [1993] BCLC 1.
145 [1995] BCC 554.
146 Hannigan, p. 333.
147 [2000] 2 BCLC 223, CA.
148 [2000] 2 BCLC 223 at 237.
149 [1996] 1 BCLC 348.

entgegen einer sich verschlechternden finanziellen Entwicklung mit allen Mitteln fortführen wollen: In *Re Hitco 2000 Ltd*[150] waren mehrfach Schecks ausgeschrieben worden in der Hoffnung, daß sie bei Vorlage gedeckt sind.

Um beurteilen zu können, ob ein Geschäftsleiter seine Pflicht erfüllt, in gutem Glauben und im besten Interesse der Gesellschaft zu handeln, legt das Gericht sein Augenmerk nicht nur auf die unternehmerischen Entscheidungen ab dem Zeitpunkt einer objektiv nicht mehr abwendbaren Insolvenz, sondern bezieht die gesamte Geschäftsführung vom Entstehen der Gesellschaft bis zu ihrem Ende in seine Überlegungen mit ein. Daher ist auch ein director als ungeeignet einzustufen, der eine im Hinblick auf den Gesellschaftszweck von Anfang an materiell unterkapitalisierte Gesellschaft ins Leben ruft[151]. Das Fehlen eines gesetzlich vorgeschriebenen Mindestkapitals in Großbritannien ermöglicht es, die Geschäfte einer Gesellschaft mit einem Stammkapital von 100 Pfund oder weniger zu beginnen. Die damit in vielen Fällen unzureichende Kapitalausstattung begründet die Gefahr, daß die Gesellschaft von Beginn an auf Risiko von Lieferanten, Banken und anderen Gläubigern ihre Geschäfte tätigt, was der Verpflichtung, Gläubigerinteressen zu wahren, widerspricht[152].

Auch eine Gläubigerbenachteiligung in der Form, daß bei einer sich verschlechternden Vermögenslage der Gesellschaft nur noch diejenigen Gläubiger Befriedigung erlangen, die besonders hartnäckig darauf drängen, stellt eine Interessenverletzung dar, die eine Disqualifizierung rechtfertigt. Maßgebend für die Rechtsprechung sind hier *Re Sevenoaks Stationers (Retail) Ltd*[153] und *Re Stanford Services Ltd*[154]: Die betroffenen Gesellschaften befanden sich in Liquiditätsschwierigkeiten, so daß die Geschäftsleiter nur diejenigen Gläubiger befriedigten, die den größten Druck ausübten; die übrigen Gläubiger hatten einen Forderungstotalausfall zu beklagen. In beiden Fällen war die Gesellschaft überdies mit Steuerzahlungen im Rückstand. Das Gericht stellte fest, daß es richtig gewesen wäre, eher Insolvenz anzumelden, um so zumindest eine quotenmäßige Befriedigung aller Gläubiger sicherstellen zu können. Im Hinblick auf die Steuerschulden sah das Gericht noch in *Re Stanford Services* die Tatsache der schlichten Nichtzahlung als die unfitness begründend an, da der Staat als unfreiwilliger Gläubiger eine besonders schwache Position gegenüber den übrigen Gläubigern einnehme. Diese Beurteilung erfuhr in *Re Sevenoaks* jedoch eine Korrektur: Steuerschulden kommt nunmehr kein Vorrang mehr gegenüber anderen Schulden zu, so daß allein ihre Nichtbegleichung die unfitness noch nicht begründen kann. Maßgeblich

---

150 [1995] 2 BCLC 63.
151 Farrar, p. 356.
152 Re Ipcon Fashions Ltd [1989] 5 BCC 773 at 774.
153 [1991] 3 All ER 578.
154 [1987] 3 BCC 326.

ist die generelle Frage, ob die (Steuer)Schulden deshalb nicht bezahlt wurden, weil besonders hartnäckige Gläubiger größeren Druck auf die Geschäftsleiter ausgeübt haben und daher vorrangig befriedigt worden sind. Das Gericht in *Re Sevenoaks* stützte das unfitness-Urteil darüber hinaus auch darauf, daß die Geschäftsleiter Gelder, die an Gläubiger auszuzahlen gewesen wären, dazu verwandt hatten, den normalen Geschäftsfortgang zu finanzieren. In einem ähnlichen Fall hatten die directors Verbindlichkeiten gegenüber bestimmten Gläubigern nicht beglichen, dafür aber Zahlungen an Banken und einige andere Gläubiger geleistet, so dass die Gesellschaft weiterexistieren konnte[155]. Das Gericht entschied, dass diese Zahlungspraxis der absichtlichen Nicht-Zahlung von bestimmten Forderungen nur in besonderen Ausnahmefällen keine Schlechtführung der Geschäfte darstelle. Im Regelfall aber, so auch in der konkreten Entscheidung, dokumentiere dieses Verhalten die unfitness der directors.

Insbesondere die Sorge, daß

> a person trading through the medium of one or more companies with limited liability can allow such a company to become insolvent, form a new company, and then carry on trading much as before, leaving behind him a trail of unpaid creditors, and often repeating the process several times"[156]

war der Grund für die Einführung des CDDA und Erweiterung der Gründe für eine Disqualifikation. Es soll verhindert werden, daß das Privileg der beschränkten Haftung auf unredliche Weise ausgenutzt wird. Daher sprach das Gericht auch in *Re Swift 736 Ltd*[157] Berufsverbote aus: Die immer gleiche Gruppe von Gesellschaftern gründete aufeinanderfolgende Gesellschaften, die eine nach der anderen insolvent wurden. Die Vermögensgegenstände der jeweils insolventen Gesellschaft wurden auf die neue Gesellschaft übertragen, welche die Geschäftstätigkeit mit dem gleichen Unternehmensgegenstand fortführte. Daß die Initiierung dieser sogenannten Phönix-Gesellschaften[158] den Vorwurf der unfitness rechtfertigt, begründet Browne-Wilkinson V-C in einem ähnlich gelagerten Fall:

> This was an attempt to carry on the same business at the same premises, leaving behind the creditors of the old business. This is exactly the kind of behaviour by directors that is most to be deplored in that it is the use of the fabric of a limited company to deprive creditors of their money and simply to change the cloak in which that is done from

155 Re Structural Concrete Ltd., PLC 2000 XI (7), 73.

156 The Report of the Review Committee on Insolvency Law and Practice (the Cork Committee), Cmnd 8558 [1982], para 1813.

157 [1993] BCLC 1.

158 Hicks, J.B.L. 1988, 27 (34).

one company to the next. It is in my judgment a serious case of unfitness to be a director[159].

Der Preis für die Inanspruchnahme der beschränkten Haftung bei einer Kapitalgesellschaft besteht unter anderem darin, Offenlegungs – und Auskunftspflichten zu befolgen, um Gläubigerschutz gewährleisten zu können.

„Those who take advantage of limited liablility must conduct their companies with due regard to the ordinary standards of commercial morality. They must also be punctilious in observing the safeguards laid down by Parliament for the benefit of others who have dealings with their companies. They must maintain proper books of account and prepare annual accounts; they must file their accounts and returns promptly; and they must fully and frankly disclose information about deficiencies in accordance with the statutory provisions. Isolated lapses in filing documents are one thing and may be excusable. Not so persistent lapses which show overall a blatant disregard for this important aspect of accountability. Such lapses ar serious and cannot be condoned even though, and it is right to have this firmly in mind, they need not involve any dishonest intent.“[160]

In *Secretary of State for Trade and Industry v Arif*[161] sowie *Re Firedart Ltd, Official Receiver v Fairal*[162] sah das Gericht den Verstoß der Geschäftsleiter gegen die Verpflichtung, Bücher ordnungsgemäß zu führen sowie Bilanzen und Gewinn- und Verlustrechnungen aufzustellen und diese auch offenzulegen, als besonders schwerwiegend an. Es begründete sein unfitness-Urteil damit, daß ein Geschäftsleiter ohne ordnungsgemäße Buchführung keinen Überblick über die Vermögens-, Finanz- und Ertragslage seines Unternehmens habe und somit nicht rechtzeitig genug erforderliche Schritte unternehmen könne, um die Interessen der Gläubiger zu schützen[163].

Zu der Verpflichtung von directors, redlich und in gutem Glauben im besten Interesse der Gesellschaft zu handeln, deren Verstoß eine Disqualifizierung rechtfertigen kann, zählt auch die Beachtung der no-conflict, no-profit rules[164]. Danach dürfen Geschäftsleiter im Falle einer sich abzeichnenden Insolvenz keine unangemessenen Vorteile aus ihrem Amt ziehen. Ein solch unangemessener Vorteil kann in der Inanspruchnahme hoher Gehälter liegen. Zwar besteht ein Vergütungsanspruch eines Geschäftsleiters gegenüber der Gesellschaft auch bei einer stetig sich verschlechternden finanziellen Lage des Unternehmens, die Gerichte haben die Ausschüttungspraxis in einigen Fällen jedoch als fragwürdig eingestuft

159 Re Travel Mondial (UK) Ltd, [1991] BCLC 120 at 123.
160 Re Swift 736 Ltd., [1993] BCLC 896 at 899–900.
161 [1997] 1 BCLC 34.
162 [1994] 2 BCLC 340 at 352.
163 Siehe auch Re Pamstock Ltd [1994] 1 BCLC 716.
164 Hannigan, p. 331, 334.

und sprechen insoweit von „unreasonable remuneration“[165] oder auch „excessive remuneration“[166]. Auch die Gewährung von Vorteilen für nahe stehende Dritte[167] oder verdeckte Ausschüttungen[168] werden in Zeiten einer schlechten Vermögenslage der Gesellschaft als fehlerhafte Geschäftsführung qualifiziert, die das unfitness-Urteil stützen können.

Die Vermischung der Vermögenssphären von Gesellschaft und director ist als weitere Fallgruppe unter das Merkmal „lack of probity“ zu fassen: In *Re Park House Properties Ltd*[169] hatte ein director die Gesellschaft dazu veranlaßt, 173.000 Pfund in die Erweiterung eines Gebäudes zu investieren, dessen Mieter nicht die Gesellschaft, sondern er selbst war. Das Gericht sprach eine Disqualifikation für die Dauer von zwei Jahren aus.

(2) Lack of competence

Soll eine Disqualifizierung wegen incompetence ausgesprochen werden, so liegt der Schwerpunkt der Betrachtung nicht auf dem schuldhaften oder tadelnswerten Verhalten eines directors, sondern vielmehr darauf, daß ein verantwortungsloses und inkompetentes Management zu besorgen ist, das darauf schließen läßt, daß eine Person zur Führung einer Gesellschaft ungeeignet ist[170]. Die Inkompetenz der Geschäftsführung geht regelmäßig einher mit der Verletzung bestimmter Sorgfaltsstandards sowie mit dem Fehlen von Fähigkeiten, die für eine leitende Position erforderlich sind. Den anzulegenden Sorgfalts- und Fähigkeitenstandard gibt s. 214 (4) Insolvency Act 1986 wider:

> „The facts which a director of a company ought to know or ascertain, the conclusions which he ought to reach and the steps which he ought to take are those which would be known or ascertained, or reached or taken, by a reasonably diligent person having both
> (a) the general knowledge, skill and experience that may reasonable be expected of a person carrying out the same functions as are carried out by that director in relation to the company, and
> (b) the general knowledge, skill and experience that the director has.“

Ausgehend von diesen Standards haben die Gerichte in unterschiedlichen Fällen incompetence festgestellt. Die Leitentscheidung stellt *Re Barings plc (No.5),*

---

165 Re Amaron Ltd, Secretary of State for Trade and Industry v Lubrani, No. 2, [2001] 1 BCLC 562; Secretary of State for Trade and Industry v Mc Tighe, No. 2 [1996] 2 BCLC 477.
166 Secretary of State for Trade and Industry v Van Hengel [1995] 1 BCLC 545.
167 Re Firedart Ltd, Official Receiver v Fairal [1994] 2 BCLC 340.
168 Re Park House Properties Ltd [1997] 2 BCLC 530.
169 [1997] 2 BCLC 530.
170 Farrar, p. 352.

Secretary of State for Trade and Industry v Baker[171] dar, in der mehrere senior directors einer Investment Bank als unfit beurteilt wurden, weil sie die Tätigkeiten eines rouge trader, der einen Verlust von 827 Millionen Pfund und damit letztendlich den Untergang der Bank verursachte, nicht ausreichend überwacht und kontrolliert hatten. Da sie über die Geschäfte des Händlers aufgrund mangelnden Verständnisses keinen Überblick hatten, waren sie nicht in der Lage, ihre Überwachungspflichten zu erfüllen. Das Gericht sprach Disqualifizierungen von vier bis sechs Jahren aus.

Das Urteil enthält eine Aussage zu den wesentlichen Pflichten, die ein director erfüllen muß, um nicht von vornherein als incompetent disqualifiziert zu werden:

> „collective and individual obligations to acquire and maintain a sufficient knowledge of the company's business in order to participate in the supervision and running of the company; an entitlement to delegate but not to abdicate from those responsibilities; and a residual duty of supervision, the extent of which would depend on the facts of each particular case. The competence of the director must be assessed in the context of and by reference to the role in the management of the company which was in fact assigned to him or which he in fact assumed and by reference to his duties and responsibilities in that role. Issues such as insufficient knowledge, limited participation, excessive delegation and unquestioning reliance on others will all be relevant to the issue of whether someone has fallen below an acceptable standard of competence and should be disqualified."[172]

In Anlehnung an die in *Re Barings* aufgezeigten Pflichtenstandards folgten weitere Entscheidungen zur unfitness wegen incompetence.

In *Re Continental Assurance Co of London plc, Secretary of State for Trade and Industry v Burrows*[173] wurde einem non-executive director einer Versicherungstochtergesellschaft, der zugleich non-executive director der Muttergesellschaft war, ein dreijähriges Berufsverbot auferlegt. Hintergrund waren Vermögensverschiebungen von der Tochter- zur Muttergesellschaft entgegen der Vorschriften des Companies Act 1985. Die unzulässigen Transaktionen waren dem betroffenen director nicht bekannt, er hätte sie aber aus der Kontenentwicklung der Muttergesellschaft problemlos erkennen können. Das Gericht ging davon aus, daß ein gewissenhafter und fähiger director die Vorgänge hätte erkennen und die richtigen Schlüsse daraus ziehen können. Seine Unkenntnis legte das Gericht dem director als schwerwiegende Vernachlässigung seiner Pflichten aus und begründete so zum Tätigkeitsverbot führende unfitness wegen incompetence.

---

171 [1999] 1 BCLC 433.
172 Re Barings.
173 [1997] 1 BCLC 48.

Die Gerichte legen bei der Beurteilung der incompetence also besonderen Wert auf die Frage, ob eine Person aktiv in die Gesellschaft involviert ist und ihr Kenntnisstand ausreicht, um die Gesellschaft zu führen[174]. Daher wurden zahlreiche Disqualifizierungen gegen Personen ausgesprochen, die als nominee director hunderter oder sogar tausender Gesellschaften eingesetzt waren. Als solcher ist es gerade nicht möglich, über einen individuellen Kenntnisstand für jede einzelne Gesellschaft zu verfügen, ganz abgesehen von der schon aus Zeitgründen fehlenden Möglichkeit, die Geschäftsführung der Gesellschaften selbst in die Hand zu nehmen oder sie auch nur ausreichend zu überwachen. Der Fall *Official Receiver v Vass*[175] ist ein gutes Beispiel für die Dimension, mit der sich die Gerichte in diesem Zusammenhang zu beschäftigen haben: Dort ging es um eine Person, die in Großbritannien in 1.313 Gesellschaften als director eingesetzt war.

Völlige Untätigkeit führte in *Re Park House Properties Ltd*[176] zur Disqualifizierung. Direktoren der Gesellschaft waren ein Ehepaar und seine beiden minderjährigen Kinder. Der Ehemann führte die Geschäfte allein, (und wurde wegen unredlichen kaufmännischen Verhaltens disqualifiziert, da er die Geschäfte der Gesellschaft zum Nachteil der Gesellschaftsgläubiger geführt hatte) während seine Ehefrau und die beiden Kinder gar keine bzw. nur eine untergeordnete Rolle bei der Unternehmensführung spielten. Die Untätigkeit während der gesamten Zeit, in der sie das Amt des directors inne hatte, veranlaßte das Gericht, ein Berufsverbot gegen die Ehefrau für die Dauer von zwei Jahren auszusprechen.

Inkompetenz zeichnet sich nach der britischen Rechtsprechung nicht nur dadurch aus, daß ein Geschäftsleiter selbst nicht genug fachliche Fähigkeiten besitzt, um die Geschäftsvorgänge nachvollziehen zu können, sondern auch dadurch, daß er sich seiner Aufgaben durch übermäßige Delegation entzieht und die eigene Verantwortung auf andere überträgt.

So entschied das Gericht in *Re Burnham Marketing Services Ltd*[177], daß es zwar für sich gesehen noch keine die unfitness begründende incompetence darstellt, wenn ein Eigentümer, der zugleich director ist, die Geschäftstätigkeit einem anderen anvertraut. Zieht der Eigentümer/director sich aber daraufhin so vollständig aus der Geschäftsführung zurück, daß er weder selbst Geschäftsführungsaufgaben wahrnimmt, noch seiner Überwachungspflicht nachkommt, rechtfertigt dies nach Meinung des Gerichts das unfitness-Urteil wegen incompetence.

In *Re Westmid Packing Services Ltd, Secretary of State for Trade and Industry v Griffiths*[178] kamen zwei Geschäftsleiter ihrer persönlichen Verantwor-

174 Hannigan, p. 337.
175 [1999] BCC 516.
176 [1997] 2 BCLC 530.
177 [1993] BCC 518.
178 [1998] 2 BCLC 646, CA.

tung für eine ordnungsgemäße Buchführung und Rechnungslegung nicht nach und informierten sich nicht ausreichend über die finanzielle Lage der Gesellschaft. Statt dessen ließen sie es zu, daß ein weiteres board-Mitglied seinen negativen Einfluß auf die Gesellschaft so ausweitete, daß er sie manipulieren und betrügen konnte.

Besitzen Geschäftsleiter nicht genügend eigene Kenntnisse von Buchführung und Rechnungslegung, um sich einen Überblick über die Vermögenslage der Gesellschaft machen zu können, zeugt es zwar gerade von ausgeprägtem Verantwortungsbewußtsein, sich professioneller Hilfe durch Berater und Wirtschaftsprüfer zu bedienen. In *Re Majestic Recording Studios Ltd*[179] lief die Unterstützung der professionellen Berater jedoch darauf hinaus, daß die directors die gesamte Verantwortung auf jene Berater abwälzten und sie infolgedessen nicht mehr als unabhängige Instanzen berieten und unterstützten, sondern die Position des Finanzdirektors der Gesellschaft einnahmen. Das Gericht entschied, daß die Letztverantwortlichkeit aufgrund ihrer allgemeinen duty of care bei den directors verbleibe, so daß sie sich zumindest von den professionellen Beratern hätten Rechenschaft ablegen lassen müssen[180]. Nur so bleibe gewährleistet, daß sie über die Vermögens-, Finanz- und Ertragslage ihres Unternehmens ausreichend informiert sind. Dementsprechend lehnte das Gericht in *Re City Investment Centres Ltd*[181] auch das Argument der directors als unzureichende Verteidigung ab, daß sie einfach keine ausreichende Kenntnis über die finanzielle Lage ihrer Gesellschaft gehabt hätten. Vielmehr berücksichtigte es bei seiner Entscheidung, welchen Kenntnisstand sie hätten haben müssen und nicht, welchen sie tatsächlich hatten.

c. Zusammenfassung

Die einzelnen Disqualifizierungstatbestände des CDDA erfassen eine Vielzahl gläubigerschädigender Verhaltensweisen. Insbesondere das – ausfüllungsfähige und ausfüllungsbedürftige – Tatbestandsmerkmal der unfitness ermöglicht es den Gerichten, in den unterschiedlichsten Fällen von Geschäftsleiterfehlverhalten eine Disqualifizierung auszusprechen. Gemein ist diesen Fällen allerdings, daß sie unabhängig von der Art des Fehlverhaltens – negligence, breach of morality and probity oder incompetence – immer auch zu einer Gefährdung von Gläubigerinteressen oder gar zu deren Verletzung geführt haben. Disqualifizierungsanord-

179 [1989] 4 BCC 519
180 So auch Sealy, p. 539.
181 [1992] BCLC 956.

nungen gemäß dem CDDA erfüllen damit ihre Aufgabe, als Gläubigerschutzinstrumente zu dienen, umfänglich.

2. *Gläubigerschutz bei §§ 6 II 3 GmbHG, 76 III 3 AktG*

Auch die deutschen Berufsverbotsregelungen für Geschäftsleiter von Kapitalgesellschaften verfolgen als Hauptziel den Gläubigerschutz. Das verdeutlicht bereits die Begründung des Gesetzgebers für die Einfügung von § 6 II GmbHG (und entsprechend 76 III AktG), wonach die Gefährdung von Gläubigern durch das Handeln ungeeigneter Personen verhindert werden sollte[182]. Folglich müssen Berufsverbote grundsätzlich dort eingreifen, wo ihre Adressaten, die Geschäftsleiter, Gläubigerinteressen verletzt haben.

Der Gesetzgeber hat seinen eigenen Vorgaben insoweit entsprochen, als er die Insolvenzstraftaten der §§ 283 bis 283 d StGB, deren Schutzzweck eindeutig auf den Gläubigerschutz ausgerichtet ist[183], als verbotsauslösende Tatbestände aufgenommen hat. Das Gesellschafts-, Handels- und allgemeine Zivilrecht wie auch das öffentliche Recht enthält jedoch weitere Fälle, in denen Geschäftsleiter sich einer darüber hinaus gehenden Verantwortlichkeit ausgesetzt sehen, wenn ihnen eine unrechtmäßige und gläubigerschädigende Geschäftsführung vorgeworfen werden kann. Als Beispiele seien hier nur die Pflicht zur rechtzeitigen Stellung des Insolvenzantrags genannt, deren Verletzung eine persönliche Haftung des Geschäftsführers bzw. des Vorstands gemäß §§ 823 II BGB iVm 64 I GmbHG bzw. § 92 II AktG begründen kann und die persönliche Verantwortlichkeit des Geschäftsleiters für die Begleichung aller Steuerschulden der Gesellschaft, § 69 AO. Derartige Pflichtverstösse lösen jedoch bisher kein Berufsverbot aus.

Darüber hinaus kommt speziell bei Aktiengesellschaften der Kapitalmarkttransparenz und -information überragende Bedeutung für den Gläubiger- und Anlegerschutz zu. Daraus könnte sich die Notwendigkeit ergeben, Berufsverbote auch Verstössen gegen entsprechende Vorschriften des Kapitalmarktrechts folgen zu lassen; bisher fehlt den §§ 6 II 3 GmbHG, 76 III 3 AktG ein solch kapitalmarktrechtlicher Hintergrund. Halt findet dieser Ansatz im US-amerikanischen Recht, wonach Geschäftsleiter börsennotierter Gesellschaften unter anderem durch die in s. 20 (e) SA und s. 21 (d) SEA enthaltenen Tätigkeitsverbote zu ordnungsgemäßer Kapitalmarktkommunikation angehalten werden.

---

182 BT-Drucks. 8/1347, S. 31.

183 Sorgenfrei in Park, Kapitalmarktstrafrecht, § 283, Rn. 2, § 283 b, Rn. 2; Bieneck in Müller-Gugenberger/Bieneck, § 75, Rn. 94, 95.

Für den Primärmarkt ist s. 20 (e) SA anwendbar:

„In any proceeding under subsection (b), *the Court may prohibit*, conditionally or unconditionally, and permanently or for such a period of time as it shall determine, any person who violated section 17 (a) (1) *from acting as an officer or director* (...) *if the person's conduct demonstrate substantial unfitness* to serve as an officer or director of any such issuer."

Sec. 21 (d) SEA gilt für den Sekundärmarkt:

„In any proceeding under paragraph (1) of this subsection, *the Court may prohibit*, conditionally or unconditionally, and permanently or for such a period of time as it shall determine, any person who violated section 10 (b) or the rules or regulations there under *from acting as an officer or director* (...) *if the person's conduct demonstrate substantial unfitness* to serve as an officer or director of any such issuer."

Die dargestellten Defizite verdeutlichen, daß die §§ 6 II 3 GmbHG, 76 III 3 AktG längst nicht überall dort eingreifen, wo Gläubigerinteressen verletzt wurden. Die weitere Untersuchung wird sich daher mit Vorschlägen befassen, in welchem Umfang die Berufsverbotsregelungen erweitert werden sollten, damit diese Defizite beseitigt werden.

V. Grenzübergreifende Wirkung von Berufsverboten

Die Bekämpfung der Wirtschaftskriminalität und der Gläubigerschutz sind Anliegen, die nicht an der eigenen Staats- und Rechtsgrenze halt machen. Wollen Berufsverbote ein besonders hohes Maß an Effektivität erreichen, hängt dies im Wesentlichen auch davon ab, daß sie eine möglichst weitreichende Wirkung entfalten können. Eine vor diesem Hintergrund optimale Ausgestaltung von Berufsverbotsregelungen verlangt daher zweierlei: Zum einen sollten sie neben den zuvor erörterten Strohmanngestaltungen auch grenzüberschreitende Umgehungsgestaltungen erfassen. Ein Berufsverbot darf nicht dadurch unterlaufen werden, daß ein Inländer, dem ein Berufsverbot auferlegt wurde, eine (Schein)Auslandsgesellschaft gründet und die untersagte Tätigkeit dann über eine Zweigniederlassung im Inland ausübt. Die Schutzwirkung der Tätigkeitsverbote wird ebenso geschmälert, wenn dieselbe Person über eine Auslandsgesellschaft aus dem Ausland aus auf den inländischen Markt einwirken kann, was insbesondere im Rahmen des e-commerce ohne Weiteres möglich ist. Zum anderen kann die deutsche Rechtsordnung auch nicht wollen, daß ein mit einem Tätigkeitsverbot belegter Ausländer, der aus diesem Grund in seinem Heimatstaat kein Geschäftsleiteramt wahrnehmen darf, diese Möglichkeit in Deutschland bekommt. Die Tätigkeitsverbotsregelungen in §§ 6 II 3 GmbHG, 76 III 3 AktG sollten diesen Anforderungen gerecht werden.

1. Grenzübergreifende Wirkung der Disqualification order

Die Frage nach der grenzüberschreitenden Anwendbarkeit und Wirkungsweise einer disqualification order gemäß dem CDDA wurde bisher allein in der Entscheidung *Re Seagull Manufactoring Co Ltd. (No. 2)*[184] erörtert, deren Inhalt und Aussage Gegenstand der folgenden Ausführungen sind.

a. Die Entscheidung Re Seagull Manufactoring (No.2)

Es ging in diesem Fall um die Disqualifizierung eines Geschäftsführers einer englischen Gesellschaft, dessen Wohnsitz und dessen domicile während des gesamten streiterheblichen Zeitraums außerhalb von Großbritannien lag. Er verteidigte sich damit, daß er deshalb dem CDDA gar nicht unterfalle[185].

Grundsätzlich ist die englische Gesetzgebung territorial begrenzt[186], so daß das Argument des Geschäftsführers eigentlich zutraf. Ausnahmen von diesem Grundsatz können sich jedoch dann ergeben, wenn sie ausdrücklich vorgesehen sind oder die Auslegung einer Vorschrift etwas anderes ergibt[187]. Auf eine solche Ausnahmeregelung hin untersuchte das Gericht in *Re Seagull Manufactoring Co Ltd (No.2)* den CDDA. Es stellte zunächst fest, daß der CDDA gemäß s. 22 (2) b auch solche Gesellschaften umfaßt, die gemäß Part V des Insolvency Act abgewickelt werden. Die Vorschriften von Part V Insolvency Act erfassen unregistered companies, worunter gemäß s. 221 I Insolvency Act 1986 jede Gesellschaft fällt mit Ausnahme solcher, die in Großbritannien gegründet wurden. Gemeint sind damit also ausländische Gesellschaften. Der CDDA findet folglich auf ausländische Gesellschaften Anwendung. Ausländische Gesellschaften werden nach Ansicht des Gerichts häufig von Geschäftsleitern mit nicht-britischer Staatsangehörigkeit geführt, woraus es folgert, daß der Gesetzgeber mit dem CDDA auch ausländische Geschäftsführer erfassen wollte. Dabei sei es auch nicht erforderlich, daß der ausländische Geschäftsführer sich bei seiner Tätigkeit in England aufhalte, da es mit modernen Kommunikationsmitteln ohne Weiteres möglich sei,

184 [1994] 1 BCLC 273.

185 Für eine Kurzdarstellung des Falles siehe Mithani/Wheeler, p. 99/100.

186 Blain Re Sawers, (1874–80) All ER Rep 708, 709; Clark v. Oceanic Contractors Inc. (1983) 1 All ER 133, 139 per Lord Scarman und 144 per Lord Wilberforce.

187 Blain Re Sawers, (1874–80) All ER Rep 708, 709; Clark v. Oceanic Contractors (1983) 1 All ER 133, 139 per Lord Scarman und 144 per Lord Wilberforce.

Geschäfte auf dem inländischen Markt abzuwickeln, ohne physisch anwesend zu sein. Die Handlungen eines Geschäftsführers müssten darüber hinaus sogar überhaupt keine Auswirkungen auf den englischen Markt haben. Statt dessen genüge es, daß er sein eine Disqualifizierung rechtfertigendes Verhalten im Ausland dokumentiert. Nur, wenn schon in diesem Stadium eine Disqualifizierungsanordnung ausgesprochen werden könne, wäre ein zukünftiges Tätigwerden des Geschäftsleiters auf dem englischen Markt unterbunden und der Gläubigerschutz vollkommen. Das Gericht legte den CDDA mithin so aus, daß eine Disqualifizierung unabhängig davon möglich sei, ob eine Gesellschaft nach in- oder ausländischem Recht gegründet worden ist, welche Nationaliät der betreffende Geschäftsleiter hat und ob die Handlungen, die zur Disqualifizierung führen, im In- oder im Ausland begangen werden oder sich überhaupt im englischen Rechtsverkehr auswirken. Nur so könne verhindert werden, daß eine Person, die nur im Ausland disqualifizierungswürdige Verfehlungen begangen hat, zukünftig auch in England einer Geschäftstätigkeit nachgeht.

Keine Antwort liefert die Entscheidung *Re Seagull Manufactoring Ltd* dagegen auf die Frage nach dem territorialen Wirkungsgrad einer Disqualifizierungsanordnung, also ob sie insbesondere auch im Ausland Wirkung entfaltet[188].

b. Bewertung

Es ist zwischen dem Anwendungsbereich des CDDA und der territorialen Reichweite einer darauf gestützten Disqualifizierungsanordnung zu unterscheiden.

aa. Anwendungsbereich

Eine Disqualifizierung gemäß dem CDDA kann unabhängig davon verhängt werden, ob der Betroffene Geschäftsleiter einer englischen oder einer ausländischen Gesellschaft ist, ob er Brite ist oder eine andere Nationalität besitzt und wo die disqualifizierungswürdigen Handlungen ausgeführt werden. Der weitgefaßte Anwendungsbereich des CDDA ermöglicht damit eine weltweite Disqualifizierung.

bb. Territoriale Reichweite

Ungeklärt ist bislang lediglich die Frage der territorialen Reichweite einer auf den CDDA gestützen Disqualifizierungsanordnung. Dies ist abhängig von ihrer

---

188 Die englische Rechtsprechung hat zu dieser Frage noch nicht abschließend Stellung genommen.

Qualifikation nach IPR-Regeln. Eine Disqualifizierung will Geschäftsleiter dazu anhalten, ihre Pflichten und Obliegenheiten in jedem Stadium der Gesellschaft, dabei insbesondere auch in der Insolvenz, ordnungsgemäß zu erfüllen und eine Verletzung zu sanktionieren[189]. Vorrangig bezweckt sie aber den Schutz der Öffentlichkeit vor ungeeigneten Geschäftsleitern und soll diese zukünftig von solchen Ämtern fernhalten[190]. Schon hier zeigt sich die auch öffentlich-rechtliche Prägung der Disqualifizierung. Schließlich ergeht das Berufsverbot als Anordnung durch ein Gericht und stellt mithin eine hoheitliche Maßnahme dar. Hoheitliche Maßnahmen sind Regelungsinstrumente des Öffentlichen Rechts, womit der CDDA öffentlich-rechtlich zu qualifizieren ist[191]. Das hat zur Folge, daß die Wirkung von Disqualifizierungsanordnungen auf das englische Hoheitsgebiet begrenzt ist. Solange ein disqualifizierter Geschäftsleiter dort keine geschäftlichen Tätigkeiten entfaltet, treffen ihn die Rechtsfolgen der Disqualifizierung also nicht.

Es schließt sich die Frage an, wann relevante geschäftliche Tätigkeiten entfaltet werden. Sie müssen entsprechend des Schutzzweckes des CDDA zumindest von solcher Intensität sein, daß die englische Öffentlichkeit und hier wiederum insbesondere Gläubiger einer Gefährdung durch den Disqualifizierten ausgesetzt sein können. *Lanzius* will eine hinreichende Verbindung des Disqualifizierten zu England genügen lassen; erst dann könnten ihn die Folgen aus ss. 13-15 CDDA treffen[192]. Er sieht diese hinreichende Verbindung als gegeben, wenn die Gesellschaft in England einen place of business unterhält[193].

Das Bestehen eines place of business setzt voraus

„not only the setting up of a place of business at a specific location, but a degree of performance or recognisability as being a location of the company's business."[194]

Die Präsenz auf dem englischen Markt muß sich dabei darstellen als eine

---

189 So Höfling, S. 184, die sich daher für eine gesellschaftsrechtliche Qualifikation ausspricht.

190 *„The purpose of the 1986 CDDA is the protection of the public,* by means of prohibitory remedial action, by anticipated deterrent effect on further misconduct and by encouragement of higher standards of honesty and diligence in corporate management, from those who are unfit to be concerned in the management of a company."; Re Blackspur Group plc, Secretary of State for Trade and Industry v Davies, (1998) 1 BCLC 676 per Lord Woolf MR.

191 Lanzius, S. 179, 180.

192 Lanzius, S. 182.

193 Lanzius, S. 182.

194 Re Oriel (in Liquidation) [1986] 1 WLR 180, 184 (CA).

„more or less permanent location, not necessarily owned or even leased by the company, but at least associated with the company and from which habitually or with some degree of regularity business is conducted.“[195]

Wird der Eintritt der Wirkungen einer Disqualifizierungsanordnung von dem Bestehen eines place of business abhängig gemacht, muß die Tätigkeit der disqualifizierten Person entsprechend der Begriffsbestimmung also einen lokalen Bezug zu England haben. Problematisch dabei ist, daß im Zeitalter des e-commerce Unternehmen weltweit operieren können, ohne zugleich überall mit Standorten vertreten zu sein. Die Einwirkung auf den Rechts- und Wirtschaftsverkehr der bearbeiteten Länder findet dabei unabhängig davon, ob Kunden eine „more or less permanent location“ im eigenen Land vorfinden oder sie nur über das Internet angesprochen werden, in vergleichbarem Maße statt. Vielmehr ist die Manipulationsmöglichkeit im Rahmen des e-commerce sehr viel größer, da die Ansprechpartner im Internet kein Gesicht haben und sich die Unternehmensstruktur im Allgemeinen nicht so offenbart wie bei einem im Land ansässigen Unternehmen oder einem Unternehmen, das zumindest über Zweigniederlassungen oder Filialen in den einzelnen Ländern vertreten ist. Gläubiger dieser Unternehmen sind daher in noch größerem Maße der Gefahr ausgesetzt, auf einen unseriösen und ungeeigneten Geschäftsleiter zu treffen. Aus diesem Grund kann es nicht ausreichen, die Wirkung einer Disqualifizierungsanordnung von einem place of business abhängig zu machen. Sie müßten weiterreichend schon dann eingreifen können, wenn und sobald eine disqualifizierte Person mit ihrer Tätigkeit auf den englischen Rechtsverkehr einwirkt, da nur in diesem Fall die englische Öffentlichkeit wirklich umfassend geschützt werden kann.

Diesem Anspruch an vollkommenen Gläubigerschutz stehen jedoch Hindernisse in der praktischen Ausführung entgegen. Um den Verstoß gegen eine Disqualifizierungsanordnung feststellen und sanktionieren zu können, bedarf es zunächst umfangreicher Ermittlungsarbeiten. In England übernimmt der Insolvency Service diese Aufgabe. Seine Ermittlungsbefugnisse reichen aber nicht über England hinaus, so daß er im Falle eines aus dem Ausland operierenden Disqualifizierten auf die Hilfe der Behörden des Aufenthaltslandes angewiesen ist. Die Schwierigkeiten dieser Ermittlungsarbeit liegen auf der Hand: lange Dienstwege, Uneinigkeit über Zuständigkeiten und zulässige Ermittlungsmethoden und nicht zuletzt auch sprachliche Barrieren verkomplizieren die Ermittlungsarbeit. Und selbst wenn es den englischen Behörden gelingt, einen Verstoß gegen die Disqualifizierungsanordnung des vom Ausland aus operierenden Geschäftsleiters festzustellen, bleibt die Schwierigkeit, die Sanktionen durchzusetzen. Der Betreffende befindet sich im Ausland und ist damit für die englische Gerichtsbarkeit schwerer

195 Re Oriel (in Liquidation), a.a.O.

erreichbar als wenn er sich im Land befände. Gerade im Bereich des e-commerce ist es oftmals besonders mühsam, die verantwortlichen Personen aufzuspüren. Die praktischen Schwierigkeiten sprechen also eher gegen den Vorschlag, schon jedes Einwirken auf den englischen Rechtsverkehr ausreichen zu lassen, damit die Wirkungen der Disqualifizierungsanordnung ausgelöst werden. Auch die englische Rechtsprechung hat für dieses Problem noch keine zufriedenstellende Lösung gefunden.

Ebensowenig ist geklärt, ob sich die Wirkungen einer Disqualifizierungsanordnung bei einer disqualifizierten Person im Management einer englischen Gesellschaft entfalten können, wenn die Gesellschaft im Ausland ihren Verwaltungssitz hat und nur dort tätig ist. Dagegen spricht, daß in dieser Konstellation gar keine Verbindung zum englischen Rechtsverkehr besteht, die es rechtfertigen könnte, die Disqualifizierungsanordnung als hoheitliche Maßnahme in Kraft treten zu lassen. *Lanzius* sieht es zwar als widersinnig an, englischen Gerichten nicht die Möglichkeit zu geben, gegen Geschäftsleiter englischer Gesellschaften vorzugehen. Doch haben sie ja die Möglichkeit, eine Disqualifizierungsanordnung zu erlassen, da der CDDA auf ausländische Gesellschaften Anwendung findet[196]. Die Notwendigkeit, ihre Wirkungen auszulösen, setzt jedoch erst in dem Moment ein, indem sie ihren Schutzzweck entfalten muß. Disqualifizierungen sollen die Allgemeinheit und insbesondere Gläubiger in England vor ungeeigneten Geschäftsleitern schützen, die eine Gefährdung für die Interessen Dritter darstellen. Diese Gefahren treten aber erst dann ein, wenn die disqualifizierte Person in Kontakt mit dem englischen Rechtsverkehr tritt. Daher muss und sollte eine Disqualifizierung nicht schon dann Wirksamkeit entfalten, wenn eine disqualifizierte Person im Management einer englischen Gesellschaft irgendwo außerhalb Englands tätig ist[197].

c. *Zusammenfassung*

Die Analyse der zu diesem Themenkomplex existierenden englischen Rechtsprechung läßt folgende Schlüsse zu:

Der Anwendungsbereich des CDDA ist so weit gefaßt, daß Disqualifizierungen unabhängig davon möglich sind, ob es sich um in- oder ausländische Gesell-

---

196 So die Entscheidung in Re Seagull Manufactoring.

197 Natürlich besteht dann die Gefahr, daß er sich außerhalb Englands verbotswidrig verhält und dadurch zwar nicht den englischen Rechts- und Wirtschaftsverkehr gefährdet, dafür aber den des Aufenthaltslandes. Daher ist grundsätzlich zu überlegen, Berufsverboten eine länderübergreifende Wirkung zu verleihen. Dazu im Einzelnen später unter C.III.6.

schaften handelt, welche Nationalität der Geschäftsleiter besitzt und wo er die disqualifizierungswürdigen Handlungen vornimmt.

Der Wirkungsbereich des CDDA ist dagegen enger. Er ist auf das englische Hoheitsgebiet begrenzt, so daß zumindest verhindert werden kann, daß eine disqualifizierte Person die eigentlich untersagte Tätigkeit über die Zweigniederlassung einer ausländischen Gesellschaft im Inland ausübt. Der typische Umgehungsfall eines Berufsverbots mittels einer Scheinauslandsgesellschaft ist somit gar nicht erst möglich.

Auch kann der Geschäftsführer einer ausländischen Gesellschaft, also z.B. einer GmbH disqualifiziert werden, wenn sein Verhalten unter den Katalog des CDDA fällt. Die englischen Gerichte sind nach der Entscheidung *Re Seagull* sogar nicht einmal dann an der Anordnung gehindert, wenn die Tätigkeit des Geschäftsführers gar keine Auswirkungen auf den englischen Rechtsverkehr hat. Die öffentlich-rechtliche Qualifikation des CDDA führt allerdings dazu, daß die Wirkungen der Disqualifizierungsanordnung erst dann eintreten können, wenn der Disqualifizierte im englischen Hoheitsgebiet entgegen dem Verbot tätig wird. Ungeklärt ist, welcher Art und Intensität die Tätigkeit sein muß. Es scheint möglich, die Disqualifizierungswirkungen eintreten zu lassen, wenn die Gesellschaft dabei in England einen place of business unterhält oder schon, wenn in irgendeiner Weise auf den englischen Rechtsverkehr eingewirkt wird, solange die Öffentlichkeit dadurch der Gefahr ausgesetzt sein kann, durch das Handeln eines ungeeigneten Geschäftsleiters geschädigt zu werden. Die Rechtsprechung in England hat für dieses Problem noch keine Lösung gefunden.

Disqualifizierte Geschäftsleiter einer englischen Gesellschaft, die ihren Verwaltungssitz im Ausland hat und dort auch ihre Hauptgeschäftstätigkeit ausübt, treffen die Folgen einer Disqualifizierung erst dann, wenn eine hinreichende Verbindung zum englischen Rechtsverkehr besteht. Auch hier besteht noch das Problem der Bestimmung einer hinreichenden Verbindung.

2. *Grenzübergreifende Wirkung der Berufsverbote aus §§ 6 II 3 GmbHG, 76 III 3 AktG*

Berufsverbote gemäß §§ 6 II 3 GmbHG, 76 III 3 AktG fußen auf einer Verurteilung wegen einer Insolvenzstraftat gemäß §§ 283–283 d StGB. Die Ungeeignetheit zur Führung einer Kapitalgesellschaft begründet der Gesetzgeber also insbesondere mit einem Verstoß gegen Dritt- und insbesondere Gläubigerinteressen, deren Schutz die Insolvenzdelikte gewährleisten wollen[198]. Diese Ungeeignetheit

198 So die Reg.Begr. zur Einführung von § 6 II GmbHG, BT-Drucks. 8/1347, S. 31.

kann eine Person aber auch dadurch dokumentieren, daß sie eine den nationalen Insolvenzstraftaten vergleichbare Straftat im Ausland begeht, die dasselbe Schutzziel verfolgen. Bliebe es ihr in diesem Fall unbenommen, im Inland die Führung einer Kapitalgesellschaft zu übernehmen, stünde der bezweckte Dritt- und Gläubigerschutz nur unvollkommen da. Daher läge ein Defizit der bestehenden Berufsverbotsregelungen vor, wenn sie tatsächlich nur die Verurteilung wegen einer Tat gemäß §§ 283–283 d StGB zum Amtshindernis erklären, nicht aber auch eine vergleichbare ausländische Verurteilung oder ein vergleichbares ausländisches Berufsverbot.

Der designierte Geschäftsführer einer GmbH und ein künftiges Vorstandsmitglied einer AG haben bei der Anmeldung der Gesellschaft vor dem Registergericht die Versicherung abzugeben, daß keine Umstände vorliegen, die ihrer Bestellung entgegenstehen (Straffreiheitserklärung gemäß § 8 III GmbHG bzw. § 37 II AktG). Damit wird verhindert, daß auf dem inländischen Markt ungeeignete Geschäftsleiter agieren, die sich durch die Begehung einer Insolvenzstraftat als Gefahr für Gläubiger und andere Dritte darstellen. Vollendeten Gläubigerschutz kann es aber nur geben, wenn auch mit Berufsverboten belegten Geschäftsführern von Auslandsgesellschaften, die im Inland mit einer Zweigniederlassung vertreten sind, oder anderweitig mit der Auslandsgesellschaft auf den inländischen Markt einwirken, die Ausübung ihrer Tätigkeit untersagt wird. Ob das Gesetz diesem Wunsch nach vollkommenem Gläubigerschutz entspricht, wird im Folgenden zu klären sein.

a. Ausländische Verurteilungen und ausländische Berufsverbote

In der Frage, ob §§ 6 II 3 GmbHG, 76 III 3 AktG auch ausländische Verurteilungen oder ausländische Berufsverbote erfassen und diese damit zu einem Amtshindernis werden können, besteht Uneinigkeit. §§ 6 II 3 GmbHG, 76 III 3 AktG machen ein fünfjähriges Berufsverbot als Geschäftsleiter von der Verurteilung wegen einer Insolvenzstraftat gemäß §§ 283–283 d StGB abhängig. Die Gegner der Einbeziehung ausländischer Verurteilungen argumentieren daher, daß diese vom Wortlaut ausdrücklich nicht erfaßt werden[199]. Das Gebot der Rechtssicherheit und Rechtsklarheit verlange vielmehr, daß allein schon wegen der schwerwiegenden Rechtsfolge ein genau abgrenzbarer Tatbestand vorliegen müsse, was eine analoge Anwendung von § 6 II 3 GmbHG bzw. § 76 III 3 AktG – sei es auf andere Straftatbestände des StGB oder auf ausländische Straftaten – damit ausschließe[200]. Die Feststellung der lediglichen Vergleichbarkeit ausländischer

199 LG Köln, NJW-RR 1995, 553 m. Anm. Mankowski, EWiR 1995, 673.
200 LG Köln, NJW-RR 1995, 553, 554, m. Anm. Mankowski, EWiR 1995, 673.

Straftaten mit den Tatbeständen der §§ 283–283 d StGB genüge diesen Vorgaben dem gegenüber nicht. Auch bereite schon der Vergleich in- und ausländischer Tatbestände selbst Schwierigkeiten. Das ausländische Delikt mag zwar vom Deliktstypus und auch vom Unwertgehalt her strukturelle Ähnlichkeiten mit inländischen Tatbeständen aufweisen; eine Vergleichbarkeit mit deutschen Strafvorschriften – auch mit Blick auf die strafprozessualen Garantien –, die es rechtfertigt, das ausländische Delikt den gleichen Rechtsfolgen wie ein inländisches zu unterwerfen, sei aber nicht immer gewährleistet[201]. Mit der Begründung, daß auch bei ausländischen Berufsverboten im Einzelfall geprüft werden müsse, ob sie auch nach deutschem Recht aufgrund eines vergleichbaren Tatbestandes vertretbar erscheinen, und die Feststellung dieser Vergleichbarkeit ebenso schwierig ist wie bei ausländischen Verurteilungen, sieht das LG Köln auch ausländische Berufsverbote nicht von § 6 II 3 GmbHG erfaßt[202]. Darüber hinaus sei nicht in allen fremden Staaten gewährleistet, daß die behördlichen und gerichtlichen Entscheidungen rechtsstaatlichen Mindestanforderungen entsprächen[203]. Schließlich sprechen auch praktische Argumente gegen die Einbeziehung vergleichbarer ausländischer Verurteilungen: Bisher muß ein Geschäftsführer gemäß § 8 III GmbHG bzw. § 37 II AktG eine Versicherung über seine Straffreiheit bzgl. der in § 6 II 3 GmbHG bzw. § 76 III 3 AktG genannten Tatbestände abgeben. Erfassten §§ 6 II GmbHG und 76 III 3 AktG zukünftig auch „vergleichbare ausländische Verurteilungen“, müßten auch diese Eingang in die Straffreiheitserklärung finden. Zuvor hätte der Geschäftsführer jedoch selbst zu bestimmen, ob seine ausländische Verurteilung einer aus §§ 283–283 d StGB entspricht. Das kann ihm als Laien schwerlich zugemutet werden. Die Alternative wäre, die Prüfung der Vergleichbarkeit dem für die Anmeldung der Gesellschaft zuständigen Registergericht zu übertragen. Neben der generellen Schwierigkeit, die Vergleichbarkeit der Verurteilungen festzustellen, bedeutete die dadurch erforderliche umfangreiche Prüfung aber nicht nur erheblichen zusätzlichen Arbeits- und Zeitaufwand[204]. Darüber hinaus würde der Geschäftsführer durch diese Vorgehensweise auch indirekt verpflichtet, sämtliche ausländischen Verurteilungen offenzulegen, damit das Registergericht entscheiden kann, welche davon einer inländischen Verurteilung wegen einer Insolvenzstraftat entspricht. Da diese Offenbarungspflicht über das hinaus geht, was von einem Geschäftsführer im Rahmen der Straffreiheitserklärung abverlangt wird, und dadurch auch Straftaten bekannt werden können, die kein Bestellungshindernis darstellen, aber deren Bekanntga-

201 Hefermehl/Spindler/Kalss in MK-AktG, § 76, Rn. 92.
202 LG Köln, NJW-RR 1995, 553 (554).
203 LG Köln, NJW-RR 1995, 553 (554).
204 So auch das LG Köln, NJW- RR 1995, 553 (554).

be dennoch geeignet ist, den Ruf des Geschäftsführers zu beschädigen, beeinträchtigte eine solche Offenbarungspflicht sein Recht auf informationelle Selbstbestimmung. Aus diesen Gründen wird eine ausländische Verurteilung wegen einer den Insolvenzstraftaten vergleichbaren Tat als Grundlage für ein inländisches Berufsverbot gemäß §§ 6 II 3 GmbHG, 76 III 3 AktG zum Teil abgelehnt[205].

Doch dürfen die Motive des Gesetzgebers zur Einführung von § 6 II GmbHG in dieser Diskussion nicht außer Acht gelassen werden[206]. Ziel war es, möglichst umfassenden Dritt- und Gläubigerschutz dadurch zu gewährleisten, daß ungeeignete Personen vom Amt eines Geschäftsleiters in Kapitalgesellschaften ferngehalten werden[207]. Es muß dabei unerheblich sein, wo eine Person ein Fehlverhalten an den Tag gelegt hat, das ihre Ungeeignetheit dokumentiert, solange die Gefahr besteht, daß sie es an jedem anderen Ort jederzeit wieder tun wird. Daher kann ein vollkommener Gläubigerschutz nur dann erreicht werden, wenn ausländische Verurteilungen, die auf einer den Insolvenzstraftaten vergleichbaren Tat beruhen und ausländische Berufsverbote, die im Verurteilungsstaat die Geschäftsleitertätigkeit untersagen, ebenfalls zu einem Bestellungshindernis für Geschäftsleiter führen[208]. Hindert dagegen die ausländische Verurteilung oder das ausländische Berufsverbot nicht an der Übernahme eines Geschäftsleitungsamtes im Inland, so entsteht eine Schutzlücke für den nationalen Gläubigerschutz. Unter Hinweis auf den Sinn und Zweck von § 6 II GmbHG verlangen daher andere Stimmen die Einbeziehung gleichwertiger ausländischer Verurteilungen und Berufsverbote, um eben diese Schutzlücke zu schließen[209].

Doch auch wenn eine Gleichstellung in- und ausländischer Verurteilungen oder Berufsverbote wünschenswert und grundsätzlich möglich ist, so steht die tatsächliche Machbarkeit auf einem anderen Blatt. Individuelle historische, kulturelle und gesellschaftspolitische Entwicklungen in den Mitgliedstaaten der Europäischen Union haben unterschiedliche nationale Strafrechtsordnungen hervorgebracht[210]. Eine vollständige Vergleichbarkeit scheint dabei auch vor dem Hintergrund beinahe unmöglich, daß Europa aktuell immerhin 25 Mitgliedstaaten mit

---

205 LG Köln, NJW-RR 1995, 553; BayObLG, GmbHR 1992, 304; Hefermehl/Spindler/Kalss in MK-AktG, § 76, Rn.92; Mertens in KK z. AktG, § 76, Rn. 103; Wachter, ZIP 1999, 1577 (1579, Fn. 21).

206 Entsprechendes gilt für den gleichnamigen § 76 III 3 AktG.

207 BT-Drucks. 8/1347, S. 31; www.bundestag.de

208 Für die Erfassung von ausländischen Berufsverboten sprechen sich Erdmann, NZG 2003, 503 (508) und Bartl, Heidelberger Kommentar, § 6, Rn. 14 aus.

209 OLG Naumburg, GmbHR 2000, 378 (380); Heyder in Michalski, § 6, Rn. 2; Bartl, Heidelberger Kommentar, § 6, Rn. 14; Schneider in Scholz, § 6, Rn. 20; Achilles in Achilles/Ensthaler/Schmidt, § 6, Rn. 7; Erdmann, NZG 2002, 503 (508).

210 Schübel, NStZ 1997, 105 (109); Satzger, Int. und europ. Strafrecht, 2005, § 8, Rn. 7 ff.

ebenso vielen unterschiedlichen Rechtsordnungen umfaßt[211]. Zur Verdeutlichung des Problems seien hier einige Berufsverbotsregelungen dargestellt:

In Deutschland fallen nach geltender Rechtslage gemäß § 6 II 3 GmbHG nur die Insolvenzdelikte der §§ 283–283 d StGB unter den Verbotskatalog. Darüber hinaus kann auch ein strafrechtliches Berufsverbot gemäß § 70 StGB oder eine verwaltungsbehördliche Entscheidung Grundlage des Ausschlusses vom Geschäftsleiteramt sein, vgl. § 6 II 4 GmbHG[212].

Britische Berufsverbotsregelungen dagegen greifen nicht nur bei allgemeinen strafrechtlichen Verfehlungen oder Verstößen gegen Rechnungslegungs- und Publizitätsvorschriften, sondern auch, wenn einem director wrongful oder fraudlent trading nachgewiesen werden kann. Darüber hinaus erfaßt die unfitness-Regelung eine Vielzahl anderer Pflichtverstöße eines directors, die zu einer Disqualifizierungsanordnung führen können[213].

Art. 6 des französischen décret-loi bestimmt, daß jede strafrechtliche Verurteilung wegen bestimmter, dort abschließend aufgeführter Delikte das Verbot nach sich zieht, Verwaltungsmitglied in einer GmbH oder einer AG zu werden. Zu diesen Delikten gehören die Bankrottdelikte und der Betrug. Daneben und teilweise überschneidend existieren die Berufsverbotstatbestände der Loi relative à l'assainissement des professions commerciales et industrielles. Schließlich löst die schuldhafte Herbeiführung eines Bankrotts ebenfalls ein Berufsverbot aus, wie die Loi relative au redressement et à la liquidation judiciaires des entreprises festlegt.

Für das italienische Aktienrecht enthält Art. 2882 Codice civile Gründe für die Nichtwählbarkeit und den Amtsverlust von Verwaltungsmitgliedern einer Aktiengesellschaft. Darunter fällt die Verurteilung wegen einer Straftat, die die Unfähigkeit, leitende Funktionen auszuüben, mit sich bringt.

Das spanische Recht versagt mit Art. 124 der Ley de sociedades anónimas Gemeinschuldnern, Personen, die infolge einer strafrechtlichen Verurteilung kein öffentliches Amt mehr bekleiden dürfen und Personen, die wegen einer schweren Gesetzes- oder Satzungsverletzung verurteilt worden sind, die Möglichkeit, als Verwaltungsmitglied bestellt zu werden.

Der Blick auf die Berufsverbotstatbestände in den Mitgliedstaaten zeigt, daß sie inhaltlich nicht so übereinstimmen, daß von einer generellen Vergleichbarkeit ausgegangen werden kann. Eine automatische Gleichstellung ausländischer Berufsverbote mit inländischen erforderte daher wenigstens eine Mindestharmoni-

---

211 Zu diesem Argument auch Wedekind, S. 218.

212 Zu den Einschränkungen hinsichtlich des Umfangs gegenüber § 6 II 3 GmbHG siehe aber schon B.I.2.b. und B.I.3.

213 Siehe im Einzelnen zu den Ausschlußtatbeständen schon unter B.IV.1.b.

sierung der Berufsverbotstatbestände, die auf eine gemeinsame Zielsetzung der Mitgliedstaaten zurückgeht[214]. Da diese momentan noch nicht realisiert ist, dürfen ausländische Berufsverbote nicht ohne Weiteres mit inländischen gleichgestellt und den Rechtsfolgen der §§ 6 II 3 GmbHG, 76 III 3 AktG unterworfen werden.

Folglich existiert im deutschen Recht keine Grundlage dafür, einer Person, die im Ausland aufgrund eines Tätigkeitsverbots kein Geschäftsleiter sein darf, die Wahrnehmung dieses Amtes im Inland von vornherein zu untersagen. Durch diese Lücke entstehen Defizite in zwei Richtungen: Zum einen wird der inländische Rechts- und Wirtschaftsverkehr nicht effektiv genug geschützt, wenn eine in einem anderen Staat von einem Geschäftsleitungsamt ausgeschlossene Person die untersagte Tätigkeit nun im Inland fortsetzt. Zum anderen muß auch der Rechts- und Wirtschaftsverkehr des Ursprungsstaates weiterhin mit der latenten Bedrohung leben, daß der Verurteilte vom Ausland aus in das Marktgeschehen eingreift. Die mit dem Tätigkeitsverbot beabsichtigten Wirkungen können sich damit nicht entfalten.

b. Grenzüberschreitende Umgehungsgestaltungen

Mit der Umsetzung der Elften gesellschaftsrechtlichen Richtlinie der EG in nationales Recht ist der Meinungsstreit beendet worden, ob Geschäftsleiter ausländischer Kapitalgesellschaften, die im Inland eine Zweigniederlassung gründen wollen, eine Straffreiheitserklärung gemäß § 8 III GmbHG abgeben müssen[215]. § 13 g II 3 HGB verweist nunmehr ebenso wenig auf § 8 III GmbHG wie § 13 f II 3 HGB auf § 37 II AktG; die Abgabe einer Straffreiheitserklärung von Geschäftsleitern ausländischer Gesellschaften, die über eine inländische Zweigniederlassung tätig werden wollen, ist damit nicht erforderlich. Der Gesetzgeber begründet diese Entscheidung damit, daß sich die Bestellung der Geschäftsleiter nach dem jeweiligen ausländischen Recht als Gesellschaftsstatut richte und es der jeweiligen Rechtsordnung überlassen werden solle, an die Bestellung der Gesellschaftsorgane die Voraussetzungen zu knüpfen, die sie für angemessen hält[216].

Da Geschäftsleiter einer ausländischen Kapitalgesellschaft mit Zweigniederlassung im Inland somit keine Straffreiheitserklärung abgeben müssen, scheint folgender Fall möglich:

---

214 Wedekind, S. 220.

215 Für die Abgabe einer Straffreiheitserklärung: BayObIG, WM 1986, 1557; dazu Bokelmann, EWiR 1986, 1113; OLG Düsseldorf, DB 1992, 1469; dagegen: Kaiser, AG 1991, 18 (für die AG); Kraft in KK-AktG, § 44, Rn. 32; Geßler/Hefermehl, AktG, § 44, Rn. 21.

216 BT-Drucks. 12/3908, S. 17; www.bundestag.de.

A hat sich eines Insolvenzdelikts gemäß §§ 283 ff StGB strafbar gemacht und unterliegt gemäß § 6 II 3 GmbHG einem fünfjährigen Verbot, als Geschäftsleiter einer GmbH tätig zu sein. Er fährt nach England und gründet dort eine private limited company, zu deren Geschäftsleiter er sich bestellen läßt. Das englische Registergericht überprüft für die Gründung und Eintragung nur, ob A an der Tätigkeit als Geschäftsleiter durch eine Verurteilung aufgrund des CDDA 1986 gehindert ist; das deutsche Berufsverbot hat keine Relevanz. Die limited entsteht. Im Folgenden gründet A in Deutschland eine Zweigniederlassung; eine Straffreiheitserklärung muß er hierfür wegen des fehlenden Verweises von § 13 g II 3 HGB auf § 8 III GmbHG nicht abgeben und übt die Hauptgeschäftstätigkeit der Gesellschaft in dieser Zweigniederlassung aus[217].

Die grundsätzliche Möglichkeit, mit einer nach ausländischem Recht gegründeten Gesellschaft über eine Zweigniederlassung im Inland schwerpunktmäßig tätig zu werden, hat der EuGH in der Rechtssache Centros[218] bejaht und diese Rechtsprechung in Überseering[219] und Inspire Art[220] fortgeführt. Die Gesellschaft kann ihr Gründungsrecht frei wählen und ist in den übrigen Mitgliedstaaten als solche anzuerkennen[221]. Daher nimmt A mit seiner Vorgehensweise grundsätzlich zulässigerweise die Gewährleistungen der Grundfreiheiten des EG-Vertrags, im speziellen der Niederlassungsfreiheit gem. Art. 43 EG-Vertrag, wahr[222].

---

217 Einen vergleichbaren Fall hatte das OLG Oldenburg in einem Beschwerdeverfahren zu entscheiden. Gegenüber dem alleinvertretungsberechtigten Direktor einer englischen Gesellschaft war ein Gewerbeverbot wegen Unzuverlässigkeit gem. § 35 GewO ausgesprochen worden, so daß er wegen § 6 II 4 GmbHG nicht Geschäftsführer einer inländischen Kapitalgesellschaft sein konnte. Das AG Westerstede hatte in der Vorinstanz entschieden, daß die Eintragung einer inländischen Zweigniederlassung mit dem director der englischen Gesellschaft als deren Leiter nicht möglich sei, da die Anforderungen des deutschen Registerrechts vollständig beim Gericht der deuschen Zweigniederlassung erfüllt werden müssen. Das OLG Oldenburg hob diese Entscheidung unter Hinweis auf die positive Verweisungsvorschrift des § 13 g II 2 HGB auf, der eine Straffreiheitserklärung in diesem Fall gerade nicht erfordert; OLG Oldenburg, RIW 2001, 863; AG Westerstede, RIW 2001, 67.

218 EuGH, Urt. v. 09.03.1999, Rs. C-212/97, Slg. 1999, I-1459= NJW 1999, 2027.

219 EuGH NJW 2002, 3614.

220 EuGH ZIP 2003, 1885.

221 EuGH ZIP 2003, 1885 (Inspire Art); vorher schon EuGH NJW 2002, 3614 (Überseering).

222 Anbieter ausländischer Gesellschaften heben diese Möglichkeiten sogar bewußt hervor, um von nationalen Berufsverboten Betroffenen einen Anreiz zur Gründung einer ausländischen Gesellschaft – zumeist in Form einer limited – zu geben; siehe z.B. www.eu-firmen.at/limited.html.

Diese Konstruktion stellt jedoch die Wirksamkeit der Bestellungshindernisse aus §§ 6 II 3 GmbHG, 76 III 3 AktG in Frage, kann doch auf diesem Weg ein Geschäftsleiter, dem von der inländischen Rechtsordnung die Eignung für das Geschäftsleiteramt aberkannt wurde, dennoch auf dem inländischen Markt tätig sein. Diese Vorgehensweise reißt große Lücken in das System des Gläubigerschutzes. Auch schwächt diese Umgehungsmöglichkeit die den Berufsverboten eigene Abschreckungswirkung in erheblichem Maße ab. Ferner läuft sie dem Ziel, Wirtschaftskriminalität einzudämmen und Mindeststandards lauterer Geschäftsführung aufrechtzuerhalten, deutlich zuwider. Gibt es keinen Weg, diese bewußte Ausnutzung der gemeinschaftsrechtlichen Gewährleistungen zum Nachteil anderer zu verhindern, bleiben die nationalen Berufsverbotsregelungen in einem wesentlichen Teil defizitär.

Die bestehenden Berufsverbotsregelungen können ebenfalls den Fall nicht erfassen, in dem eine mit einem nationalen Berufsverbot belegte Person Geschäftsleiter einer im Ausland ansässigen, ausländischen Gesellschaft ist und mit dieser Gesellschaft auf dem inländischen Markt tätig wird. Besonders deutlich wird die Umgehungsgestaltung dabei in der Konstellation, daß die Gesellschaft in einer grenznahen Stadt ansässig ist und ihre Geschäfte zum überwiegenden Teil auf dem inländischen Markt abwickelt.

c. Zusammenfassung

Eine Änderung der §§ 6 II 3 GmbHG, 76 III 3 AktG muß sich also des Problems annehmen, daß die Normen in ihrer gegenwärtigen Ausgestaltung Umgehungskonstellationen ermöglichen, die entweder darauf gründen, daß ausländische Tätigkeitshindernisse nicht zur Geltung kommen oder durch die Einschaltung von Scheinauslandsgesellschaften ein inländisches Tätigkeitshindernis unterlaufen werden kann.

VI. Verbotsverfahren

Der Vergleich der Verbotsverfahren im englischen und deutschen Recht offenbart zwei völlig unterschiedliche Systeme. Während gemäß §§ 6 II 3 GmbHG, 76 III 3 AktG die Tätigkeitsverbote ipso iure in Kraft treten, setzt eine Disqualifizierung gemäß dem CDDA ein eigenes Verbotsverfahren voraus, an dessen Ende die Gerichte eine Ermessensentscheidung über das Ob und die Dauer des Verbots fällen.

1. Das Disqualifizierungsverfahren des CDDA

Grundsätzlich sprechen englische Gerichte Disqualifizierungsanordnungen gemäß dem CDDA nach der Durchführung eines eigenen Disqualifizierungsverfahrens aus. Aus Gründen der Verfahrensbeschleunigung und der Entlastung der Gerichte können statt dessen auch ein verkürztes gerichtliches Verfahren oder ein Verwaltungsverfahren zur Anwendung kommen.

a. Gerichtliche Zuständigkeit

Die gerichtliche Zuständigkeit für die Durchführung des Disqualifizierungsverfahren und die spätere Anordnung regelt der CDDA abhängig von dem der Disqualifizierung zu Grunde liegenden Verstoß; vgl. s. 2 (2); s. 3 (4); s. 4 (2); s. 6 (3); s. 8 (3); s. 11 (2) CDDA. So begründet s. 2 CDDA die Zuständigkeit des Liquidationsgerichts, wenn das maßgebliche Verbrechen im Zusammenhang mit der Liquidation der Gesellschaft begangen wurde. In anderen Fällen ist dagegen das Gericht zuständig, das die strafrechtliche Verurteilung ausgesprochen hat. Da eine Disqualifizierung wegen unfitness gemäß s. 6 CDDA die Insolvenz der Gesellschaft voraussetzt, befaßt sich hier grundsätzlich das für die Insolvenz zuständige Gericht mit der Angelegenheit. Führen die Ergebnisse einer company investigation gemäß s. 8 CDDA zu einer Disqualifizierungsanordnung, so spricht sie der High Court, in Schottland der Court of Sessions aus.

b. Disqualifizierungen im Rahmen von s. 6 CDDA (unfitness)

Disqualifizierungsanordnungen gemäß dem CDDA werden nach Durchführung eines gesonderten Disqualifizierungsverfahrens ausgesprochen. Dieses verursacht insbesondere im Rahmen der unfitness-Regelung erheblichen Ermittlungsaufwand und nimmt regelmäßig viel Zeit in Anspruch. Nachdem zunächst nur ein Gericht das Verfahren durchführen konnte, hat der Gesetzgeber inzwischen auf die Kritik an der Praktikabilität dieses Vorgehens reagiert und ein vereinfachtes gerichtliches sowie ein behördliches Disqualifizierungsverfahren eingeführt. Darüber hinaus können directors bei Vorliegen wichtiger Gründe um eine Ausnahmeregelung für eine bestimmte Tätigkeit ersuchen.

aa. Einleitung des Verfahrens

Der Secretary of State beurteilt, ob es im öffentlichen Interesse liegt, einen Antrag auf Disqualifizierung eines director zu stellen, s. 7 (1) CDDA. Handelt es sich um eine Gesellschaft, die durch ein Gericht in England oder Wales abgewickelt wurde, kann auf Anweisung des Secretary of State auch der Official Receiver (vom Gericht bestellter amtlicher Verwalter im Rahmen einer Zwangsabwicklung[223]) den Antrag stellen, s. 7 (b) CDDA. Um für ihre Beurteilung möglichst umfassende Informationen zusammenzutragen, können sich der Secretary of State und der Official Receiver der Hilfe des liquidator[224], administrator[225] oder des administrative receiver[226] der Gesellschaft bedienen. Sie erhalten von ihnen Informationen über die Art und Weise der Geschäftsführung des directors einer Gesellschaft, die sich unter anderem aus den Geschäftsbüchern der Gesellschaft und anderen relevanten Aufzeichnungen ergeben, s. 7 (4) CDDA. Diese Personen sollen als jeweils verantwortlicher office-holder darüber hinaus selbständig dem Insolvency Service sofort Bericht erstatten, wenn nach ihren Informationen und der eigenen Bewertung der Situation die Voraussetzungen für die Disqualifizierung eines Geschäftsleiters vorliegen, s. 7 (3) CDDA.

Auf der Grundlage der ihm vorliegenden Informationen entscheiden der Secretary of State oder der Official Receiver sodann, ob es im öffentlichen Interesse liegt, bei Gericht einen Antrag auf Disqualifizierung eines oder mehrerer directors zu stellen.

Das zuständige Gericht entscheidet sodann über die Disqualifizierung des director. Die Richter würdigen bei ihrer Entscheidungsfindung den Bericht des Secretary of State bzw. des Official Receiver, der ihre Ermittlungsergebnisse enthält sowie die Erklärungen, die von den directors selbst zur Verteidigung vorgebracht werden.

bb. Verkürztes gerichtliches Verfahren: Carecraft procedure

Seit einem Urteil aus dem Jahr 1993 ist es darüber hinaus möglich, vor Gericht ein verkürztes Disqualifizierungsverfahren durchzuführen[227]. Es bedeutet verringerte Ermittlungsarbeit, damit eine Entlastung der Gerichte und letztlich eine Verfahrensbeschleunigung[228]. Das Gericht erläßt hier zwar auch wie im normalen Verfahren eine Disqualifizierungsanordnung, es ermittelt jedoch den entscheidungserheblichen Sachverhalt nicht umfänglich selbst, sondern legt bei seiner Entscheidung die von beiden Parteien unbestrittenen Tatsachen zu Grunde. Die

---

223 Höfling, S. 187; Just, S. 73.
224 S. Fn. 100.
225 S. Fn. 101.
226 S. Fn. 102.
227 Re Carecraft Construction Co. Ltd [1993] BCLC 1259; anerkannt durch den Court of Appeal in Secretary of State for Trade and Industry v Rogers [1996] 2 BCLC 513.
228 Hannigan, p. 319.

Parteien machen dem Gericht darüber hinaus einen Vorschlag über eine Disqualifizierungsdauer oder über einen Zeitraum, innerhalb dessen die Disqualifizierung liegen sollte. Die Richter können bei ihrer Entscheidungsfindung die Vorschläge der Parteien berücksichtigen, müssen sich aber ein eigenes Urteil über den zugrundeliegenden Sachverhalt machen und eine eigene Entscheidung treffen. Das kann dazu führen, daß das Gericht im Wege der Entscheidungsfindung zu anderen Ergebnissen kommt als die Parteien; so kann es befinden, daß das streitgegenständliche Verhalten doch nicht den Tatbestand der unfitness erfüllt oder es hält die von den Parteien vorgeschlagene Disqualifizierungsdauer für nicht angemessen. In diesem Fall geht das Verfahren in ein normales Gerichtsverfahren über.

cc. Disqualifizierung im Verwaltungsverfahren: disqualification undertakings

Von der Möglichkeit des *Carecraft procedure* wird in den Fällen, in denen es um die Beurteilung der (un)fitness eines director geht, vielfach Gebrauch gemacht[229]. Eine wirkliche Entlastung der Gerichte bedeutet es jedoch nicht, da sich der Richter immer noch umfänglich mit dem Fall befassen muß, um eine Entscheidung zu treffen. Weicht er dann tatsächlich von der Beurteilung und den Vorschlägen der Parteien ab, so daß sich ein normales Verfahren anschließt, wird auch das Ziel der Verfahrensbeschleunigung nicht erreicht. Daher wurden Überlegungen laut, eine Disqualifizierungsanordnung nicht nur in einem gerichtlichen Verfahren zu erlassen, sondern schon den Secretary of State for Trade and Industry zu ermächtigen, in einem Verwaltungsverfahren die Disqualifizierung eines directors zu erreichen. Hierbei erklärt sich der director damit einverstanden, für einen bestimmten Zeitraum keine Position zu bekleiden, die ihm mit einer gerichtlichen Disqualifizierungsanordnung untersagt wäre. Bereits kurze Zeit nach dem *Carecraft*-Urteil befürwortete Vice-Chancellor Sir Richard Scott die Einführung eines derartigen Verfahrens[230]:

> „Under the 1986 Act, there is no alternative but for all applications for disqualification orders, no matter what state of agreement there may be between the parties, to be processed through the court machinery and made by a judge or registrar after a court hearing. (...) I would recommend, accordingly, that the Secretary of State give consideration to the possibility of introducing *amending legislation, under which an agreement between a director and the Secretary of State, or the Official Receiver, as to the disqualification period to be applied to the director, be given the same effect as a court order imposing the disqualification period. If the director is willing to bar himself from acting as a director*

229 Walters, The Company Lawyer 2001, 290 (293).

230 Practice Note (Chancery Division: Disqualification Applications) [1996] 1 All ER 442.

for a period that the Secretary of State, or Official Receiver regards as being sufficient to protect the public interest, I do not see why time and money should be expended by insistence on bringing the case before the court."

Kritik an dem disqualification undertaking übte der Court of Appeal allerdings noch in seiner Entscheidung *Re Blackspur*[231], da ein derartiges Verfahren nicht denselben Schutz für die Öffentlichkeit biete wie es bei einer gerichtlichen Disqualifizierungsanordnung der Fall sei. Zum einen löse ein Zuwiderhandeln gegen das undertaking nicht die Rechtsfolgen der ss. 13–15 CDDA aus (strafrechtliche Verfolgung, persönliche Haftung für Gesellschaftsschulden). Auch habe der Betroffene keine Möglichkeit, eine Befreiung von dem Tätigkeitsverbot gemäß s. 17 CDDA zu erhalten und mit gerichtlicher Erlaubnis als director zu handeln, wie es im Rahmen des gerichtlichen Disqualifizierungsverfahren vorgesehen ist[232]. Schließlich würden undertakings nicht wie die gerichtlich angeordneten Disqualifizierungen gemäß s. 18 (2) CDDA in einem Register veröffentlicht. Dritte könnten somit nicht erkennen, daß jemand wegen Ungeeignetheit das Amt eines directors nicht ausüben darf. In diesem Fall verringere sich die Abschreckungswirkung erheblich und der Betroffene könne eher versucht sein, entgegen seiner Erklärung als director tätig zu werden. Damit verlöre auch die Schutzwirkung von Disqualifizierungen für die Allgemeinheit und Gläubiger im Besonderen an Kraft. Trotz dieser anfänglichen Bedenken kam es zu der Einführung des untertaking regime. Neben dem aufwändigen gerichtlichen Disqualifizierungsverfahren besteht seit April 2001 die Möglichkeit, das Disqualifizierungsverfahren in Fällen von s. 6 CDDA (unfitness) und s. 8 CDDA (Disqualification after investigation of a company) auf Verwaltungsebene abzuhandeln. Der Secretary of State ist befugt, aber nicht verpflichtet, das undertaking eines directors zu akzeptieren. Eine Ausnahme von der „selbst auferlegten" Disqualifizierung kann nur gemacht werden, wenn der director vom Gericht eine Erlaubnis dazu erhält. Insoweit wurde das undertaking regime damit dem gerichtlichen Disqualifizierungsverfahren angepasst.

Die Entscheidung, ob der Secretary of State das undertaking akzeptiert, obliegt seinem pflichtgemäßen Ermessen[233]. Zwei Voraussetzungen müssen aber in jedem Fall erfüllt sein:

- Der Geschäftsleiter muß sich aus einem der in s. 6 oder s. 8 CDDA aufgeführten Gründe als unfit für die Unternehmensleitung erwiesen haben und

231 Re Blackspur Group plc, Secretary of State for Trade and Industry v Davies [1998] 1 BCLC 676.

232 Zu der Möglichkeit, diese Erlaubnis (*leave to act*) zu erhalten, siehe sogleich unter c.

233 Walters, The Company Lawyer 2001, 290, (294).

- es muß im öffentlichen Interesse liegen, ein undertaking zu akzeptieren anstatt ein gerichtliches Verfahren anzustrengen.

Der Secretary muß seine Entscheidung auf der Grundlage des ihm vorliegenden Tatsachenmaterials fällen und wird damit ähnlich einem Richter in einem gerichtlichen Disqualifizierungsverfahren tätig[234]. Ein akzeptiertes undertaking löst dieselben Rechtsfolgen aus wie eine gerichtlich angeordnete Disqualifizierung[235]. Das Gericht hat die Möglichkeit, die in der undertaking-Erklärung festgelegte Geltungsdauer zu verändern oder die Anordnung ganz aufzuheben. Akzeptiert der Secretary nicht, wird er bei Gericht einen Antrag auf ein Disqualifizierungsverfahren stellen, so daß es zu einem Gerichtsverfahren kommt. Diese Entscheidung des Secretary unterliegt wiederum einer gerichtlichen Überprüfung.

Zwei Kritikpunkte an dem undertaking regime sind.also durch die neue Regelung aufgegriffen worden: Es gelten die gleichen Rechtsfolgen wie bei einer Disqualifizierungsanordnung und der director kann um gerichtliche Erlaubnis nachsuchen, entgegen der Anordnung tätig zu werden. Mangelnde Publizität der Disqualifizierung auf Verwaltungsebene steht aber der beabsichtigten Schutz- und Abschreckungswirkung einer Disqualifizierung entgegen. Diese Problematik war u.a. Gegenstand der Entscheidung in der Sache *Re Blackspur Group plc, Secretary of State for Trade and Industry v Eastaway*[236]. Der betroffene director wollte das neu eingeführte undertaking regime in Anspruch nehmen und für einen bestimmten Zeitraum keine der untersagten Tätigkeiten ausüben, ging jedoch nicht auf die Forderung des Secretary ein, daß sein undertaking nur akzeptiert werden würde, wenn in einem Annex dazu sein Fehlverhalten dokumentiert wird. Er sah durch diese Forderung seinen Ruf und sein berufliches Fortkommen gefährdet, da sie ein Eingeständnis seiner unfitness bedeute. Das Gericht hatte sich daraufhin mit der Frage zu beschäftigen, ob das Verlangen des Secretary rechtmäßig war. Der entscheidende Richter sah das Vorgehen des Secretary aus verschiedenen Gründen als rechtmäßig an; er wurde wenig später durch den Court of Appeal bestätigt[237]. Der Secretary trifft seine Entscheidung auf der Grundlage der Tatsachen, die das Verhalten des betroffenen Direktors dokumentieren. Um ein ermessensgerechtes Ergebnis zu finden, muß er daher im Vorfeld sämtliche notwendigen Informationen sammeln dürfen. Daß es sinnvoll ist, dem undertaking diese entscheidungserheblichen Tatsachengrundlagen beizufügen, hängt auch mit ihren Rechtsfolgen zusammen: Es sind dieselben wie bei einer gerichtlich angeordneten Disqualifizierung. Der betroffene director kann also um gerichtliche Erlaub-

---

234 Re Blackspur Group plc, Secretary of State for Trade and Industry v. Eastaway.
235 Walters, The Company Lawyer 2001, 290 (295).
236 Re Blackspur Group plc, Secretary of State for Trade and Industry v Eastaway.
237 Re Blackspur Group plc, Secretary of State for Trade and Industry v Eastaway.

nis ersuchen, eine eigentlich untersagte Tätigkeit auszuüben und auch die Entscheidung des Secretary selbst zum Gegenstand gerichtlicher Überprüfung machen. Schließlich kann das Gericht die Geltungsdauer der undertaking ändern oder sie gänzlich aufheben. Um also z.B. entscheiden zu können, ob die beantragte Erlaubnis bewilligt werden kann, muß das Gericht sich zunächst ein Bild von der Art und Schwere der Verfehlung des directors machen. Dies kann es nur mit Kenntnis von dem zugrundeliegenden Sachverhalt. Findet es die entscheidungserheblichen Informationen direkt im Anhang zum undertaking, erspart dies ansonsten notwendige Ermittlungsarbeit. Darüber hinaus besteht über den Tatsacheninhalt dieses Anhangs das Einverständnis beider Parteien, also des directors und des Secretary, so daß der ursprüngliche Fall nicht wieder aufgerollt werden muß[238]. Es unterstützt damit die Effizienz des undertaking regime, wenn das undertaking um eine Darstellung der maßgeblichen Tatsachen ergänzt wird und erleichtert auch dem betroffenen director die Geltendmachung seiner Rechte, wenn er gegen die undertaking vorgehen will. Schließlich sprach auch die Zielsetzung des CDDA dafür, das Verlangen des Secretary für rechtmäßig zu erklären. Disqualifizierungen sollen neben der Sicherung und Verbesserung von Standards guter Unternehmensführung die Öffentlichkeit vor ungeeigneten Geschäftsleitern schützen und eine Abschreckungswirkung entfalten. Die letztgenannten Ziele werden bei einer gerichtlichen Anordnung dadurch erreicht, daß das Urteil in einer öffentlichen Gerichtsverhandlung gefällt wird und die Urteilsgründe dem Interessierten zugänglich sind. Auch im Rahmen des *Carecraft procedure* ist diese Publizität sichergestellt, da der Entscheidung des Gerichts die von den Parteien aufgesetzten Erklärungen beigefügt werden[239]. Die Publizität der Tatsachengrundlagen dient aber auch dem Zweck, Standards guter Unternehmensführung zu sichern und zu verbessern. Geschäftsleiter haben so die Möglichkeit sich zu vergewissern, welche Maßstäbe von den Gerichten an eine gute Unternehmensführung angelegt werden und können ihr Verhalten darauf einrichten. Um den Zielen des CDDA auch im Rahmen des undertaking regime gerecht zu werden, muß der Publizität auch hier genügend Gewicht zugemessen werden. Die Offenlegung der entscheidungserheblichen Tatsachen in einem Anhang ist daher notwendig und zulässig.

c. Befreiung von der Disqualifizierungsanordnung: leave to act

Ein disqualifizierter director kann die gerichtliche Erteilung einer Erlaubnis beantragen, bei berechtigtem Interesse trotz seiner Disqualifizierung tätig werden

238 Walters, The Company Lawyer 2002, 123 (124).
239 Walters, The Company Lawyer 2001, 290 (296).

zu dürfen, s. 17 CDDA. Das Gericht muß bei seiner Entscheidungsfindung zwischen dem Schutz des Rechtsverkehrs und dem Bedürfnis des director, als solcher für eine bestimmte Gesellschaft zu agieren, abwägen[240]. Ein solches Bedürfnis kann sich daraus ergeben, daß der betroffene director umfänglich mit der Geschäftsleitung befaßt war und sein Ausscheiden den Fortbestand der Gesellschaft und damit auch zahlreiche Arbeitsplätze gefährdet[241]. Übt der Betroffene noch Leitungstätigkeiten in anderen Gesellschaften aus und hat er hier kein disqualifizierungswürdiges Verhalten an den Tag gelegt, kann es angemessen sein, ihm die Tätigkeit in diesen Gesellschaften zu erlauben. Daneben darf auch das rein persönliche Interesse des Betroffenen eine Rolle spielen, weiterhin seinen Lebensunterhalt verdienen zu können. Gerade diesem Grundbedürfnis soll der CDDA nämlich nicht im Wege stehen[242]. In die Abwägung ist neben den Gründen, die zur Disqualifizierung geführt haben, auch die Frage einzubeziehen, ob nicht die naheliegende Gefahr besteht, daß der director auch in Zukunft ein gleiches oder ähnliches Fehlverhalten an den Tag legen wird[243]. Positiv beeinflussen kann das entscheidende Gericht auch die Tatsache, dass der director die Ausnahmeerlaubnis für die Tätigkeit bei einer unlimited company beantragt, für deren Verbindlichkeiten er persönlich haftet[244]. Die Disqualifizierungsgründe werden allerdings bei der Frage, ob eine Erlaubnis erteilt wird, unterschiedlich gewichtet. So ist es unwahrscheinlich, daß dem Antrag eines director, der schuldhaft und im Bewußtsein gehandelt hat, daß sein Verhalten Dritte schädigen wird, stattgegeben wird, wogegen in Fällen, in denen dem director zumindest eine solch verwerfliche Gesinnung nicht vorgeworfen werden kann, die Erlaubnis ümso eher erteilt wird[245]. Sir Richard Scott erläutert in *Re Barings plc (no.4), Secretary of State for Trade and Industry v Baker*, welche Vorgehensweise das Gericht bei seiner Beurteilung an den Tag legen sollte[246]:

„The improprieties which have led to and required the making of a disqualification order must be kept clearly in mind when considering whether a grant of s 17 leave should be made.

If the conduct of a director has been tainted by any dishonesty, if the company in question has been allowed to continue trading while obviously hopelessly insolvent, if a director has been withdrawing from a struggling company excessive amounts by way of

240 Re Hennelly's Utilities [2004] All ER (D) 85 Jan; Farrar, p. 359.
241 Re Majestic Recording Studios Ltd [1989] 4 BCC 519.
242 High Court (Chancery Division) Shuttleworth v. Secretary of State for Trade and Industry, PLC 1999 X (3), 62 f.
243 Hannigan, p. 347.
244 Shuttleworth v. Secretary of State for Trade and Industry PLC 1999 X (3), 62 f.
245 Goddard, Company Lawyer 2004, 222, 223.
246 [1999] 1 BCLC 262 at 265.

remuneration in anticipation of the company's collapse, and, in effect, living off the company's creditors, and if a disqualification order were then made, these circumstances would loom very large on any s 17 application. The court would, I am sure, have in mind the need to protect the public from any repetition of the conduct in question. That conduct, and the protection of the public from it, would have been the major factor requiring the imposition of the disqualification."

Auch spielt die Dauer, für die eine Disqualifizierung angeordnet wurde, bei der Frage der Erlaubniserteilung eine Rolle. Regelmäßig erteilt das Gericht eine Erlaubnis nur solchen Direktoren, die für einen Zeitraum von zwei bis fünf Jahren disqualifiziert wurden[247]. Erteilt das Gericht die Erlaubnis, trotz der Disqualifizierungsanordnung tätig zu werden, so darf der Begünstigte in allen Funktionen tätig werden, die gemäß s. 1 CDDA unter die Disqualifizierungsanordnung fallen, mit Ausnahme der Tätigkeit als insolvency practitioner[248].

d. Zusammenfassung

Disqualifizierungsanordnungen gemäß dem CDDA werden nach Durchführung eines eigenen Disqualifizierungsverfahrens ausgesprochen. Insbesondere aus Gründen der Verfahrensökonomie existiert neben dem ursprünglichen gerichtlichen Verfahren heute auch ein verkürztes gerichtliches Verfahren sowie ein Verwaltungsverfahren für den Erlaß jener Anordnungen. Im letzteren unterwirft sich ein betroffener director freiwillig einem Tätigkeitsverbot, wenn Einigkeit über die Art und Schwere der zugrundeliegenden Verfehlungen zwischen ihm und dem hier zuständigen Secretray of State besteht. Bei berechtigtem Interesse des Disqualifizierten und nach gründlicher Abwägung mit den schutzwürdigen Interessen der Allgemeinheit kann auf Antrag eine Erlaubnis erteilt werden, in genau bestimmtem Umfang trotz einer Diqualifizierungsanordnung Leitungstätigkeiten wahrzunehmen.

---

247 Die aktuelle Entscheidung in der Sache Re Hennelly's Utilities [2004]d All ER (D) 85 Jan macht hiervon allerdings eine Ausnahme: Das Gericht erteilte die Erlaubnis einem Direktor, der für acht Jahre disqualifiziert worden war. Es machte die Erlaubnis aber von der Bedingung abhängig, daß ein neuer executive director ernannt und ein monatliches Treffen des board veranstaltet wird, für das jeweils aktuelle Geschäftsberichte vorbereitet werden müssen.

248 The Insolvency Service, Company Directors Disqualification Act 1986 and Disqualified Directors; abrufbar unter: www. insolvency.gov.uk./guidanceleaflets/GUIDES.HTM#5.

2. *Berufsverbotsverfahren im deutschen Recht*

Die §§ 6 II 3 GmbHG, 76 III 3 AktG sehen kein eigenes Berufsverbotsverfahren vor, da die Bestellungshindernisse und Tätigkeitsverbote akzessorisch zu einer strafrechtlichen Verurteilung in Kraft treten. Die Notwendigkeit eines eigenen Verbotsverfahrens könnte sich also erst dann ergeben, wenn ein erweiterter Verbotskatalog der §§ 6 II 3 GmbHG, 76 III 3 AktG von der bisherigen strafrechtlichen Akzessorietät abweicht. Diese Frage wird daher im Zusammenhang mit der Erweiterung der Verbotsgründe erneut aufgegriffen werden.

VII. Durchsetzung von Verboten und Sanktionen bei Verstößen

Die Abschreckungswirkung von Berufsverboten kann sich nur entfalten, wenn der Verurteilte damit rechnen muß, bei einem Verstoß mit weiteren Sanktionen belegt zu werden. Das setzt zunächst voraus, daß ein Verstoß überhaupt entdeckt wird. Neben empfindlichen Sanktionen bei einer Zuwiderhandlung des Verbots müssen daher auch effiziente Überwachungsmodalitäten bestehen, durch die Verstöße aufgedeckt werden können.

1. *Durchsetzung und Sanktionen im CDDA*

Das über ein Berufsverbot entscheidende Gericht muß dem Secretary of State jede Disqualifizierung zur Eintragung in einem für die Öffentlichkeit zugänglichen Unternehmensregister mitteilen[249]; vgl. s. 18 CDDA.

Elektronische Handels- und Unternehmensregister haben in England eine längere Tradition als in Deutschland. Der Companies Act 1986 enthält die Rechtsgrundlage dafür, Informationen in computerisierter Form auszugeben, die Umsetzung erfolgte durch die Companies Act Electronic Communication Order 2000, so daß seit dem Jahr 2000 alle Registereintragungen, zu denen Unternehmen durch den Companies Act 1986 verpflichtet sind, in elektronischer Form vorgenommen und ausgegeben werden[250]. Die besondere Effizienz dieses Unternehmensregisters resultiert aus dem Einsatz modernster Kommunikationsmittel, die es zu einer wirtschaftlich attraktiven und benutzerfreundlichen Einrichtung

249 Einsehbar auf der website des Companies House: www.companies-house.gov.uk.
250 Für einen Überblick über das britische Unternehmensregister siehe Meyding/Bödeker, BB 2006, 1009 (1010).

macht[251]. Das Unternehmensregister bietet zum einen den Verfolgungsorganen einen schnellen Überblick über disqualifizierte Personen, zum anderen kann auch jeder Dritte überprüfen, ob gegen eine bestimmte Person eine Disqualifizierungsanordnung ergangen ist.

Da jedoch erhebliche praktische Schwierigkeiten darin bestanden, nachzuvollziehen, ob disqualifizierte Geschäftsleiter sich an das Berufsverbot halten, wurde 1998 vom Insolvency Service eine Hotline eingerichtet, bei der sich Personen melden können, die geschäftlich mit einer disqualifizierten Person in Berührung gekommen sind[252]. Von 600 dort eingegangenen Beschwerden im Zeitraum 2001/2002 konnten in 32 Fällen Personen wegen eines Verstosses gegen die Disqualifizierungsanordnung oder wegen anderweitiger Straftaten überführt werden, und in 27 Fällen wurden sogenannte warning letters verschickt[253]. Diese warning letters sollen den Adressaten darauf aufmerksam machen, daß sein Fehlverhalten grundsätzlich zu einer Verurteilung oder zu einem Berufsverbot führen könnte, es im vorliegenden Fall aber nicht im öffentlichen Interesse liegt, die Sache strafrechtlich weiterzuverfolgen[254]. In 2003/2004 gingen schon 807 Beschwerden bei der Hotline ein, von denen 50 in einem strafrechtlichen Verfahren mündeten[255].

S. 13 bis s. 15 CDDA regeln die Folgen eines Verstosses gegen eine Disqualifizierungsanordnung. Zum einen hat der Betroffene bei Zuwiderhandlung gegen das Verbot eine strafrechtliche Verfolgung zu befürchten, die im geringsten Fall eine Verurteilung zur Zahlung einer Geldstrafe bedeutet, im schlimmsten Fall aber eine Haftstrafe von sechs Monaten bis zu zwei Jahren nach sich ziehen kann; vgl. s. 13 CDDA. Zum anderen begründet der Verstoß gegen das Berufsverbot eine persönliche Haftung für alle Gesellschaftsschulden, die in dem Zeitraum entstehen, in dem der Betroffene verbotswidrig in die Führung der Gesellschaft involviert war; vgl. s. 15 CDDA. Die persönliche Haftung für Gesellschaftsschulden trifft darüber hinaus auch solche Personen, die zur Geschäftsleitung einer Gesellschaft gehören und auf Anweisung einer Person handeln, von der sie wissen, daß sie Adressat eines Berufsverbots ist; vgl. s. 15 (1) (b) CDDA.

---

251 Gernoth, BB 2004, 837 (842).

252 Hannigan, p. 350; Hotline-Nummer: 0845 601 3546; Betroffene können sich aber auch an die Website des Insolvency Service wenden: www. insolvency-gov.uk

253 The Annual Report of the Insolvency Service 2001–2002, p. 33; www.insolvency.gov.uk/pdfs/annual2001-02.web.pdf

254 The Annual Report of the Insolvency Service 2001/2002, p. 31; www.insolvency.gov.uk/pdfs/annual2001-01web.pdf.

255 The Annual Report of the Insolvecy Service 2003/2004, p. 17; www.insolvency.gov.uk/pdfs/annual2003-04.web.pdf

2. *Durchsetzung und Sanktionen bei §§ 6 II 3 GmbHG, 76 III 3 AktG*

Eine mit einem Berufsverbot auf der Grundlage von §§ 6 II 3 GmbHG, 76 III 3 AktG belegte Person darf für die Dauer von fünf Jahren keiner Tätigkeit als Geschäftsleiter nachgehen.

Dies wird aufgegriffen von §§ 8 III 1 GmbHG, 37 II AktG, wonach ein designierter Geschäftsführer bzw. ein zukünftiges Vorstandsmitglied gegenüber dem Registergericht versichern muß, daß keine Umstände vorliegen, die seiner Bestellung nach § 6 II 3 und 4 GmbHG bzw. § 76 III 3 und 4 AktG entgegenstehen und daß er über seine unbeschränkte Auskunftspflicht gegenüber dem Gericht belehrt worden ist. Die Versicherung ist als Selbstauskunft zu verstehen, mit der der Pflichtige das Fehlen gesetzlicher Bestellungshindernisse belegt[256]. Hintergrund dieser Regelung ist die Vermeidung von erheblichem Verwaltungsaufwand, der dadurch entstünde, daß das Registergericht vom Zentralregister eine Auskunft einholen müßte[257]. Wird jedoch entdeckt, daß falsche Angaben hinsichtlich der Straffreiheit gemacht wurden, sieht § 82 I Nr. 5 GmbHG eine Freiheitsstrafe bis zu drei Jahren oder eine Geldstrafe vor.

Erlischt allerdings das Amt als Geschäftsführer aufgrund eines erst später ausgesprochenen Berufsverbots, so erschwert dies die Überwachung verbotswidrigen Handelns: Zwar erlischt die Bestellung des Geschäftsführers bzw. Vorstandsmitglieds mit dem Wirksamwerden des Berufsverbotes ipso iure, eine Löschung im Handelsregister ist jedoch nicht zwingende Folge[258]. Aus registerrechtlicher Sicht besteht somit kein Anlaß, die Verhältnisse der Gesellschaft zu überprüfen. Und selbst wenn die Löschung der Amtsstellung auch im Handelsregister vermerkt wird[259], so bleibt das Problem der nicht kontrollierbaren Umgehungsgestaltungen bestehen.

Weitere Sanktionen verbotswidrigen Verhaltens sehen die bestehenden Regelungen bisher nicht vor.

---

256 OLG Düsseldorf, GmbHR 1997, 71, 72.

257 Das idR bestehende Ermittlungserfordernis wird duch die Versicherungspflicht in § 8 III GmbHG so lange beseitigt, wie keine Anhaltspunkte bestehen, daß Unregelmäßigkeiten vorliegen; OLG Düsseldorf, GmbHR 1997, 71, 72; Achilles in Achilles/Ensthaler/Schmidt, § 6, Rn. 8.

258 Dritte werden in dem Fall, daß die Anpassung des Registers an die tatsächliche Rechtslage unterbleibt, durch § 15 HGB geschützt; Schneider in Scholz, § 6, Rn. 21.

259 Später auftretende Bestellungshindernisse sind dem Registergericht gemäß § 39 GmbHG anzuzeigen; auch können die Gesellschafter beim Registergericht den Wegfall der Amtsfähigkeit anzeigen und eine amtswegige Löschung gemäß § 142 FGG anregen; Heinrich, MHdb GesR, § 8, Rn. 12; Melchior, GmbHR-Report 2005, R 29, R 30.

VIII. Verfassungskonformität gesellschaftsrechtlicher Berufsverbote

Berufsverbote müssen effektiv wirken, dürfen dabei aber nicht durch die Rechtsordnung gesetzte Schranken überschreiten. Die Verbote in §§ 6 II 3 GmbHG, 76 III 3 AktG untersagen dem Betroffenen für eine bestimmte Dauer die Ausübung einer von ihm gewählten Tätigkeit, wenn er einer Insolvenzstraftat schuldig ist. Diese Regelung muß sich in Deutschland insbesondere vor verfassungsrechtlichem Hintergrund einer kritischen Bewertung stellen. In England wird dagegen keine Diskussion über die Verfassungsmäßigkeit von Disqualifizierungsanordnungen geführt. Die Gerichte müssen aber im Rahmen der Festlegung der Disqualifizierungsdauer insoweit Angemessenheitserwägungen anstellen, als sie die Notwendigkeit eines langen Ausschlusses vom Amt eines director mit der Schwere der dadurch eintretenden Belastung des Einzelnen abwägen müssen. Ähnlichen Argumentationsaufwand erfordert die Entscheidung des Gerichts, ob einem director gemäß s. 17 CDDA die Erlaubnis gewährt werden soll, trotz der verhängten Disqualifizierungsanordnung als director tätig zu sein[260].

1. §§ 6 II 3 GmbHG, 76 III 3 AktG und Berufsfreiheit

Bestellungs- und Tätigkeitshindernisse wie die in §§ 6 II 3 GmbHG und 76 III 3 AktG verwehren einer natürlichen Person die Möglichkeit, in einem von ihr gewünschten Beruf tätig zu werden. Als final und unmittelbar wirkender Rechtsakt stellt dieses Berufsverbot damit einen Eingriff in die Berufsfreiheit aus Art. 12 GG dar. Zu einer Verletzung der verfassungsrechtlichen Vorgaben aus Art. 12 GG kommt es aber erst dann, wenn der Eingriff einer Rechtfertigung entbehrt. Dies ist der Fall, wenn die grundrechtsbeeinträchtigende Regelung Verhältnismäßigkeitserwägungen nicht Stand hält, also nicht geltend machen kann, für die mit ihr verfolgten Zwecke sowohl geeignet als auch erforderlich zu sein und den betroffenen Grundrechtsträger im Verhältnis zur Schwere der durch sie ausgeübten Belastung nicht unangemessen zu beeinträchtigen[261].

a. Berufsverbote als subjektive Zulassungsschranken

Das Bundesverfassungsgericht macht die Rechtfertigung eines die Berufsfreiheit beeinträchtigenden Eingriffs davon abhängig, ob der Eingriff sich auf die Berufsausübung bezieht, eine subjektive oder gar eine objektive Zulassungsschran-

260 Siehe schon unter B.VI.1.c.
261 Hofmann in Schmidt-Bleibtreu/Klein, Art. 12, Rn.111; Pieroth/Schlink, S. 65, 67.

ke darstellt[262]. Der Rechtfertigungsaufwand steigt dabei auf jeder Stufe weiter an[263]. Berufsausübungsregelungen, die sich lediglich auf die Modalitäten beziehen, in denen eine berufliche Tätigkeit ausgeübt wird, können bereits mit vernünftigen Erwägungen des Gemeinwohls gerechtfertigt werden[264]. Objektive Zulassungsbeschränkungen stellen dagegen die schwerste Form eines Eingriffs in die Berufsfreiheit dar, da sie sich schon ihrer Bezeichnung entsprechend völlig vom einzelnen Grundrechtsträger lösen und qualifikations- wie einflußunabhängige Kriterien für eine Tätigkeitsaufnahme aufstellen[265]. Sie verlangen das Vorliegen überragend gewichtiger Gemeinschaftsgüter als Rechtfertigungsgrund[266]. Zwischen diesen Eingriffsstufen stehen die subjektiven Zulassungsbeschränkungen, welche die Aufnahme einer Tätigkeit von bestimmten persönlichen Eignungsmerkmalen des Bewerbers abhängig machen und neben erworbenen Abschlüssen und erbrachten Leistungen auch an seine Eigenschaften und Fähigkeiten sowie Kenntnisse und Erfahrungen anknüpfen[267]. Um gerechtfertigt zu sein, müssen sie den Schutz wichtiger Gemeinschaftsgüter verfolgen, worunter nicht nur allgemein anerkannte, gleichsam absolute Gemeinwohlbelange fallen[268], sondern auch solche, „die sich erst aus den besonderen wirtschafts-, sozial und gesellschaftspolitischen Vorstellungen ergeben“[269].

Die in dieser Arbeit betrachteten Tätigkeitshindernisse der §§ 6 II 3 GmbHG und 76 III 3 AktG machen die Zulassung zum Amt als Geschäftsführer oder Vorstandsmitglied davon abhängig, daß keine strafrechtliche Verurteilung wegen einer Insolvenzstraftat vorliegt. Eine strafrechtliche Verurteilung knüpft an persönliches Fehlverhalten an. Die Entscheidung des Gesetzgebers, als Folge solchen persönlichen Fehlverhaltens ein Berufsverbot auszusprechen, läßt darauf schließen, daß dieses Fehlverhalten die Nichteignung für ein Geschäftsführer- oder Vorstandsamt offenbart. Eignungsfragen gehören zu den subjektiven Erwägungen

---

262 BVerfGE 7, 377 (405 ff.) (Apothekenurteil).

263 Manssen in v. Mangoldt/Klein, Art. 12, Rn. 124.

264 Pieroth/Schlink, S. 205; beispielhaft für diese Modalitäten ist die Festsetzung von Ladenschlußzeiten, BVerfGE 13, 237; die Robenpflicht für Rechtsanwälte, BVerfGE 28, 21; das Wettbewerbsverbot für Rechtsanwälte, BVerfGE 76, 196; Notare, BVerfG NJW 1997, 2510; Steuerberater, BVerfGE 85, 97 und Ärzte, BVerfGE 71, 162.

265 BVerfGE 7, 377 (407/408); Hofmann in Schmidt-Bleibtreu/Klein, Art. 12, Rn. 53; insbesondere sind hier Bedürfnisklauseln zu nennen, wie sie auch Gegenstand des Apothekenurteils waren.

266 BVerfGE 7, 377 (408).

267 BVerfGE 7, 377 (406/407); Manssen in v. Mangoldt/Klein, Art. 12, Rn. 146; Pieroth/Schlink, S. 205.

268 Breuer in Handbuch des Staatsrechts, S. 989.

269 BVerfGE 13, 97 (107).

bei der Berufsaufnahme, so daß die Verbote aus § 6 II 3 GmbHG, 76 III 3 AktG als subjektive Zulassungsbeschränkungen zu qualifizieren sind.

b. Rechtfertigungswürdige Zwecke

Berufsverbote für Geschäftsleiter von Kapitalgesellschafen bezwecken, Wirtschaftskriminalität einzudämmen, Gläubiger zu schützen und Standards guter Unternehmensführung zu gewährleisten[270]. Damit soll das Vertrauen von Gläubigern, Anlegern und der Allgemeinheit in das Wirtschaftssystem und in das redliche Verhalten der Wirtschaftsteilnehmer erhalten und wiederhergestellt werden. Die genannten Zwecke stellen sich somit als Teilziele in dem Bestreben dar, dem geltenden Wirtschaftssystem zu Anerkennung und Wirksamkeit zu verhelfen. Sowohl aus wirtschafts-, als auch aus sozial- und gesellschaftspolitischer Sicht wird damit ein schützenswerter Gemeinwohlbelang verfolgt, der sich als rechtfertigungswürdiger Grund erweist.

aa. Geeignetheit von Berufsverboten

Berufsverbote sind zur Erfüllung der genannten Zwecke schon dann geeignet, wenn sie ein nicht völlig untaugliches Mittel darstellen. Die vollständige Zweckerfüllung ist dabei keine Voraussetzung, solange nur eine grundsätzliche Geeignetheit besteht[271].

Die Regelung in §§ 6 II 3 GmbHG und 76 III 3 AktG bewirkt, daß eine als ungeeignet erkannte Person zumindest für eine gewisse Zeit von der Tätigkeit in einem Geschäftsleitungsamt ausgeschlossen wird. Gläubiger sind während dieser Zeit vor einem sie gefährdenden, rechtswidrigen (und zum Teil (wirtschafts-) kriminellen) Verhalten geschützt. Die übrigen Wirtschaftsteilnehmer und sonstige Dritte können darauf vertrauen, daß vertrauensunwürdige und unredlich handelnde Kaufleute nicht auf dem Markt auftreten. Zwar wirkt das Verbot nur für die Dauer von fünf Jahren, so daß das Gefährdungspotential der Betroffenen zunächst nur während dieses Zeitraums eingegrenzt bleibt. Das Geschäftsleiteramt lebt danach nicht automatisch wieder auf, aber eine Neubestellung zum Geschäftsleiter wird dann wieder möglich. Auch ist zu beklagen, daß gerade im Bereich der Wirtschaftskriminalität eine hohe Dunkelziffer besteht[272], so daß ein hoher Prozentsatz von Tätern gar nicht von Berufsverboten erfaßt wird. Schließlich kann der Ausschluß einer Person aus dem Geschäftsführer- oder Vorstand-

---

270 Siehe schon die Ausführungen in Kapitel A.

271 Manssen in v. Mangoldt/Klein, Art. 12, Rn. 131.

272 Polizeiliche Kriminalstatistik des BKA 2002–2004; http://www.bka.de/pks/

samt eine wachsende Anzahl von Umgehungshandlungen in Form von Strohmanngestaltungen und Fällen faktischer Geschäftsführung zur Folge haben[273]. Diese Kritik verfängt jedoch nicht bei der Frage nach der Geeignetheit der Tätigkeitsverbote, da sie nicht dazu führt, Berufsverbote als gänzlich untaugliches Mittel einzustufen und ihnen somit nicht die grundsätzliche Geeignetheit nimmt, die mit ihnen verfolgten Zwecke zu erfüllen.

bb. Erforderlichkeit

Die Regelungen der §§ 6 II 3 GmbHG, 76 III 3 AktG müssen aber auch das erforderliche Mittel darstellen, damit die verfolgten Zwecke erreicht werden. Sie sind es dann, wenn sich kein gleich effektives Mittel findet, das eine geringere Eingriffsintensität besitzt.

(1) Eignungsprüfung statt Berufsverbot

Dem Hauptzweck von Berufsverboten, wirtschaftskriminelles Verhalten zum Schutze der Allgemeinheit und von Gläubigern im Speziellen zu verhindern, könnte möglicherweise eine Eignungsprüfung des Betroffenen im Einzelfall dienen.

Doch kommen Zweifel an der Wirksamkeit einer solchen Eignungsprüfung auf: Soll sie verhindern, daß Personen als Geschäftsführer oder Vorstandsmitglieder wirtschaftskriminelles Verhalten an den Tag legen, so müßte sie wohl Ergebnisse darüber liefern, ob eine Person integer und vertrauenswürdig genug ist, um im Geschäftsleben in diesen Ämtern agieren zu dürfen. Die Prüfung bekäme damit eher den Charakter einer psychologischen Untersuchung, welche aber selten in der Lage sind, ein umfassendes und verlässliches Persönlichkeitsbild zu zeichnen. Viel schwerer noch wiegt aber die Tatsache, daß eine Eignungsprüfung in dieser Form einen wesentlichen Eingriff in die Grundrechte des Betroffenen bedeutete und somit schon aus diesem Grund kein alternatives Mittel sein kann.

(2) Inhaltliche Beschränkung

Kritik an der Erforderlichkeit der hier diskutierten Tätigkeitsverbote könnte auch hinsichtlich ihres Umfangs angebracht sein. Während strafrechtliche Berufsverbote die Ausübung eines spezifischen Berufes oder Gewerbes untersagen, gilt der Ausschluß in §§ 6 II 3 GmbHG, 76 III 3 AktG umfassend. Es würde für den Einzelnen einen minder schweren Eingriff darstellen, wenn die Begehung eines In-

---

273 Stein, AG 1987, 165 (172).

solvenzdelikts nur mit einem tätigkeitsspezifischen Berufsverbot geahndet würde, da er für andere Branchen nicht „gesperrt“ wäre und es ihm so eher gelänge, beruflich wieder Fuß zu fassen. Doch muß hier die insoweit eindeutige Zielsetzung der § 6 II 3 GmbHG und 76 III 3 AktG im Auge behalten werden, wonach es Personen, die wegen eines Insolvenzdeliktes auffällig geworden sind, generell verwehrt sein soll, sich unter dem Deckmantel einer Kapitalgesellschaft wirtschaftlich zu betätigen. Erfaßt werden müssen damit alle geschäftsführenden Tätigkeiten, die in der Rechtsform einer Kapitalgesellschaft ausgeübt werden können. Eine berufs- oder gewerbespezifische Eingrenzung der Ausschlußregelung würde ihre Effektivität im Verhältnis zu ihrer Zielsetzung daher erheblich schmälern. Die Einschränkung des inhaltlichen Umfangs von Tätigkeitsverboten stellt damit ebenfalls kein milderes Mittel mit gleicher Effizienz dar.

(3) Differenzierung der Dauer von Berufsverboten

Berufsverbote sind nicht nur die Folge wirtschaftskriminellen Verhaltens, das auf einer vorsätzlichen Nichtbeachtung des Normappells beruht und gerade unter Inkaufnahme der Benachteiligung von Drittinteressen geschieht. Sie belasten z.B. auch denjenigen, der unter Außerachtlassung der gebotenen Sorgfalt seine Buchführungspflichten verletzt, vgl. § 283 b StGB. Ob aber das daraufhin folgende Verbot, das einen Geschäftsführer trifft, der seit Jahren sein Geschäft ordnungsgemäß führen mag und einmalig vergißt, seine Bilanz rechtzeitig aufzustellen, eine geeignete Maßnahme darstellt, ist fraglich. Gerade in solchen Fällen muß hinterfragt werden, ob es nicht eine geringere Eingriffsintensität darstellte, würde dieser Täter zumindest weniger als fünf Jahre von seinem Amt ausgeschlossen. Er hat schließlich gezeigt, daß ihm der Normappell nicht fremd ist und sein Verhalten im Übrigen keinen Anlaß dazu gibt, ihn sogleich für nicht würdig zu befinden, das Leitungsamt einer Kapitalgesellschaft auszuüben. Eine Differenzierung bei der Dauer von Tätigkeitsverboten könnte schon im Gesetz vorgenommen werden. §§ 6 II 3 GmbHG und 76 III 3 AktG wären dann um Regelungen zu erweitern, die ausführen, welche Verstöße zu welcher Dauer eines Berufsverbotes führen. Zu denken ist dabei an eine abgestufte Differenzierung, die sich daran orientiert, wie weit sich der Täter durch sein Verhalten vom Normappell entfernt hat, also welcher Verschuldensgrad ihm vorzuwerfen ist. Auch §§ 283 ff. StGB differenzieren hier untereinander und auch innerhalb der einzelnen Tatbestände vorsätzliches und fahrlässiges Handeln bzw. vorsätzliches, leichtfertiges oder fahrlässiges Herbeiführen der besonderen Folge. Eine Differenzierung könnte folgendermaßen ausgestaltet werden:

Die maximale Dauer von fünf Jahren könnte für folgende Verstöße reserviert sein:

§ 283 a StGB (Besonders schwerer Fall des Bankrotts)
§ 283 d III StGB (Besonders schwerer Fall der Schuldnerbegünstigung)

Ein zwei- bis vierjähriges Berufsverbot könnte in folgenden Fällen gelten:
§ 283 I, II, IV Nr. 2, V Nr. 2 StGB (vorsätzlicher Bankrott, vorsätzliche und leichtfertige Herbeiführung der Überschuldung oder Zahlungsunfähigkeit)
§ 283 c StGB (Gläubigerbegünstigung)
§ 283 d StGB (Schuldnerbegünstigung)

Sechs Monate bis zwei Jahre könnte ein Berufsverbot schließlich bei folgenden Delikten dauern:
§ 283 IV Nr. 1, V Nr. 1 StGB (Bankrott bei fahrlässigem Nichterkennen der drohenden oder eingetretenen Zahlungsunfähigkeit)
§ 283 b II (vorsätzliche und fahrlässige Verletzung der Buchführungspflicht)

Zudem ist zu erwägen, ob nicht im Falle einer nur fahrlässigen Tatbegehung oder wenn ein erstmaliger, nur geringer Verstoß vorliegt, eine Abmahnung genügt und erst bei Wiederholung ein Tätigkeitsverbot augesprochen wird.

Diese Regelung gewährleistet bei Tätern der wirklich schwerwiegenden Delikte eine ebenso große Abschreckungswirkung wie bei einem pauschalen fünfjährigen Verbot: Die schwere Wirtschaftskriminalität bleibt mit einem fünfjährigen Berufsverbot sanktioniert und die – nach dieser Einteilung – etwas weniger schwer wiegenden Straftaten werden immerhin noch mit einem zwei- bis vierjährigen Berufsverbot geahndet. Unser nachlässiger Kaufmann aus dem obigen Beispiel hat sich nicht absichtlich gegen den Normappell gewandt mit dem Ziel, Dritte zu schädigen. Ihn daher mit dem schärfsten Mittel eines fünfjährigen Ausschlusses vom Geschäftsleiteramt fernhalten zu wollen, erweist sich als nicht unbedingt erforderlich. Er wird sich auch unter Androhung eines „nur" bis zu zwei Jahren dauernden Verbotes bemühen, seine Tätigkeit sorgfältig zu erledigen, denn die Abschreckungswirkung setzt bei ihm schon viel eher ein als bei dem schwerkriminellen Wirtschaftsstraftäter. Somit scheint eine Ausdifferenzierung tatsächlich ein milderes Mittel darzustellen als das pauschale fünfjährige Tätigkeitsverbot.

Kritik muß sich dieser Ansatz aber vor dem Hintergrund gefallen lassen, daß bei einer gesetzlichen Regelung Generalisierungen unvermeidbar sind[274]. Das führt dazu, daß die Wirksamkeit einer differenzierten Regelung gegenüber dem pauschalen fünfjährigen Ausschluß zurückbleibt, da Sachverhalte in ein falsches Raster geraten und deshalb im Einzelfall Schutzdefizite entstehen können[275]. Ein pauschales Tätigkeitsverbot erfaßt zwar gleichermaßen den mit Gewinnsucht handelnden Bankrotteur und den seine Bilanzen fahrlässig verspätet aufstellen-

274 Stein, AG 1987, 165 (173).
275 Stein, AG 1987, 165 (174).

den Geschäftsleiter, was eine gewisse Härte bei minder schweren Fällen zur Folge hat. Das Ziel, Wirtschaftskriminelle vom wirtschaftlichen Geschehen fernzuhalten, wird damit aber in jedem Fall erreicht. Bei einer Ausdifferenzierung nach der Art der Begehungsform des konkreten Delikts besteht dagegen immer noch die Gefahr, Grenzfälle nicht adäquat erfassen zu können und in Einzelfällen zu ungerechten Ergebnissen zu kommen, zumal die Bestimmung der Dauer des Verbots allein am Maßstab der Begehungsform den Sachverhalt nicht ausreichend beleuchtet. Während für die strafrechtliche Beurteilung das einzelne, dem Verfahren zugrundeliegende Geschehen Vorrang hat, sollten für die Festlegung des Ob und der Dauer eines Tätigkeitsverbotes neben dem Unrechtsgehalt der Tat im Verhältnis zu ihrem Schutzzweck und Art und Höhe der verwirkten Strafe auch die generelle Gefährlichkeit des Täters Kriterien darstellen. Die Beurteilung der Gefährlichkeit des Täters sollte dabei über das konkrete Geschehen hinausreichen und berücksichtigen, ob er schon einmal wegen ähnlicher Taten straffällig geworden ist, ob zu einem früheren Zeitpunkt bereits ein Berufsverbot ausgesprochen wurde und auch – entsprechend der Wertung, die in § 70 StGB vorzunehmen ist – ob die Wahrscheinlichkeit nahe liegt, daß er in naher Zukunft erneut auffällig werden wird[276]. Die angedachte Differenzierung der Dauer von Berufsverboten stellt daher in vielen Fällen ein zwar weniger schwerwiegendes, aber aufgrund der dargelegten Unzulänglichkeiten kein gleich effektives Mittel dar.

(4) Berufsverbote als Ermessensentscheidung

Ein Blick auf die Regelungen des StGB über Berufsverbote in §§ 70 ff. StGB könnte jedoch Lösungsmöglichkeiten bieten, wie die Eingriffsintensität der bestehenden Berufsverbotsregelungen in §§ 6 II 3 GmbHG und 76 III 3 AktG abgemildert werden kann. § 70 StGB sieht vor, daß Berufsverbote als Maßregel zur Sicherung und Besserung verhängt werden, wenn jemand wegen einer rechtswidrigen Tat verurteilt wurde, die er unter Mißbrauch seines Berufs oder Gewerbes oder unter grober Verletzung der mit ihnen verbundenen Pflichten begangen hat. Die Entscheidung, ob und für welchen Zeitraum ein Berufsverbot verhängt werden soll, liegt dabei im Ermessen des Gerichts. Es kann einen Zeitraum zwischen einem und fünf Jahren festlegen, das Berufsverbot darüber hinaus aber auch für immer anordnen, wenn die Höchstfrist von fünf Jahren nicht zur Abwehr der vom Täter drohenden Gefahr ausreicht, § 70 I 2 StGB. Im Gegenzug besteht die Möglichkeit, das Berufsverbot auszusetzen, wenn Grund zur Annahme besteht, daß

276 Stein, AG 1987, 165 (174); für § 70 StGB siehe die Ausführungen im nächsten Unterpunkt (4) und bereits unter B.I.2.a.

von dem Täter keine Gefahr mehr ausgeht, weitere erhebliche rechtswidrige Taten zu begehen, § 70 a I StGB.

In seine Ermessensentscheidung hat das Gericht eine Gesamtwürdigung einzubringen, die sich sowohl auf die spezifische Tat als auch auf den Täter bezieht[277]. Diese Würdigung muß zu einer Prognoseentscheidung führen, die feststellt, ob die Gefahr besteht, daß der Täter auch in Zukunft weitere erhebliche rechtswidrige Taten der bezeichneten Art bei der Berufsausübung begehen wird[278]. Die Begehung ähnlicher Taten zu einem früheren Zeitpunkt (pro Gefährlichkeit) beeinflusst die Prognoseentscheidung dabei ebenso wie die Tatsache, daß der Täter ein Ersttäter ist, er durch seine berufliche Tätigkeit nur seine Schuldenlast abtragen will oder er den Beruf aufgegeben hat und hinreichende Gewähr dafür bietet, ihn auch nicht erneut aufnehmen zu wollen (contra Gefährlichkeit)[279]. Das Gericht hat also bei seiner Entscheidung über die Verhängung eines Berufsverbotes eine umfassende Abwägung vorzunehmen, die dem in § 62 StGB für das Maßregelrecht explizit angeordneten Verhältnismäßigkeitsgrundsatz gerecht werden muß.

Eine derart ausdifferenzierte Lösung bietet sich auch für §§ 6 II 3 GmbHG und 76 III 3 AktG an. Insbesondere könnten mit einer Herabsetzung der jetzt geltenden pauschalen Fünfjahresfrist unbillige Härten vermieden werden und auch die Möglichkeit einer begründeten Aussetzung des Verbots würde die Eingriffsintensität eines Berufsverbots verringern[280]. Die genaue Einzelfallbeurteilung führt dazu, daß die Dauer des Verbots der Schwere der Tat und der Gefährlichkeit des Täters entspricht. Damit verliert es nicht an Effektivität, stellt aber als individuell angepaßte Sanktion für den Einzelnen einen möglichst geringen Eingriff in das Grundrecht der Berufsfreiheit dar.

§§ 6 II 3 GmbHG und 76 III 3 AktG stellen somit zwar ein geeignetes Mittel dar, um Wirtschaftskriminalität zu bekämpfen und Gläubigern vor ungeeigneten Geschäftsleitern zu schützen, ihre Erforderlichkeit zur Erreichung dieses Ziels muß aber verneint werden.

cc. Angemessenheit

Eine umfassende verfassungsrechtliche Untersuchung soll abschließend auch die Frage nach der Angemessenheit der Berufsverbotsregelungen beantworten. Die Berufsverbotsnormen müssen zu den mit ihnen verfolgten Zwecken in einem an-

---

277 Bockemühl in MK-StGB, § 70, Rn. 20.

278 Stree in Schönke/Schröder, § 70, Rn. 10–12; Bockemühl in MK-StGB, § 70, Rn. 13, 14.

279 Tröndle/Fischer, § 70, Rn. 9; Bockemühl in MK-StGB, § 70, Rn. 22.

280 Stein, AG 1987, 165 (174).

gemessen Verhältnis stehen, um verfassungsrechtlichen Vorgaben gerecht zu werden. Die geltende Regelung sieht sich hier jedoch Kritik ausgesetzt.

§§ 6 II 3 GmbHG und 76 III 3 AktG belegen alle Insolvenzstraftäter mit einem fünfjährigen Tätigkeitsverbot. Diese Rechtsfolge ist nur dann angemessen, wenn auch die geringste Verfehlung im Rahmen der Insolvenzstraftaten, die zu dem Amtsausschluß führt, zur Erreichung der Gemeinwohlzwecke ein fünfjähriges Verbot erfordert[281]. Daß der Gesetzgeber die Angemessenheit dieser Rechtsfolge für alle Täter von Insolvenzstraftaten annimmt, erklärt die Begründung der Sachverständigenkommission, die ihn überzeugt hat und nach der

> „diese Entscheidungen (...) so bedeutungsvoll (seien) und (...) die Persönlichkeit in solch eindeutiger Weise (charakterisierten), daß sie die Nichteignung zum gesetzlichen Vertreter einer Kapitalgesellschaft *für die Dauer von fünf Jahren stets zur Folge haben sollte.*“[282]

Hiernach zu urteilen enthalten die §§ 6 II 3 GmbHG und 76 III 3 AktG einen Mindestrahmen, der auszuschöpfen ist, um eine Gefahrenabwehr überhaupt darstellen zu können. Eine andere Überlegung wäre, daß der Fünfjahreszeitraum eine Obergrenze, zumindest aber einen mittleren Rahmen darstellt, mit dessen Hilfe die Gefahrenabwehr in jedem Fall realisiert werden kann[283]. Beide Überlegungsansätze führen jedoch zur Unverhältnismäßigkeit: Stellt das fünfjährige Berufsverbot tatsächlich nur einen Mindestrahmen dar, werden minder schwere Fälle zu hart bestraft, was zu einem besonders schweren Eingriff in die Berufsfreiheit führt. Sollen die fünf Jahre dagegen eine Obergrenze sein, kann in schwerwiegenden Fällen nur eine unzureichende Gefahrenabwehr realisiert werden, wodurch das Ziel der effektiven Gefahrenabwehr verfehlt wird.

Zwar wollte der Gesetzgeber durch die getroffene Regelung klarstellen, daß selbst dem Täter eines minder schweren Insolvenzdeliktes die Eignung für das Amt eines gesetzlichen Vertreters einer Kapitalgesellschaft fehlt. Aus dieser Feststellung darf aber zunächst nur die Entscheidung folgen, daß generell ein Tätigkeitsverbot zu verhängen ist. Im Anschluß daran aber wäre eine Abstufung erforderlich, die sich am unterschiedlichen Gefährdungspotential der Täter orientiert. Insoweit sollte eine Parallele zu § 70 StGB gezogen werden. Der Richter erkennt auf die Notwendigkeit eines Berufsverbots, wenn die Voraussetzungen des § 70 StGB erfüllt sind, bei der Festlegung der Dauer hat er aber den Verhältnismäßigkeitsgrundsatz in § 62 StGB zu beachten. Für seine Entscheidung hat er

---

281 Stein, AG 1987, 165 (175).

282 Tagungsberichte der Sachverständigenkommission zur Bekämpfung der Wirtschaftskriminalität, Bd. III, 1973, S. 28.

283 Stein, AG 1987, 165 (175).

sodann die Umstände der konkreten Tat, eine Zukunftsprognose und die vergangenen Fehltritte des Täters zu berücksichtigen. Eine nach diesen oder vergleichbaren Kriterien erfolgende Differenzierung in §§ 6 II 3 GmbHG, 76 III 3 AktG würde zu einer ausgewogenen Regelung führen, die zugleich eine Gefahrenabwehr ermöglicht und die Schwere des Eingriffs für den Einzelnen in einem erträglichen Rahmen hält. Die pauschalierende Wertung dagegen, alle Insolvenzstraftäter seien gleichermaßen ungeeignet, führt zu unangemessenen Eingriffen in die Berufsfreiheit und verletzt damit den Verhältnismäßigkeitsgrundsatz.

Besonders deutlich wird die Unangemessenheit der einheitlichen Fünf-Jahres-Sperre, wählt man das Beispiel einer kleinen Kapitalgesellschaft wie eine Ein-Mann-GmbH. Man stelle sich vor, der alleinige Gesellschafter-Geschäftsführer hat aus Versehen Fehler in seiner Buchführung gemacht. Wird er gemäß § 283 b StGB verurteilt, folgt für ihn automatisch das Verbot aus § 6 II 3 GmbHG. Ihn trifft dies besonders hart, da er regelmäßig nicht kurzfristig einen Ersatz für sich beschaffen kann. Das Unternehmen läuft daher Gefahr, nicht fortgeführt zu werden. Es droht Insolvenz und Arbeitsplätze stehen auf dem Spiel. Ein nur relativ unmaßgeblicher Verstoß gegen die Rechtsordnung führt damit zu einer Existenzgefährdung, die nicht nur den Verurteilten bedroht, sondern auch unschuldige Opfer wie Arbeitnehmer nach sich zieht. Aus diesem Grund sieht das englische Recht die Möglichkeit vor, eine Disqualifizierungsanordnung auszusetzen, wenn der betroffene Direktor berechtigte Interessen geltend machen kann, vgl. s. 17 CDDA. Zu diesen Interessen gehört der Fall des disqualifizierten Alleinunternehmers, der sein Unternehmen nicht aufrecht erhalten kann, wenn er nicht selbst in der Geschäftsleitung tätig bleibt[284].

c. Zusammenfassung

Die §§ 6 II 3 GmbHG, 76 III 3 AktG können in ihrer jetzigen Ausformung den Eingriff in das Grundrecht der Berufsfreiheit daher nicht rechtfertigen, da sie kein erforderliches, jedenfalls aber kein angemessenes Mittel hierfür darstellen[285]. Eine Novellierung muß dieses Defizit beseitigen.

284 Re Majestic Recording Studios Ltd [1989] 4 BCC 519.

285 I.E. ebenso Voerste, AG 1987, 376 mit einem verdeutlichenden Beispiel dafür, wie weitreichend die Folgen eines Berufsverbots für einen Geschäftsführer sein können.

2. *§§ 6 II 3 GmbHG, 76 III 3 AktG und der Gleichheitsgrundsatz*

In §§ 6 II 3 GmbHG, 76 III 3 AktG führen sämtliche verbotsauslösenden Tatbestände (§§ 283 –283 d StGB) jeweils zu einem fünfjährigen Berufsverbot, obwohl schon beim ersten Lesen der angesprochenen Normen ihre unterschiedliche Ausgestaltung hinsichtlich Begehungsform und Strafrahmen augenfällig ist. Daher muß sich der Gesetzgeber die Frage gefallen lassen, ob hier nicht eine Ungleichbehandlung in der Form stattfindet, daß wesentlich Ungleiches gleich behandelt wird. Zugleich erstaunt die Entscheidung, nur die Bankrottdelikte als berufsverbotsauslösende Tatbestände zu qualifizieren. Hintergrund der Einführung dieser Regelung war die Absicht zu verhindern, daß eine für die Geschäftsführung ungeeignete Person „alsbald ihre Geschäfte unter dem Deckmantel einer anonymen Kapitalgesellschaft wieder aufnehmen und hierdurch Dritte gefährden“[286] kann. Als ausreichend drittgefährdend hat der Gesetzgeber dabei wohl nur einen Verstoß gegen §§ 283 ff StGB angesehen. Andere gläubigerschützende Normen wie insbesondere §§ 64 iVm 82, 84 GmbHG bzw. §§ 92 II, 401 I Nr. 2 AktG oder auch allgemeine Vermögensdelikte wurden dagegen nicht berücksichtigt, obwohl auch sie angetreten sind, um derartige Gefahren zu verhindern. Daher stellt sich auch vor diesem Hintergrund die Frage nach einer Verletzung des allgemeinen Gleichheitsgrundsatzes, und zwar in Form der ungleichen Behandlung von wesentlich Gleichem.

a. Die Gleichbehandlung von wesentlich Ungleichem

Gemäß §§ 6 II 3 GmbHG, 76 III 3 AktG löst ein Verstoß gegen alle Arten von Insolvenzdelikten nach §§ 283 –283 d StGB ein fünfjähriges Berufsverbot aus. Diese Regelung verstößt gegen den Gleichbehandlungsgrundsatz, wenn sie wesentlich Ungleiches gleich behandelt. Dabei muß die Verschiedenheit der gleich geregelten Sachverhalte so bedeutsam sein, daß ihre Gleichbehandlung mit einer am Gerechtigkeitsgedanken orientierten Betrachtungsweise unerträglich erscheint[287]. Mißt der Gesetzgeber den Tätern der §§ 283 –283 d StGB eine unterschiedliche Strafwürdigkeit zu, wäre dies ein Beleg für die Verschiedenheit der Tatbestände, die nicht zur immer gleichen Folge eines fünfjährigen Tätigkeitsverbots führen darf. Ob die Strafwürdigkeit der Insolvenzstraftäter tatsächlich divergiert, soll eine Untersuchung anhand der Vergleichskriterien Schutzrichtung, Täterkreis und Strafrahmen zeigen.

---

286 Bundestagsdrucksache 8/1347, S. 31.

287 BVerfGE 1, 14 (52), (seitdem ständige Rspr.)

aa. Gleichbehandlung

Sämtliche der in §§ 283–283 d StGB unter Strafe gestellten Verhaltensweisen widersprechen dem Verhalten, das von einem ordentlichen und redlichen Kaufmann in einer prekären finanziellen Lage erwartet wird. Das Beiseiteschaffen von Vermögen, das Verschleiern der wahren Vermögenslage und die falsche oder unübersichtliche Darstellung der Unternehmenszahlen (§§ 283–283 b StGB) gefährden Gläubigerinteressen; in §§ 283 c und 283 d StGB kommt dies schon in der amtlichen Überschrift zum Ausdruck. Das Ziel muß also sein, eine Gefahrenlage für Gläubiger zu vermeiden. Daher ist als Schutzgut der Insolvenzstraftaten der individuelle Vermögensschutz von Gläubigern, die ihrem insolvenzrechtlichen Rang entsprechend größtmögliche Befriedigung aus dem Schuldnervermögen erhalten sollen, auszumachen[288], daneben aber auch die überindividuellen Rechtsgüter der Funktionsfähigkeit der Volkswirtschaft und der Kreditwirtschaft[289]. Die §§ 283–283 d StGB sind somit auf das gleiche Schutzziel ausgerichtet, so daß aus diesem Blickwinkel alle Insolvenzstraftäter gleich strafwürdig sind.

Die §§ 283, 283 a und 283 c StGB können nur von einer Person begangen werden, die bereits überschuldet ist bzw. sich in einem Insolvenzverfahren befindet oder bei der zumindest die Zahlungsunfähigkeit droht. § 283 b StGB dagegen setzt weder die Insolvenz des Täters noch eine Krise des Unternehmens voraus. Allerdings kann die Buchführungspflicht nur von einem Kaufmann verletzt werden, da nur ihn die entsprechenden handels- oder steuerrechtlichen Pflichten treffen. Dieselbe Einschränkung an den tauglichen Täter macht auch § 283 I Nr. 5, 7 StGB. Damit sind §§ 283–283 c StGB sämtlich Sonderdelikte, da der Täter besondere persönliche Merkmale iSv § 28 I StGB aufweisen muß. Eine Ausnahme hiervon macht § 283 d StGB, bei dem Täter nicht der Schuldner, sondern jeder beliebige Dritte sein kann.

Der vorsätzliche Bankrott wird mit Freiheitsstrafe bis zu fünf Jahren bestraft, § 283 I StGB, im besonders schweren Fall mit sechs Monaten bis zu zehn Jahren, § 283 a StGB. Die vorsätzliche Verletzung der Buchführungspflicht, § 283 b I StGB, hat eine Freiheitsstrafe von bis zu zwei Jahren oder eine Geldstrafe zur Folge, dasselbe gilt für den Fall einer Gläubigerbegünstigung, § 283 c StGB. Mit Freiheitsstrafe bis zu fünf Jahren oder mit Geldstrafe muß der Täter einer Schuldnerbegünstigung rechnen, im besonders schweren Fall mit einer Freiheits-

288 BGHSt 28, 371 (373); Bieneck in Müller-Gugenberger/Bieneck, S. 2251.

289 Wegner in Wabnitz/Janovsky, S. 492; Tiedemann in LK, vor § 283, Rn. 55; Sorgenfrei in Park, Kapitalmarktstrafrecht, S. 324; Tröndle/Fischer, vor § 283, Rn. 3; Stree/Heine in Schönke/Schröder, § 283, Rn. 2; Bottke, wistra 1991, 1 (8); ablehnend dagegen Penzlin, S. 29 f. m.w.N.

strafe von sechs Monaten bis zu zehn Jahren. Fahrlässiges Handeln, teilweise in Verbindung mit der leichtfertigen Verursachung der Überschuldung oder Zahlungsunfähigkeit hat im Fall des Bankrotts eine bis zu zwei Jahren dauernde Freiheitsstrafe oder eine Geldstrafe zur Folge, § 283 IV, V StGB. Auf die fahrlässige Verletzung der Buchführungspflicht folgt eine maximal einjährige Freiheitsstrafe oder eine Geldstrafe. Die übrigen Insolvenzdelikte sind nicht als Fahrlässigkeitsdelikte ausgestaltet.

Die unterschiedlichen Strafrahmen sprechen dafür, den Insolvenzstraftätern eine unterschiedliche Strafwürdigkeit zuzumessen wird. Es ist verständlich, daß der im übrigen ordentliche und rechtmäßig handelnde Kaufmann, dem einmalig ein Fehler bei der Aufstellung seiner Handelsbücher unterläuft, mit einer wesentlich geringeren Strafe belegt wird als der gewinnsüchtige Bankrotteur, der bewußt seine Bücher fälscht. Zwar berühren beide Verhaltensweisen Gläubigerinteressen – denn auch die nur fahrlässige Verletzung der Buchführungspflicht kann dazu führen, daß der Kaufmann die tatsächliche Vermögenslage seines Unternehmens nicht mehr erkennt, so eine Krise herbeiführt und damit Gläubigerforderungen unsicher werden – doch muß diesem Kaufmann jegliche kriminelle Gesinnung abgesprochen werden, wogegen der gewinnsüchtige Bankrotteur zum Zwecke der Gläubigerbenachteiligung und eigenen Begünstigung planvoll kriminell handelt. Ganz ähnliche Unterschiede bestehen zwischen dem Bankrotteur, der z.B. aufgrund mangelnder kaufmännischer Fähigkeiten seine drohende Zahlungsunfähigkeit nicht erkennt, § 283 IV Nr. 1 StGB, und dem Insolvenzschuldner, der in Kenntnis seiner Lage einzelnen Gläubigern unberechtigte Vorteile gewährt, § 283 c I StGB.

Die teilweise erheblich divergierenden Strafrahmen lassen deutlich die Unterschiede in der Strafwürdigkeit von Insolvenzstraftätern zu Tage treten. Zurückkommend auf die Ausgangsüberlegung ist somit der Beleg für die Unterschiedlichkeit der Tatbestände erbracht. Dennoch ebnet der Gesetzgeber im Rahmen der §§ 6 II 3 GmbHG, 76 III 3 AktG diese Unterschiede ein, indem er allen Insolvenzstraftaten ein fünfjähriges Berufsverbot folgen läßt und behandelt somit ungleiche Sachverhalte gleich.

bb. Verletzung des Gleichheitsgebotes

Der Gesetzgeber hat bei Einführung der §§ 6 II 3 GmbHG, 76 III 3 AktG alle Insolvenzstraftaten der §§ 283 –283 d StGB als verbotsauslösende Tatbestände aufgenommen, ohne darzulegen, warum er eine weitergehende Differenzierung unterläßt. Zumindest in der unterschiedlichen Schwere der Taten hätte ein sachlicher Grund für eine Differenzierung gelegen, so daß in der bestehenden Gesetzesfassung eine willkürliche Gleichbehandlung von Ungleichem liegt. Insoweit verstossen §§ 6 II 3 GmbHG, 76 III 3 AktG gegen das Gleichheitsgebot.

b. Die Ungleichbehandlung von wesentlich Gleichem

Nur die Verletzung einer Insolvenzstraftat nach §§ 283–283 d StGB löst ein Berufsverbot für den Geschäftsleiter einer Kapitalgesellschaft aus. Damit wurde jedoch nur ein Teil der Normen als verbotsauslösend berücksichtigt, die dem Schutzzweck von Tätigkeitsverboten entsprechen. Gläubiger- und drittschützende Wirkung haben nicht nur die Insolvenzstraftaten in §§ 283 ff StGB, sondern u.a. auch die zum weiteren Kreis der Insolvenzstraftaten zählende Insolvenzverschleppung gemäß § 64 I GmbHG bzw. § 92 II AktG, die durch § 84 I Nr. 2 GmbHG bzw. § 401 I Nr. 2 AktG strafrechtlich geahndet wird und die drittschützende Wirkung iSv § 823 II BGB hat, sowie die Vermögensdelikte der §§ 263 ff StGB. Daß von einer Einbeziehung der Vermögensdelikte, insbesondere des Betruges und der Untreue, abgesehen wurde, erklärt die Begründung des Rechtsausschusses noch damit, daß „die Sachverhaltsgestaltungen, die einer Verurteilung nach diesen Vorschriften zugrunde liegen können, zu vielgestaltig sind und sowohl vom geschützten Rechtsgut wie auch vom Unrechtsgehalt der Tat her eine solche Rechtsfolge nicht in jedem Fall angemessen erscheinen lassen“[290]. Warum allerdings die Insolvenzverschleppung als einer der häufigsten Fälle der Insolvenzdelinquenz außen vor gelassen wurde, bleibt unklar. Daher drängt sich die Frage auf, ob die Nichteinbeziehung der Insolvenzverschleppung in die tätigkeitsverbotsauslösenden Tatbestände eine Ungleichbehandlung darstellt, die dem Gleichheitsgebot des Art. 3 I GG zuwiderläuft. Aussagekräftige Vergleichskriterien sind die mit dem Delikt erfasste Tatsituation, das geschützte Rechtsgut, der Täterkreis sowie der Strafrahmen.

aa. Ungleichbehandlung

Die Verurteilung gemäß §§ 283–283 d StGB setzt mit Ausnahme von § 283 b StGB die Überschuldung, drohende oder eingetretene Zahlungsunfähigkeit voraus. Bei § 64 GmbHG, § 92 AktG muß die Zahlungsunfähigkeit oder die Überschuldung schon vorliegen. Beide Deliktstypen werden somit relevant in einer kritischen finanziellen Lage der Gesellschaft, wobei für §§ 283 ff StGB schon das Vorfeld der eigentlichen Krise genügt, während sie für die Insolvenzverschleppung bereits eingetreten sein muß. Damit sind aber sowohl die §§ 283–283

290 BT-Drucksache 8/3908. S. 70; www.bundestag.de

d StGB als auch § 64 GmbHG, § 92 AktG der typischen Insolvenzdelinquenz zuzuordnen[291].

Schutzgüter der §§ 283 bis 283 d StGB sind die Vermögensinteressen aktueller und zukünftiger Gläubiger sowie die überindividuellen Rechtsgüter der Funktionsfähigkeit der Volkswirtschaft und der Kreditwirtschaft[292]. §§ 64 GmbHG, 92 AktG vertreten die Interessen von Alt- und Neugläubigern an einer ordnungsgemäßen insolvenzrechtlichen Abwicklung und dem größtmöglichen Zugriff auf Vermögenswerte; §§ 84 I Nr. 2 GmbHG und 401 I Nr. 2 AktG stellen die Einhaltung der durch §§ 62 GmbHG und 92 AktG auferlegten Pflichten sicher. Als gläubiger- und drittschützende Normen haben die verglichenen Deliktstypen damit auch die gleiche Schutzrichtung.

Der Täter von §§ 283–283 c StGB muß in einigen Fällen Kaufmann, immer jedoch Schuldner des Insolvenzverfahrens sein[293]. Diese Täterkreisbegrenzung ergibt sich aus der objektiven Strafbarkeitsbedingung des § 283 VI StGB, die auch für die übrigen Insolvenzstraftatbestände gilt, § 283 b III, § 283 c III StGB. Im Einzelunternehmen ist Schuldner der Einzelunternehmer bzw. der eingetragene Kaufmann, in der Personengesellschaft sind es die vertretungsberechtigten Gesellschafter gemäß § 14 I Nr. 2 StGB, bei der juristischen Person die gesetzlichen Vertreter gemäß § 14 I Nr. 1 StGB[294]. Auch faktische Geschäftsführer sowie grundsätzlich Strohmänner gehören zum tauglichen Täterkreis der Insolvenzstraftaten der §§ 283–283 c StGB[295]. Der Täterkreis definiert sich somit über die Verwirklichung besonderer persönlicher Merkmale iSv § 28 I StGB, so daß sich die §§ 283 –283 c StGB als Sonderdelikte darstellen. Eine Ausnahme hiervon macht das Jedermannsdelikt des § 283 d StGB.

Taugliche Täter der Insolvenzverschleppung können die gesetzlichen Vertreter der GmbH bzw. der AG, also Geschäftsführer, § 35 GmbHG und Vorstand, § 76 AktG, sein. Faktische Geschäftsleiter sind aber auch erfaßt[296]. Wie schon beim Vergleich der Tatsituationen zeigt sich die Insolvenzverschleppung auch hier als spezielle Form der Insolvenzdelinquenz, so daß eine Vergleichbarkeit mit den §§ 283 ff. StGB gegeben ist.

Die Verletzung der Insolvenzantragspflicht zieht gemäß § 84 I Nr. 2 GmbHG, § 401 I Nr. 2 AktG eine bis zu drei Jahren dauernde Freiheitsstrafe oder eine Geldstrafe nach sich. Im Vergleich zu den Insolvenzdelikten der §§ 283 ff StGB liegt diese Strafandrohung im Mittelfeld – §§ 283 ff StGB lassen mit Ausnahme

---

291 Stein, AG 1987, 165 (168).
292 Fn. 289, 290.
293 Pelz, S. 55.
294 Pelz, S. 57, 58; Richter, GmbHR 1984, 137 (142).
295 KG wistra 2002, 313 (314);Pelz, S. 62; Richter, GmbHR 1984, 137 (142).
296 BGHSt 31, 118 (122); LG Potsdam, NZG 2001, 807

von § 283 a StGB (bis zu zehn Jahren) Freiheitsstrafen zwischen zwei und fünf Jahren zu. Ausgehend vom Strafrahmen mißt der Gesetzgeber der Insolvenzverschleppung daher eine den Insolvenzstraftaten der §§ 283 ff StGB vergleichbare Strafwürdigkeit zu.

Der Vergleich der Deliktstypen ergibt somit, daß die Insolvenzverschleppung den §§ 283 ff StGB entsprechen und insbesondere die Verfolgung der gleichen Schutzzwecke die Normen auf eine Stufe stellt. Indem er nur die §§ 283 ff StGB als tätigkeitsverbotsauslösende Tatbestände qualifiziert hat, behandelt der Gesetzgeber damit zwei gleichartige Sachverhalte ungleich.

bb. Verletzung des Gleichheitsgebotes

Es könnten jedoch Gründe bestehen, welche die Ungleichbehandlung der unterschiedlichen Formen von Insolvenzdelinquenz verfassungsrechtlich rechtfertigen. In diesem Zusammenhang ist zunächst die grundsätzliche Gestaltungsfreiheit des Gesetzgebers, nur bestimmte Sachverhalte gesetzlich zu regeln, zu berücksichtigen[297]. Diese Gestaltungsfreiheit reicht jedoch nur soweit, wie ein sachlicher Grund für eine unterschiedliche Behandlung besteht. Zumindest aber hat der Gesetzgeber die Grenzen der Willkür zu beachten, die dann verletzt sind, wenn Gleichheiten nicht berücksichtigt wurden, die von solchem Gewicht sind, daß sie bei einer am Gerechtigkeitsgedanken orientierten Betrachtung zu beachten gewesen wären[298].

Den Vorgängen während des Gesetzgebungsverfahrens zu §§ 6 II GmbHG, 76 III AktG nach zu urteilen, hat der Gesetzgeber seinen Gestaltungsspielraum überhaupt nicht genutzt, da die Insolvenzverschleppung nie Gegenstand der Diskussion war. Die Unvollkommenheit der Gesetzgebung stellt jedoch keine Grundlage für die Rechtfertigung einer verfassungsrechtlichen Ungleichbehandlung dar[299].

Möglicherweise bestehen aber Gründe, die die Entscheidung des Gesetzgebers getragen hätten. So könnte die Insolvenzverschleppung im Rahmen der §§ 6 II GmbHG, 76 III AktG unberücksichtigt bleiben, wenn bei einer strafrechtlichen Verurteilung wegen Insolvenzverschleppung regelmäßig ein Berufsverbot gemäß § 70 StGB als Nebenstrafe verhängt würde[300]. Statistiken zeigen jedoch, daß von der Möglichkeit, ein Berufsverbot als Maßregel der Sicherung und Besserung auszusprechen, generell nur sehr selten Gebrauch gemacht wird und sie daher

---

297 BVerfGE 3, 58 (135); 3, 162 (182).
298 BVerfGE 1, 14 (52) (seitdem ständige Rspr.); 18, 121 (124); 21, 12 (326); 26, 302 (310).
299 Stein, AG 1987, 165 (169).
300 Stein, AG 1987, 165 (169).

keinesfalls typische Nebenfolge einer Insolvenzverschleppung sind[301]. Darüber hinaus endet ein Verfahren wegen Insolvenzverschleppung in vielen Fällen mit einem Strafbefehl; in diesem Verfahrensgang kann § 70 StGB aber schon gar nicht angewandt werden[302]. Der Gesetzgeber hätte auch überlegen können, ob ein auf §§ 64, 84 I Nr. 2 GmbHG, 92, 401 I Nr. 2 AktG gestütztes Tätigkeitsverbot einen schwereren Eingriff in die Berufsfreiheit bedeutet hätte als ein Tätigkeitsverbot, das auf einer Verletzung der §§ 283 ff StGB fußt. Dies wäre dann der Fall, wenn der Täter zur Aufgabe eines bereits ausgeübten Berufs gezwungen und nicht „nur" an der Aufnahme einer Tätigkeit als Geschäftsleiter gehindert würde[303]. § 6 II 3 GmbHG und § 76 III 3 AktG erfassen jedoch sowohl bereits als Geschäftsleiter tätige Personen als auch solche, die es werden wollen, so daß dieser Ansatz nicht weiterführt[304].

Sachliche Gründe für eine Differenzierung zwischen den Insolvenzstraftaten der §§ 283 ff StGB und der Insolvenzverschleppung sind mithin nicht auszumachen, so daß die Nichtberücksichtigung der §§ 64, 84 I Nr. 2 GmbHG, 92, 401 I Nr. 2 AktG im Katalog der tätigkeitsverbotsauslösenden Tatbestände eine Verletzung des Gleichheitsgebotes aus Art. 3 I GG darstellt.

c. Zusammenfassung

Die Berufsverbotsregelungen der §§ 6 II 3 GmbHG, 76 III 3 AktG entsprechen folglich auch nicht den verfassungsrechtlichen Vorgaben des Gleichheitsgrundsatzes aus Art. 3 I GG. Dieses Defizit hindert sie an der effektiven Durchsetzung ihrer Ziele.

Eine Neugestaltung muß daher aus Sicht des Verfassungsrechts insbesondere den Anforderungen der Berufsfreiheit in Art. 12 GG und des Gleichbehandlungsgrundsatzes in Art. 3 GG entsprechen.

---

301 Im Jahr 2005 wurden insgesamt nur 196 Berufsverbote auf der Grundlage von § 70 StGB ausgesprochen. Verurteilungen wegen Insolvenzverschleppung erfolgten dagegen in 8.425 Fällen. Zum Vergleich: Die Entziehung der Fahrerlaubnis, die ebenso wie ein Berufsverbot eine Maßregel der Besserung und Sicherung darstellt, erfolgte in 125.998 Fällen, Fahrverbote wurden in immerhin 32.737 Fällen ausgesprochen; Quelle: Polizeiliche Kriminalstatistik 2005, www.bka.de/pks und Jehle, Strafrechtspflege in Deutschland; abrufbar unter: www. bmj.de/media/archive/945.pdf.

302 Vgl. die Aufzählung der möglichen Rechtsfolgen in § 407 II StPO; diese ist auch abschließend: Meyer-Goßner, § 407, Rn. 10

303 Stein, AG 1987, 165 (170).

304 Stein, AG 1987, 165 (170).

IX. Sonderproblem: Die gewerbsmäßige Unternehmensbestattung[305]

Einen verstärkten Gläubigerschutz könnte die Erweiterung der Bestellungshindernisse in §§ 6 II 3 GmbHG, 76 III 3 AktG um das Kriterium der Vermögenslosigkeit darstellen. Diese Überlegungen werden vorrangig vor dem Hintergrund einer nicht neuen, aber in den letzten Jahren vermehrt auftretenden Form besonders sozialschädlicher Wirtschaftskriminalität angestellt[306]. Es handelt sich dabei um das Phänomen der gewerbsmäßigen Unternehmensbestattung, das nicht so sehr die AG betrifft, sondern vielmehr einen Mißbrauch der Rechtsform der GmbH darstellt. In England wird das Problem der gewerbsmäßigen Unternehmensbestattung unter dem Stichwort „phoenix companies" diskutiert[307]. Die Verursacher sehen sich dort sowohl haftungsrechtlichen Folgen als auch persönlichen Sanktionen, nicht zuletzt durch den CDDA, gegenüber.

1. Formen der Unternehmensbestattung[308]

Bei der „klassischen Unternehmensbestattung" veräußern die Gesellschafter einer insolventen oder zumindest unmittelbar von der Insolvenz bedrohten GmbH diese an einen Aufkäufer. Die Aufkäufer sind Privatpersonen oder auch Gesellschaften, die den Unternehmenskauf in vielen Fällen in geradezu gewerblichem Umfang betreiben, teilweise übernehmen sie bis zu 20 Unternehmen pro Woche oder mehr als Gesellschafter/Geschäftsführer. Aufmerksam werden die Verkaufswilligen durch Inserate in Tageszeitungen oder Anzeigen im Internet wie „Insolvenz-Vermeidung durch Firmenübernahme"[309] oder „So sanieren sie clever ihre insolvenzbedrohte GmbH und ziehen sich clever als GF zurück!"[310].

Die Veräußerung der insolventen Gesellschaft erfolgt durch die Übernahme der Gesellschaftsanteile gegen Zahlung einer Übernahme- oder „Bestattungs"gebühr, die in einer Größenordnung von mehreren tausend Euro anzusiedeln ist. Dafür versprechen die Aufkäufer den Altgesellschaftern und Altgeschäftsführern die Freistellung von jeglichen Verbindlichkeiten. Im Zuge der Veräußerung wird

---

305 zum Begriff siehe sogleich unter 1.
306 Drygala, ZIP 2005, 423 (427).
307 Hicks, J.B.L. 1988, 27 (34).
308 Eine ausführliche Darstellung bieten Hey/Regel in GmbHR 2000, 115 ff.; Hirte, ZinsO 2003, 833; Pape, ZIP 2006, 877 und Godek, Markt und Mittelstand, 80 ff.
309 Siehe unter www.ultima-firmenkauf.de/?gclid=ckaw9qq0ycCFS9SEQod2nOoFg.
310 So eine Zeitungsanzeige, abrufbar auf der Homepage des ZDF: www.zdf.de/ZDFde/inhalt/1/0,1872,2053697,00.html aus einem Bericht über die „Marbella-Connection".

der alte Geschäftsführer der insolventen GmbH abberufen. Er entlastet sich von allen Verpflichtungen dadurch, daß der neu bestellte Geschäftsführer ihm den Empfang und die ordnungsgemäße Übernahme aller Geschäftsunterlagen und Papiere bestätigt. Tatsächlich stellen die Alt-Geschäftsführer auf Bitten der Aufkäufer Bilanzen, Angaben über das Anlagevermögen und andere Geschäftsunterlagen zusammen und übergeben diese an den Aufkäufer. Dieser sichtet und ordnet die Unterlagen jedoch nicht, sondern lagert sie lediglich ein und vernichtet sie in regelmäßigen Abständen, so daß ein Zugriff unmöglich wird. Gläubiger und andere Geschäftspartner der Gesellschaft werden oftmals nicht über die Unternehmensveräußerung unterrichtet, so daß sie kaum eine Möglichkeit haben, ihre Verluste zu verhindern oder zumindest zu minimieren: Das Betriebsvermögen ist über Nacht verschwunden, der neue Geschäftsführer hat Insolvenz angemeldet. In vielen Fällen werden darüber hinaus bei den Registereinträgen Namen und Adressen falsch oder unvollständig angegeben. Mit dieser Vorgehensweise erreichen die Beteiligten, daß Geschäftspost nicht mehr zugestellt werden kann und die Gesellschaft bzw. ihre Vertreter unerreichbar werden. Kann aufgrund falscher Angaben dann auch nicht einmal der neue Gesellschaftssitz ermittelt werden, wissen die Gläubiger nicht, wohin und an wen sie sich noch wenden können[311]. Die Sitzverlegung der Gesellschaft bewirkt, daß etwaige von Gläubigern gestellte Gesamtvollstreckungsanträge vom Gericht wegen Nichtzuständigkeit kostenpflichtig abgewiesen werden[312]. Darüber hinaus konnten die Beteiligten lange einen gerichtlichen Zuständigkeitsstreit ausnutzen, der zwischen dem bisher zuständigen Amtsgericht und dem aufgrund der Sitzverlegung neu zuständigen Amtsgericht entbrannt war. Das erste verneinte eine Zuständigkeit aufgrund der Sitzverlegung in den anderen Gerichtsbezirk, das zweite sah sich nicht für zuständig an, da die Gesellschaft in seinem Bezirk nie ihre Geschäfte aufgenommen hat[313].

---

311 Besonders aufwendig wird der Ermittlungsaufwand, wird der Sitz der Gesellschaft ins Ausland verlegt.

312 Zu dem Zuständigkeitsstreit der Gerichte siehe nur OLG Celle, ZIP 2004, 1022; dazu EWiR 2005, 225 (Breitling); BayObLG ZInsO 2003, 902; BayObLG BB 2003, 2370; OLG Schleswig, DB 2004, 753; OLG Stuttgart, GmbHR 2004, 503; OLG Karlsruhe, ZInsO 2004, 511; OLG Karlsruhe, ZIP 2005, 1475.

313 Der BGH hat in einem Beschluß vom 13. Dezember 2005 diesen Zuständigkeitsstreit allerdings nunmehr unter Hinweis darauf entschieden, daß auch nach seiner Auffassung Firmenbestattungen zu unterbinden sind: Das Gericht am ursprünglichen Sitz des Schuldners ist verpflichtet, die Zuständigkeitsfrage umfassend aufzuklären und darf keine Verweisung vornehmen, ohne abschließend festgestellt zu haben, daß keine Anzeichen für eine rechtsmißbräuchliche Zuständigkeitserschleichung bestehen.

Oft verzichtet der neue Geschäftsführer sogar darauf, einen Insolvenzantrag zu stellen, da aufgrund der falschen Adress- und Sitzangaben schon die Zustellung der verfahrenseinleitenden Schriftstücke erschwert oder unmöglich ist und er aufgrund dessen keine Verfolgung befürchten muß. Stellt er einen Eigen-Insolvenzantrag gemäß § 13 I 2, 2. Alt. InsO, reicht er regelmäßig nur unvollständige Unterlagen ein – u.a. mit der Begründung, über die Verhältnisse der Gesellschaft deshalb keine umfassenden Auskünfte geben zu können, weil die entsprechenden Unterlagen fehlen, ihm insbesondere auch von seinem Vorgänger keine Unterlagen überlassen worden seien – und kommt auch im übrigen seinen Mitwirkungspflichten als Geschäftsführer in diesem Stadium des Insolvenzverfahrens nicht nach[314]. Ziel dieser Hinhaltetaktik ist es, die wahren Vermögensverhältnisse der Gesellschaft zu verschleiern und eine Abweisung des Insolvenzantrags mangels Masse zu erreichen[315]. Da dem Insolvenzgericht die entsprechenden Unterlagen fehlen, ist ihm die Feststellung der Eröffnungsvoraussetzungen für das Insolvenzverfahren nicht möglich, so daß – „wunschgemäß" – der Eigeninsolvenzantrag abgewiesen wird.

Bei einer Variante der Unternehmensbestattung bezahlt der Käufer keine Rechnungen, veräußert aber das restliche Betriebsvermögen. Teile des Erlöses fließen an den alten Eigentümer zurück, dem neuen gelingt es oftmals noch, sich Kredite oder Warenlieferungen zu erschleichen, bevor auch er verschwindet[316].

Eine dritte Form der Unternehmensbestattung zeichnet sich dadurch aus, daß das Betriebsvermögen veräußert und das Unternehmen ins Ausland verlegt wird.

---

314 Die Insolvenzantragspflichten werden jedem Geschäftsführer neu eingeräumt. Daher wird mit dem Ziel, diese Fristen künstlich in die Länge zu ziehen, oftmals ein neuer oder zusätzlicher Geschäftsführer bestellt, der dann wiederum drei Wochen Zeit hat, den Insolvenzantrag zu stellen.

315 Eine mögliche Absicht hinter dieser Hinhaltetaktik zeigt sich u.a. in einem Fall, den das AmtsG Memmingen zu entscheiden hatte: Die Gesellschafter einer insolventen Gesellschaft hatten ihre Geschäftsanteile an einen Aufkäufer als alleinigen Neugesellschafter veräußert, der sich zum Geschäftsführer bzw.Liquidator bestellte. Er stellte sodann einen Eigeninsolvenzantrag für die aufgekaufte Gesellschaft, kam seinen Mitwirkungspflichten hierbei aber nur unzureichend nach. Die Altgesellschafter hatten in der Zwischenzeit durch den Erwerb einer Vorratsgesellschaft eine Nachfolgegesellschaft gegründet und wollten diese in den bisherigen Betriebsräumen mit Hilfe ihrer früheren Arbeitnehmer und unter Nutzung des Anlagevermögens der Altgesellschaft zusammen mit dem neuen Geschäftsführer (zugleich Aufkäufer) betreiben. Dabei kam es den Beteiligten darauf an, möglichst bald die Abweisung des Insolvenzantrags mangels Masse zu erreichen, um den Gläubigern und der Allgemeinheit insgesamt das wirtschaftliche Scheitern der Gesellschaft zu verheimlichen und mit einer neuen Gesellschaft (der erworbenen Vorgesellschaft) die Tätigkeit fortzuführen; AmtsG Memmingen, GmbHR 2004, 952.

316 Godek, Markt und Mittelstand, 80 (82).

Die nunmehr ausländische Gesellschaft gründet in Deutschland Zweigniederlassungen und betreibt ihr altes Geschäft unter neuer Flagge weiter[317].

2. *Großbritannien: phoenix-companies*

Den typischen Fall von Phoenix-Gesellschaften stellt *Re Swift 736 Ltd*[318] dar, bei dem in sechs aufeinanderfolgenden Fällen Gesellschaften geplant insolvent wurden und die neue Gesellschaft das alte Geschäft unter neuer Bezeichnung fortführte. Die directors wurden wegen unfitness disqualifiziert mit der Begründung, daß

> „That form of trading, where one has a succession of companies which no doubt pays salary to their principal directors and are then allowed to sink, having lived on involuntary credit provided by the Crown, is the very thing which the provisions for disqualification of directors is intended to prevent...“[319]

Der zuständige Richter gab hiermit die Intention des Cork Committee wieder, das mit der Einführung des CDDA auch den Fall verhindern wollte, daß

> a person trading through the medium of one or more companies with limited liability can allow such a company to become insolvent, form a new company, and then carry on trading much as before, leaving behind him a trail of unpaid creditors, and often repeating the process several times.“[320]

Neben einer Disqualifizierung treffen die directors von Phoenix-Gesellschaften die Folgen aus ss. 216, 217 Insolvency Act: Wer als director oder shadow director eine Gesellschaft geleitet hat, die binnen Jahresfrist insolvent geworden ist, dem ist es für fünf Jahre untersagt, sich unmittelbar oder mittelbar an der Leitung einer Gesellschaft mit gleicher oder ähnlicher Firma zu beteiligen. Bei Verstößen begeht der Betreffende eine Straftat, selbst wenn er ohne Täuschungsabsicht handelt; auch der Beweis seines Unrechtsbewusstseins (mens rea[321]) muß nicht erbracht werden, da die Tat unter die Gruppe der strict liability[322] fällt[323]. Darüber hinaus löst die Tat gemäß s. 217 Insolvency Act die Ver-

---

317 Godek, Markt und Mittelstand, 80 (82).

318 [1993] BCLC 1; siehe auch schon unter B.IV.1.b.bb. (1).

319 [1993] BCLC 1 at 3; siehe zum phoenix-syndrome auch Re Brittanic Home Centres Ltd [2001] 2 BCLC 63 at 74–75.

320 The Report of the Review Committee on Insolvency Law and Practice (the Cork Committee), Cmnd 8558 (1982), para 1813.

321 Zur Strafbarkeit erforderliche Schuld.

322 Strenge, verschuldensunabhängige Haftung.

antwortlichkeit für alle Gesellschaftsverbindlichkeiten aus, die in der Zeit entstehen, in welcher der Betreffende entgegen s. 216 Insolvency Act an der Leitung einer der in s. 216 (2) (a), (3) Insolvency Act aufgeführten Gesellschaften teilnimmt. Darüber hinaus kann ihn eine Geldbuße oder sogar eine Haftstrafe treffen.

3. *Deutschland: Vermögenslosigkeit als Bestellungshindernis zur Bekämpfung der Unternehmensbestattungsproblematik?*

Gewerbsmäßige Unternehmensbestattungen sind deshalb in so vielen Fällen erfolgreich, weil die Beteiligten es verstehen, den gesamten Vorgang schnell und unbemerkt „über die Bühne zu bringen" und dabei Unterlagen verschwinden zu lassen, Zustellungen zu erschweren oder gar unmöglich zu machen und sodann in vielen Fällen selbst abzutauchen. Zwar stehen insbesondere mit den §§ 283–283 d StGB, §§ 64 I, 84 I Nr. 2 GmbHG Instrumente für eine Strafverfolgung zur Verfügung, sie können jedoch wegen vielfältiger Ermittlungsschwierigkeiten kaum ausgeschöpft werden, zudem ist die Dunkelziffer in diesem Bereich der Unternehmenskriminalität hoch[324].

Da die Aufkäufer als eigentliche Drahtzieher sich regelmäßig im Hintergrund halten, bleibt zunächst oft nur der neu bestellte Geschäftsführer der insolventen Gesellschaft greifbar. Dieses Amt bekleiden jedoch regelmäßig vermögenslose Personen. Verstoßen diese „Geschäftsführer" dann gegen ihre Pflichten (insbesondere die Pflicht zur Insolvenzantragstellung aus § 64 I GmbHG und die hierzu gehörenden Mitwirkungspflichten), so haften sie zwar Gläubigern gegenüber aus § 823 II BGB iVm § 64 I GmbHG, der Anspruch ist aber aufgrund ihrer Vermögenslosigkeit nichts wert. Können geschädigte Gläubiger somit faktisch nicht gegen den Neu-Geschäftsführer der Gesellschaft vorgehen, kann dieser sich relativ risikolos in seiner Position bewegen. Daher könnte es zweckmäßig sein, wenn vermögenslose Personen nicht zum Geschäftsführer einer GmbH bestellt werden dürften:

Solvente Personen riskieren im Falle einer Pflichtverletzung als Geschäftsführer die Haftung mit ihrem Privatvermögen. Da die Pflichtverletzung des Neu-Geschäftsführers bei einer Unternehmensbestattung aber immanent ist, wäre es möglich, daß vermögende Personen davon absehen, sich an diesen kriminellen Machenschaften zu beteiligen.

---

323 Court of Appeal, Regina v. Cole, Regina v. Lees; Regina v. Birch, plc 1997 VIII (8), 60.

324 Pape, ZIP 2006, 878; Godek, Markt und Mittelstand, 80 (81)

Bereits im Rahmen der Einführung von § 6 II GmbHG war die Frage erörtert worden, ob nicht auch solche Personen von dem Bestellungs- und Tätigkeitsverbot erfaßt werden sollen, die im Schuldnerverzeichnis gemäß §§ 107 II KO, 915 ZPO eingetragen, also vermögenslos sind[325]. Darüber hinaus wurden Überlegungen angestellt, auch sämtliche gesetzlichen Vertreter von Kapitalgesellschaften im Zeitpunkt der Konkursanmeldung in das Verzeichnis aufzunehmen, so daß auch sie unabhängig davon, ob ihnen im Zusammenhang mit der Insolvenz Pflichtverletzungen oder strafbares Verhalten vorgeworfen werden konnte oder nicht, von einem Berufsverbot erfaßt worden wären[326]. Das Argument, daß eine Regelung, die auch jene gesetzlichen Vertreter mit einem Berufsverbot belegt, die für die Unternehmensinsolvenz nicht verantwortlich sind, erheblichen verfassungsrechtlichen Bedenken begegne[327], ließ den Gesetzgeber aber schließlich den gesamten Vorschlag verwerfen, so daß Vermögenslosigkeit bis heute kein Hindernis darstellt, zum Geschäftsführer einer GmbH oder zum Vorstandsmitglied einer AG bestellt zu werden. Das verfassungsrechtliche Argument verkennt jedoch, daß Anknüpfungspunkt für ein Berufsverbot nicht das Verschulden an der eigenen Vermögenslosigkeit ist, sondern die persönliche und fachliche Eignung des Einzelnen[328]. Zur persönlichen Eignung für ein Geschäftsleiteramt gehört aber auch der verantwortungvolle Umgang mit dieser Position. Der Geschäftsleiter einer Kapitalgesellschaft muß sich stets seiner Verpflichtungen gegenüber der Gesellschaft, den Gesellschaftern und den Gesellschaftsgläubigern bewußt sein wie auch der Tatsache, daß eine Pflichtverletzung seinerseits seine persönliche Haftung auslösen kann. Konsequenterweise sollte die persönliche Eignung daher auch die Fähigkeit umfassen, Verbindlichkeiten, die aus der Geschäftsleitertätigkeit entstehen, zumindest ansatzweise erfüllen zu können[329].

Kritik muß sich der Vorschlag, vermögenslose Personen von Geschäftsleitungspositionen fernzuhalten auch unter dem Aspekt entgegenhalten lassen, daß es den Betroffenen dadurch unverhältnismäßig schwer fallen könnte, eine neue Existenz aufzubauen. Dem ist jedoch entgegenzuhalten, daß ein gesellschaftsrechtliches Berufsverbot nur eine Tätigkeit als Geschäftsleiter verwehrt, eine Anstellung in leitender Stellung unterhalb der eines Geschäftsleiters (z.B. als Proku-

---

325 Tagungsberichte der Sachverständigenkommission zur Bekämpfung der Wirtschaftskriminalität, Bd. III, 1973, S. 27; Stellungnahme des Bundesrates, BT-Drucksache 8/1347, Anlage 2, S. 64 f; www.bundestag.de.

326 Tagungsberichte der Sachverständigenkommission zur Bekämpfung der Wirtschaftskriminalität, Bd. III, 1973, S. 26.

327 So u.a. die Gegenäußerung der Bundesregierung zu der Stellungnahme des Bundesrates, BT-Drucksache 8/1347, Anlage 3, S. 72; www.bundestag.de.

328 Drygala, ZIP 2005, 423 (427).

329 Drygala, ZIP 2005, 423 (427).

rist) dagegen möglich bleibt. Zudem gilt das Verbot nur für die Rechtsformen der AG und der GmbH. In einer Personengesellschaft kann der Betroffene jederzeit als Geschäftsleiter tätig werden – und seine integre und zuverlässige Unternehmensführung dadurch unter Beweis stellen, daß er eine persönliche und unbeschränkte Haftung für die Verbindlichkeiten der Gesellschaft auf sich nimmt.

Die Abwägung der Argumente zeigt, dass es keinen unangemessenen Eingriff für den Einzelnen darstellt, wenn er wegen seiner Vermögenslosigkeit nicht das Amt eines Geschäftsleiters bekleiden kann, da hierdurch im Gegenzug der Gläubigerschutz weiter vervollkommnet wird. Vermögenslosigkeit zum Bestellungshindernis bei § 6 II 3 GmbHG zu erklären, kann daher insgesamt einen wirkungsvollen Beitrag für den Gläubigerschutz bei Kapitalgesellschaften darstellen.

Ob eine solche Regelung jedoch auch im Stande ist, den Mißbrauchsfall einer Unternehmensbestattung zu vermeiden, ist zweifelhaft. Die Bestattungsfälle zeichnen sich dadurch aus, daß nach der schnellen und leisen Abwicklung der Veräußerung die Aufkäufer sich und die Gesellschaft so schnell wie möglich unerreichbar machen, um der Verfolgung durch Gläubiger aus dem Weg zu gehen. Sie lassen die Gesellschaft durch falsche Adressangaben von der Bildfläche verschwinden oder berufen den neuen Geschäftsführer wieder ab. Gegenüber der so vertreterlos gewordenen Gesellschaft können nun keine Willenserklärungen mehr abgegeben und keine Schriftstücke mehr zugestellt werden. Sind die Gesellschaft und ihre Vertreter auf diese Weise unerreichbar geworden, hat der Geschäftsführer aber auch keine Inanspruchnahme durch Gläubiger, etwa aus §§ 823 II BGB iVm 64 I GmbHG, zu befürchten. Daher können auch solvente Personen es „wagen“, im Rahmen einer Unternehmensbestattung als Geschäftsführer eingesetzt zu werden. Vermögenslosigkeit als Amtshindernis zu erklären, wird diesen Mißbrauch der GmbH daher nicht verhindern.

Statt dessen könnte aber ein Tatbestand der „gewerbsmäßigen Unternehmensbestattung“ selbst einen Ausschlußgrund im Rahmen von

§ 6 II 3 GmbHG darstellen, der Personen, die an einer solchen Unternehmensbestattung beteiligt waren, die Ausübung eines Geschäftsleitungsamts untersagt. Die Untersuchung wird diesen Ansatz im Rahmen der Frage um die Neugestaltung der Berufsverbotsregelungen wieder aufgreifen.

X. Ergebnis

Die Analyse der Berufsverbotsregelungen in §§ 6 II 3 GmbHG, 76 III AktG hat eine Reihe von Defiziten ergeben, die sie daran hindert, die mit ihnen verfolgten Zwecke zu erfüllen.

1. Nur die §§ 283–283 d StGB wirken verbotsauslösend, darüber hinaus werden keine gläubigergefährdenden Verhaltensweisen mit einem Berufsverbot sanktioniert.
2. Die Konzentration auf nur kapitalgesellschaftsrechtlich motivierten Gläubigerschutz genügt nicht. §§ 6 II 3 GmbHG, 76 III AktG erfassen grundsätzlich auch börsennotierte Gesellschaften, gewährleisten aber nicht den für den kapitalmarktrechtlichen Bereich so wichtigen Anlegerschutz.
3. Die aktuelle Ausgestaltung der Berufsverbotsregelungen erlaubt Umgehungsgestaltungen durch das Vorschieben von Strohmännern und verliert an Effektivität durch ihre unzulängliche Reichweite. Umgehungsgestaltungen mit grenzüberschreitendem Bezug können sie daher ebenfalls nicht verhindern.
4. Macht ein designierter Geschäftsführer bei der Anmeldung der GmbH oder ein Vorstandsmitglied bei der Anmeldung der AG falsche Erklärungen bezüglich seiner Straffreiheit, so droht ihm gemäß § 82 I Nr. 5 GmbHG bzw. § 399 I Nr. 6 AktG eine Geldstrafe oder eine bis zu drei Jahren dauernde Haftstrafe. Andere Verstösse gegen ein Tätigkeitsverbot werden nicht geahndet. Auch dieses Sanktionsdefizit verlangt Überprüfung mit dem Ziel, die Abschreckungswirkung von §§ 6 II 3 GmbHG, 76 III 3 AktG zu verbessern.
5. Die §§ 6 II 3 GmbHG, 76 III 3 AktG werden in ihrer gegenwärtigen Ausgestaltung verfassungsrechtlichen Vorgaben der Artt. 3 I und 12 GG nicht gerecht. Eine Neugestaltung der Verbotsregelungen muß in Konformität mit den grundgesetzlichen Anforderungen geschehen.
6. Tätigkeitsverbote könnten dazu beitragen, Gewerbsmäßige Unternehmensbestattungen zu verhindern und diesbezügliches Fehlverhalten zu sanktionieren. Eine entsprechende Erweiterung des Verbotskatalogs ist im Rahmen der Frage um die inhaltliche Ausgestaltung der Regelungen zu untersuchen.

Das englische Recht hält mit dem Company Director's Disqualification Act 1986 eine ausführliche Regelung über Tätigkeitsverbote von Geschäftsleitern bereit, die sich in England im Laufe von über 90 Jahren zu einem effektiven Gläubigerschutzinstrument entwickelt hat. Dafür sorgt insbesondere der Disqualifizierungsgrund der unfitness, der es Gerichten ermöglicht, Personen, die sich für ein Geschäftsleitungsamt als ungeeignet erwiesen haben, von der Leitungstätigkeit einer private oder einer public company fernzuhalten. Der Begriff der unfitness ist nicht gesetzlich definiert, so daß die Gerichte eine eigene Begriffsbestimmung vornehmen und dabei vielfältige Fehlverhaltensweisen erfassen können. Gleichzeitig gelingt es ihnen so, Standards guter Unternehmensführung festzulegen und diese Standards entsprechend der allgemeinen Entwicklung dem sich wandelnden Anforderungsprofil an eine gute Unternehmensführung anzupassen.

Hervorzuheben ist, daß der CDDA nicht nur eine Tätigkeit als ordnungsgemäß eingesetzter director unterbindet, sondern gleichermaßen auch shadow directors sowie de facto directors erfaßt und darüber hinaus auch jede anderweitige Ausübung von Leitungsmacht ausschließt. Strohmanngestaltungen sind damit so gut wie unmöglich.

Durch die Möglichkeit weltweiter Disqualifizierungen reicht der CDDA zwar weiter als §§ 6 II 3 GmbHG, 76 III 3 AktG. Allerdings kann auch er grenzüberschreitende Umgehungsgestaltungen noch nicht vollständig verhindern, da über seinen tatsächlichen Wirkungskreis noch Differenzen bestehen.

Verstöße gegen Disqualifizierungsanordnungen werden mit Geld- und Haftstrafen geahndet. Darüber hinaus trifft den Zuwiderhandelnden eine persönliche Verantwortung für Gesellschaftsverbindlichkeiten während des Zeitraums der Zuwiderhandlung. Die damit im Vergleich zum deutschen Recht ungleich schärferen Sanktionen bedingen eine sehr viel bessere Abschreckungswirkung.

Gewerbsmäßige Unternehmensbestattungen („phoenix companies") werden mit einer Disqualifzierung aufgrund von unfitness geahndet.

Der Company Directors Disqualification Act erfüllt die Anforderungen an effektive Tätigkeitsverbote für Geschäftsleiter daher in einigen Bereichen besser als die §§ 6 II 3 GmbHG, 76 III 3 AktG. Das wird im Rahmen der weiteren Untersuchung zu der Frage führen, ob und ggf. inwieweit die englische Regelung ein Vorbild für eine Novellierung der deutschen Tätigkeitsverbotsregelungen für Geschäftsleiter von Kapitalgesellschaften sein kann.

C. Neue Ansätze

Die Analyse der §§ 6 II 3 GmbHG, 76 III 3 AktG hat zu dem Ergebnis geführt, daß die dort verankerten Tätigkeitsverbote für Geschäftsleiter den an sie gestellten Anforderungen in vielerlei Hinsicht nicht entsprechen und sie sich zudem erheblicher verfassungsrechtlicher Kritik gegenübersehen. Um diesen Mißstand zu beseitigen, sind neue Ansätze erforderlich, die zu einer effektiven Neugestaltung der Verbotsregelungen führen. Als einen Versuch, die bestehenden Defizite zu beseitigen und den Tätigkeitsverboten und Bestellungshindernissen des Kapitalgesellschaftsrechts erhöhte Beachtung und neue Geltung zu verschaffen, sehen sich die Entwürfe des Forderungssicherungsgesetzes[330] (FoSiG) und des Gesetzes zur Modernisierung des GmbH-Rechts und zur Bekämpfung von Mißbräuchen[331] (MoMiG). Ob ihnen dieses Vorhaben gelingt, soll eine Bewertung der Gesetzentwürfe zeigen.

In einem zweiten Abschnitt werden eigene Reformansätze zur Optimierung der §§ 6 II 3 GmbHG, 76 III 3 AktG vorgestellt.

Auch wird in diesem Kapitel ein Blick auf die englische Rechtsordnung geworfen, wobei die Frage im Raum stehen wird, ob die Regelungen des Company Directors Disqualification Act oder zumindest Teile davon sich als Vorbild für eine entsprechende Änderung der deutschen Berufsverbotsvorschriften eignen und diese dadurch an Effektivität gewinnen.

Am Ende des Kapitels und damit am Ende der Untersuchung steht eine völlige Neukonzeption der §§ 6 II 3 GmbH, 76 III 3 AktG, die sich als Symbiose aus den sinnvollsten Reformvorschlägen darstellt.

---

330 Gemäß des Plenarprotokolls Nr. 818 vom 21.12.2005 wurde die Einbringung des Entwurfs eines Gesetzes zur Sicherung von Werkunternehmeransprüchen und zur verbesserten Durchsetzung von Forderungen (Forderungssicherungsgesetz – FoSiG) in den Bundestag beschlossen. Der Entwurf ist abrufbar unter: www.bmj.bund.de

331 Der Referentenentwurf zum MoMiG vom 29.05.2006 ist abrufbar unter www. bmj.bund. de „Gesetzentwürfe“, „Handels- und Wirtschaftsrecht“, S. 33.

I. Forderungssicherungsgesetz (FoSiG) und Gesetz zur Modernisierung des GmbH-Rechts und zur Mißbrauchsbekämpfung (MoMiG): Beseitigung der bisherigen Defizite?

Die Gesetzentwürfe zum Forderungssicherungsgesetz und des Gesetzes zur Modernisierung des GmbH-Rechts und zur Mißbrauchsbekämpfung enthalten auch eine Änderung der Tätigkeitsverbotsregeln in §§ 6 II GmbHG und 76 III AktG. Ob und inwieweit die Vorschläge bisherige Defizite beseitigen und den Anforderungen an effektive Tätigkeitsverbote gerecht werden, ist Inhalt der nachfolgenden Analyse.

1. Inhalt und Erwägungsgründe des FoSiG

Auf Initiative des Bundesrates befindet sich seit Anfang 2006 der Gesetzesentwurf zum Forderungssicherungsgesetz (FoSiG) in der parlamentarischen Beratung, dessen Artikel 9 und 11 die bestehenden Tätigkeitsverbotsregelungen des GmbHG und des AktG nicht unerheblich verschärfen.

Art. 11 FoSiG bestimmt, daß gemäß § 6 II GmbHG-E neben einer Verletzung der §§ 283 bis 283 d StGB auch der Verstoß gegen
- §§ 399 bis 401 I des AktG,
- §§ 82, 84 I Nr. 2 des GmbHG,
- §§ 263 bis 264 a, 265 b bis 266 a I und II des StGB, soweit eine Freiheitsstrafe von mindestens einem Jahr die Folge ist oder
- § 2 des Gesetzes über die Sicherung der Bauforderungen

zu einem fünfjährigen Berufsverbot führen. Die Verurteilung eines GmbH-Geschäftsführers führt dabei zu dem Verlust der Amtsfähigkeit als Geschäftsführer wie als Vorstandsmitglied einer AG und umgekehrt.

Daneben wird in § 6 II 5 GmbHG neu eine Gesellschafterhaftung eingefügt:

„Gesellschafter, die vorsätzlich oder grob fahrlässig eine Person, die nicht Geschäftsführer sein kann, zum Geschäftsführer bestellen oder nicht abberufen oder ihr tatsächlich die Führung der Geschäfte überlassen, haften der Gesellschaft solidarisch für den Schaden, der dadurch entsteht, daß diese Person die ihr gegenüber der Gesellschaft bestehenden Obliegenheiten verletzt."

Gemäß Art. 9 FoSiG-E soll § 76 III AktG parallel zu § 6 II GmbHG erweitert werden. Von einer Haftungsregelung wie in § 6 II 5 GmbHG wurde allerdings abgesehen, da die Vorstandsmitglieder einer Aktiengesellschaft durch den Aufsichtsrat bestellt werden und dieser der Gesellschaft gegenüber bereits gemäß §§ 116, 93 II AktG für Pflichtverletzungen einzustehen hat[332].

Hintergrund dieser Änderungswünsche des Gesetzgebers ist die zunehmende volkswirtschaftliche Bedeutung von GmbH und AG. Die Entwicklung an den Aktienmärkten und die angekündigten Steuererleichterungen sowie Befreiungen für Gesellschaftsumwandlungen, Beteiligungen und Zusammenschlüsse lassen den Gesetzgeber zu der Einschätzung gelangen, daß auch in Zukunft Unternehmensgründungen und Umwandlungen verstärkt in den Formen einer GmbH oder einer AG vorgenommen werden[333]. In diesem Zusammenhang will er das Anforderungsprofil an einen Geschäftsführer bzw. Vorstand in der Weise erhöht wissen, daß die gesetzlichen Vertreter von Kapitalgesellschaften eine gesteigerte Zuverlässigkeit an den Tag legen müssen. Sie sind nicht mehr nur der durch sie vertretenen Gesellschaft verpflichtet, sondern auch die Vertragspartner der Gesellschaft sollen auf die Integrität von Geschäftsführung bzw. Vorstand und ihre ordnungsgemäße Handlungen vertrauen dürfen[334]. Denn die Kehrseite des Siegeszuges insbesondere der GmbH ist eine signifikante Erhöhung von Insolvenzen, mit deren negativen (finanziellen) Folgen nicht nur einzelne Gläubiger und sonstige Dritte, sondern auch die Solidargemeinschaft belastet werden[335]. Eine Vertrauensbasis zwischen Geschäftsleitung und Gesellschaftsdritten, die auf einer ordnungsgemäßen und entsprechend den Regeln des Wirtschaftslebens ausgerichteten Geschäftsführung fußt, sei daher nur dann gewährleistet, wenn zusätzlich zu den bisherigen Ausschlußgründen die oben genannten Straftatbestände hinzutreten[336]. Mit der Einführung der Gesellschafterhaftung für den Fall, daß die Gesellschafter amtsunfähige Personen das Geschäftsführeramt ausüben lassen, sollen Strohmanngestaltungen verhindert und darüber hinaus die Gesellschafter dazu angehalten werden, sich von vornherein um die Einsetzung amtsfähiger Geschäftsleiter zu bemühen[337].

2. *Inhalt und Erwägungsgründe des MoMiG*

Neben zahlreichen weiteren grundlegenden Änderungen im GmbHG will der Entwurf des MoMiG auch die Berufsverbotsregelungen in § 6 II GmbHG und § 76 III AktG in folgender Weise novellieren:

---

332 Ges.Begr. BT-Drucks. 15/3594, S. 25, www.bmj.bund.de.
333 Ges.Begr. BT-Drucks. 15/3594, S. 12; www.bmj.bund.de.
334 Ges.Begr. BT-Drucks. 15/3594, S. 12, www.bmj.bund.de.
335 Haas, Geschäftsführerhaftung und Gläubigerschutz, S. 308.
336 Ges.Begr. BT-Drucks. 15/3594, S. 14, www.bmj.bund.de
337 Ges.Begr. BT-Drucks. 15/3594, S. 25; www.bmj.bund.de; näher noch unter C.I.3.b.

„Geschäftsführer/Mitglied des Vorstands kann nicht sein, wer

1. als Betreuter bei der Besorgung seiner Vermögensangelegenheiten ganz oder teilweise einem Einwilligungsvorbehalt (§ 1903 des Bürgerlichen Gesetzbuches) unterliegt,
2. aufgrund gerichtlichen Urteils oder einer vollziehbaren Entscheidung einer Verwaltungsbehörde einen Beruf, einen Berufszweig, ein Gewerbe oder einen Gewerbezweig nicht ausüben darf, sofern der Unternehmensgegenstand ganz oder teilweise mit dem Gegenstand des Verbots übereinstimmt,
3. wegen einer vorsätzlich begangenen Straftat nach
   a. § 82 oder § 84 des Gesetzes betreffend die Gesellschaften mit beschränkter Haftung,
   b. den §§ 399 bis 401 des Aktiengesetzes oder
   c. den §§ 283 bis 283 d des Strafgesetzbuches

verurteilt worden ist; dieser Ausschluß gilt für die Dauer von fünf Jahren seit der Rechtskraft des Urteils, wobei die Zeit nicht eingerechnet wird, in welcher der Täter auf behördliche Anordnung in einer Anstalt verwahrt worden ist."

Die Sätze 3 und 4 werden aufgehoben.

Das MoMiG wird die erste grundlegende GmbHG-Novelle seit 1980 werden. Hintergrund der Reformbestrebungen ist zum einen die Rechtsprechung des EuGH, nach dessen Urteil in der Sache Inspire Art[338] die GmbH sich der Konkurrenz durch GmbH-verwandte Gesellschaften in den übrigen Mitgliedstaaten der EU gegenübersieht, die nun auch in Deutschland tätig werden dürfen. Daher ist ein Ziel der Novellierung des GmbH-Rechts, die GmbH gegenüber den konkurrierenden ausländischen Gesellschaftsformen attraktiver und damit wettbewerbsfähiger zu machen. Ebensolche Bedeutung soll das MoMiG im Hinblick auf den Schutz der GmbH gegen Mißbräuche erlangen[339].

3. Bewertung der Gesetzentwürfe

Die Entwürfe des FoSiG und des MoMiG stellen eine sinnvolle Novellierung der Berufsverbotsregelungen für Geschäftsleiter dar, wenn sie die in Kapitel *A.* näher erläuterten Aufgaben besser erfüllen als die gegenwärtigen Bestimmungen. Dafür müssen sie die gesellschaftsrechtlichen Tätigkeitsverbote zu wirkungsvollen Gläubigerschutzinstrumenten formen und verhindern, daß unzuverlässige und ungeeignete Personen das Amt eines Geschäftsleiters ausüben. Nur so können sie dazu beitragen, Wirtschaftskriminalität einzudämmen und langfristig das Ver-

338 EuGH ZIP 2003, 1885 (Inspire Art).
339 Ges.Begr. MoMiG-Entwurf, S.33; www.bmj.bund.de.

trauen der Öffentlichkeit und der Wirtschaftsteilnehmer in eine funktionierende Wirtschaft und in das redliche Verhalten der Kaufleute untereinander stärken. Um diesem Anspruch gerecht zu werden, müssen die Gesetzentwürfe zumindest die Defizite der bestehenden Berufsverbotsregelungen beseitigen.

a. Kurzvergleich von FoSiG und MoMiG

Der Entwurf des FoSiG geht erheblich weiter als der Entwurf des MoMiG. So erfaßt er nicht nur – wie schon bisher – die §§ 283 bis 283 d StGB als verbotsauslösende Straftatbestände, sondern bezieht eine Reihe weiterer Vermögensstraftaten mit ein, soweit ihre Begehung zu einer Verurteilung zu einer mindestens einjährigen Haftstrafe geführt hat. Darüber hinaus läßt er bei den Insolvenzstraftaten weiterhin eine fahrlässige Begehung ausreichen, während das MoMiG ausdrücklich nur die vorsätzliche Tatverwirklichung zum Bestellungshindernis werden läßt. Der Entwurf des MoMiG enthält des weiteren nicht die Gesellschafterhaftung, die das FoSiG mit dem Ziel einführen will, Strohmannkonstruktionen zu vermeiden. Daß schließlich § 2 des Gesetzes über die Sicherung von Bauforderungen nur im FoSiG berufsverbotsauslösend wirken soll, hängt mit dem speziellen Hintergrund dieses Gesetzes zusammen, das danach strebt, die Sicherung und Durchsetzung von Werkunternehmeransprüchen zu verbessern[340]. Diese Bestimmung soll aber nicht Gegenstand dieser Untersuchung sein.

b. Strohmanngestaltungen und Gesellschafterhaftung

Neu führt der Entwurf des FoSiG in § 6 II GmbHG eine Gesellschafterhaftung ein, wonach die Gesellschafter einer GmbH solidarisch für den Schaden haften, der dadurch entsteht, dass sie eine amtsunfähige Person zum Geschäftsleiter bestellen, sie nicht abberufen, oder ihr tatsächlich die Führung der Geschäfte überlassen und diese Person die ihr gegenüber der Gesellschaft obliegenden Pflichten verletzt. Die Gesellschafterhaftung soll zum einen dazu beitragen, Strohmanngestaltungen zu vermeiden, zum anderen die Gesellschafter dazu bewegen, sich – im eigenen Interesse und im Interesse von Gläubigern und der Allgemeinheit – verstärkt um die Einsetzung amtsfähiger Geschäftsleiter zu bemühen[341].

340 Ges.Begr. BT-Drucks. 15/3594, S. 1; www.bmj.bund.de.
341 Ges.Begr. BT-Drucks. 15/3594, S. 26; www.bmj.bund.de

aa. Arten von Strohmanngestaltungen

Ausweislich der Gesetzesbegründung bezweckt die geplante Gesellschafterhaftung in § 6 II 5 GmbHG, Strohmanngestaltungen zu verhindern[342]. Wenn die Einschaltung eines Strohmannes verhindert werden soll, so geht es um die Konstellation, daß eine Person, die aufgrund eines Verbotes selbst nicht Geschäftsführer sein kann, eine andere Person formal als Geschäftsführer vorschiebt, aber aus dem Hintergrund die tatsächliche Leitungsmacht ausübt und so das Berufsverbot umgeht. § 6 II 5 GmbHG müsste alle Ausformungen dieser Umgehungsgestaltung erfassen, um ein wirksames Instrument gegen Strohmannfälle darzustellen.

Zunächst verwundert aber, daß die Verfasser des Entwurfs anscheinend davon ausgehen, die Gesellschafterversammlung könne eine amtsunfähige Person zum Geschäftsführer bestellen bzw. sie durch Nicht-Abberufen in ihrem Amt lassen. Schließlich endet ihre Bestellung im Falle eines Berufsverbots nach § 6 II GmbHG ipso iure, eine Abberufung ist nicht erforderlich und auch gar nicht möglich. Eine Neubestellung scheitert daran, daß sie bereits wegen § 134 BGB nichtig ist[343]. Der Gesetzentwurf übersieht dies, so daß die ersten zwei Varianten in § 6 II 5 GmbHG gar keinen Anwendungsbereich haben und damit leerlaufen. Übrig bleibt allein die letzte Variante, nach der die Gesellschafterhaftung auch dann eintreten soll, wenn der amtsunfähigen Person die Geschäftsführung faktisch überlassen wurde. Dieser Fall kann verschiedentlich ausgestaltet sein.

(1) Amtsunfähiger Gesellschafter, der sein Weisungsrecht ausübt

Eine amtsunfähige Person kann tatsächliche Leitungsmacht über eine Stellung als Allein- oder Mehrheitsgesellschafter der GmbH ausüben, indem sie gemäß § 37 GmbHG Weisungen ausspricht, an die der Geschäftsführer gebunden ist. Gerade diese typische Strohmannkonstellation erfaßt § 6 II 5 GmbHG aber nicht, da sein Anwendungsbereich auf den Fall reduziert ist, daß der amtsunfähigen Person faktisch die Geschäftsführung überlassen wird. Die Ausübung des Weisungsrechts kann aber nicht mit dem „Überlassen der Geschäftsführung" gleichgesetzt werden, soll nicht die Grenze zwischen Gesellschafter- und Geschäftsführerhandeln verwischt werden[344]. Insoweit geht die Regelung also am anvisierten Ziel vorbei.

342 Ges.Begr. BT-Drucks. 15/3594, S. 25/26; www.bmj.bund.de
343 Vgl. schon die Ausführungen unter B.I.1.
344 So Drygala, ZIP 2005, 423 (429), der anmerkt, daß sich in diesem Fall der aktiv sein Weisungsrecht ausübende Gesellschafter der Gefahr ausgesetzt sähe, einem Geschäftsführer gleichgestellt zu werden.

(2) Amtsunfähige Person als nicht geschäftsführender Vertreter

Möglicherweise kann die geplante Regelung aber verhindern, daß eine amtsunfähige Person neben einem ordnungsgemäß bestellten Geschäftsführer als nicht geschäftsführender Vertreter der Gesellschaft, z.B. als Prokurist, auftritt, was die §§ 6 II 3 GmbHG, 76 III 3 AktG nicht verwehren. Wird er in dieser Position tätig, ist der Anwendungsbereich von § 6 II 5 GmbHG jedoch noch gar nicht eröffnet, da die nicht geschäftsführende Vertretung in der Kapitalgesellschaft keine Form der Geschäftsführung darstellt und somit nicht von einer faktischen Überlassung der Geschäftsführung gesprochen werden kann[345].

(3) Amtsunfähiger Allein- oder Mehrheitsgesellschafter als faktischer Geschäftsführer

Ein amtsunfähiger Allein- oder Mehrheitsgesellschafter kann faktischer Geschäftsführer einer Gesellschaft sein, indem er eine amtsfähige Person formal zum Geschäftsführer bestellt, aber die faktische Geschäftsführung selbst ausübt. Damit überläßt dann zwar ein Gesellschafter einer amtsunfähigen Person die faktische Geschäftsführung, wie § 6 II 5 GmbHG es verlangt. Die Anwendbarkeit der Norm steht dennoch in Frage: Der Wortlaut fordert *zwei* handelnde Personen, einen Gesellschafter und einen faktischen Geschäftsführer. In der hier dargestellten Fallgestaltung agiert aber nur eine Person, einmal als Allein- oder Mehrheitsgesellschafter, einmal als faktischer Geschäftsführer. Darüber hinaus besteht für diesen Fall auch kein Anwendungsbedarf von § 6 II 5 GmbHG: Die Haftung des die faktische Geschäftsführung ausübenden Allein- oder Mehrheitsgesellschafters folgt bereits aus § 43 II GmbHG, der ja auch die Pflichtverletzungen eines faktischen Organs gegenüber der Gesellschaft erfaßt[346].

(4) Amtsunfähiger Nichtgesellschafter als faktischer Geschäftsführer

Für die geplante Gesellschafterhaftung verbleibt letztlich der Fall, daß ein amtsunfähiger Nichtgesellschafter als faktisches Organ eingesetzt wird. Die Haftung aus § 6 II 5 GmbHG trifft dann alle Gesellschafter, also diejenigen, die ihn eingesetzt haben und diejenigen, die seine Einsetzung nicht verhindert bzw. geduldet haben.

---

345 Drygala, ZIP 2005. 423 (429).

346 Schmidt in Achilles/Enstahler/Schmidt, § 43, Rn. 3; Haas in Michalski, § 43, Rn. 25; OLG Düsseldorf, NZG 2000, 312 (313); OLG Celle, NZG 1999, 1161 (1162); KG NZG 2000, 1032 f.

bb. Haftungsausschluß analog § 43 GmbHG ?

Gemäß der Gesetzesbegründung lehnt sich § 6 II 5 GmbHG inhaltlich und systematisch an § 43 GmbHG an[347]. Die Gesellschafter sollen für den Fall, daß sie die Überlassung der faktischen Geschäftsführung an einen Ungeeigneten zulassen bzw. nicht verhindern, wie ein Geschäftsführer für die daraus entstehenden Schäden haftbar gemacht werden. So formuliert auch die Gesetzesbegründung eindeutig:

> „Von der Regelung einer Haftung der Gesellschafter gegenüber den Gesellschaftsgläubigern (sog. Durchgriffshaftung) wurde dagegen abgesehen, da Gesellschafter, die eine unzuverlässige Person als Gesellschafter bestellen, nicht die Rechtsform der juristischen Person mißbrauchen, *sondern nur wie diese für deren Handlungen einstehen sollen.*"[348]

Sollen die Gesellschafter demnach wie Geschäftsführer nach § 43 GmbHG haften, müssten auch etwaige Haftungsausschlüsse im Rahmen von § 43 GmbHG für § 6 II 5 GmbHG gelten[349].

(1) Exkurs: Haftungsausschlüsse im Rahmen von § 43 GmbHG

Eine GmbH kann auf verschiedene Art und Weise darauf verzichten, Ansprüche gegen ihren Geschäftsführer geltend zu machen. So sieht § 46 Nr. 8 GmbHG vor, daß die Geltendmachung von Ersatzansprüchen gegen den Geschäftsführer einer Beschlußfassung durch die Gesellschafterversammlung unterliegt. Das bedeutet, daß die Gesellschaft bei einem negativen Beschlußergebnis nicht gegen den Geschäftsführer vorgehen wird. Aus § 46 Nr. 8 GmbH ergibt sich somit die grundsätzliche Zulässigkeit eines Verzichts auf einen Ersatzanspruch aus § 43 II GmbHG. Auch die Möglichkeit eines Vergleichs auf privatvertraglicher Grundlage wird im Grundsatz anerkannt[350]. Eine Form dieser Beschränkungs- und Verzichtsmöglichkeit stellt auch die grundsätzlich zulässige Verkürzung der Verjährungsfrist aus § 43 IV GmbHG dar[351]. Sie unterliegt nur dem sich aus dem

---

347 Ges.Begr. BT-Drucks. 15/3594, S. 26; www.bmj.bund.de.

348 Ges.Begr. BT-Drucks. 15/3594, S. 26, www.bmj.bund.de.

349 Drygala, ZIP 2005, 423 (430); Karsten, GmbHR-Report 2006, R 141.

350 Schneider in Scholz, § 43, Rn. 187; Hadding/Hennrichs, S. 291; Heisse, S. 123 ff.; Haas in Michalski, § 43, Rn. 238; BGH DB 1998, 465.

351 BGH NJW 2002, 3777; BGH GmbHR 2003, 835 (837).

Rechtsgedanken des § 43 III GmbHG ergebenden Vorbehalt, dass Gläubiger aus der Verkürzung keinen Nachteil erleiden dürfen[352].

Die grundsätzliche Einschränkbarkeit der Geschäftsführerhaftung unterliegt jedoch Grenzen. Der Verzicht auf oder ein Vergleich über Ersatzansprüche, die aus einer Verletzung von § 43 III GmbHG resultieren, ist nur insoweit zulässig, als der Ersatz nicht zur Befriedigung der Gläubiger der Gesellschaft erforderlich ist, § 43 III 2 GmbHG, 9 b I GmbHG. Verstößt der Geschäftsführer aufgrund einer verbindlichen Weisung der Gesellschafter gemäß § 37 GmbHG gegen §§ 30, 33 GmbHG, kann der Ersatzanspruch nicht ausgeschlossen werden, wenn die Deckung des Stammkapitals beeinträchtigt und die Gläubigerbefriedigung nicht gewährleistet ist[353]. Ob und inwieweit die Ersatzansprüche der Gesellschaft gegen ihren Geschäftsführer darüber hinaus ausgeschlossen werden können, ist Gegenstand ständiger Diskussion. Teilweise wird ein Haftungsausschluß bei leichter Fahrlässigkeit für zulässig erachtet[354], andere Stimmen wollen einen Ausschluß auch bei grober Fahrlässigkeit akzeptieren[355]. Vereinzelt wird auch eine analoge Anwendung der § 93 V 2, 3 AktG mit der Folge befürwortet, dass eine zwischen Geschäftsführer und Gesellschafter getroffene Vereinbarung über einen Haftungsausschluß dann nicht gegenüber Gläubigern gelten soll, wenn der Geschäftsführer eine gröbliche Sorgfaltspflichtverletzung begangen hat[356]. Ein anderer Ansatz setzt sich mit der Frage auseinander, ob nicht das Haftungsprivileg des Arbeitnehmers auf den Geschäftsführer angewendet werden kann[357]. Unabhängig von der Frage nach der Haftungsbeschränkung aufgrund eines herabgesetzten Sorgfaltsmaßstabs steht schließlich auch der Vorschlag einer summenmäßigen Haftungsbegrenzung des Geschäftsführers im Raum[358]. Der BGH hat sich in einem neueren Urteil zur Einschränkbarkeit der Ersatzansprüche geäußert[359]. Danach ist es außerhalb des Anwendungsbereichs von § 43 III GmbHG den Gesellschaftern überlassen, ob und in welchem Umfang sie gegen den Geschäftsführer vorgehen

352 BGH NJW 2000, 576: Leitsatz: „Eine Verkürzung der Verjährungsfrist des § 43 IV GmbHG durch Vereinbarung ist nur insoweit zulässig, als der Schadensersatzbetrag zur Befriedigung der Gläubiger der Gesellschaft nicht erforderlich ist (arg. § 43 III GmbHG)".

353 BGH GmbHR 2003, 712 (713); Hommelhoff/Kleindiek in Lutter/Hommelhoff, § 43, Rn. 38; Hadding/Hennrichs, S. 292; Heisse, Geschäftsführerhaftung, S. 92.

354 Lindacher, JuS 1984, 672 (674).

355 Jula, 50 m.w.N.

356 Altmeppen, DB 2000, 261 (262); ausdrücklich a. A. Hommelhoff/Kleindiek in Lutter/Hommelhoff, § 43, Rn. 42.

357 Lohr, NZG 2000, 1204 (1205 f.); Haas, Geschäftsführerhaftung und Gläubigerschutz, S. 321; i.E. aber beide verneinend.

358 Heisse, Geschäftsführerhaftung, S. 126.

359 BGH NJW 2002, 3777.

wollen, der sich pflichtwidrig verhalten hat[360]. Sie dürfen im Nachhinein auf entstandene Ersatzansprüche verzichten oder einen Vergleich darüber schließen, aber auch schon im Vorfeld Regelungen über die Entstehung eines Ersatzanspruches treffen: Möglich soll die Erteilung einer haftungsfreistellenden Gesellschafterweisung oder auch die Herabsetzung des gesetzlichen Pflichten- und Sorgfaltsmaßstabes sein[361]. Die haftungsfreistellende Wirkung der Gesellschafterweisungen, die der BGH anspricht, kann aber uneingeschränkt nur für solche späteren Pflichtverletzungen gelten, die das interne Verhältnis von Gesellschaft, Gesellschaftern und Geschäftsführer betreffen. Geschäftsführer erfüllen aber auch drittbezogene, also über dieses interne Verhältnis hinausgehende Pflichten, was schon in der Diskussion über die Drittgerichtetheit von Geschäftsleiterpflichten zum Ausdruck gekommen ist[362]. Beispielhaft seien hier nur noch einmal die Buchführungspflicht des Geschäftsführers aus § 41 GmbHG, seine steuerlichen Pflichten gemäß §§ 34, 77, 93 und 149 ff. AO sowie die Pflicht zur Abführung der Arbeitnehmeranteile zur Sozialversicherung, deren Verletzung § 266 a StGB ahndet, genannt. Wo aber die Interessen von Gläubigern und der Allgemeinheit durch eine Pflichtverletzung berührt werden, muß die haftungsfreistellende Gesellschafterweisung an ihre Grenzen stoßen; die Gesellschafter sollen nicht über Drittinteressen disponieren dürfen[363]. Vereinbarungen über eine Freistellung vom Ersatzanspruch dürfen in diesen Fällen daher auf keinen Fall im Vorfeld getroffen werden und Verzichts- oder Vergleichsvereinbarungen haben nur unter dem Vorbehalt Bestand, daß die Gläubigerbefriedigung nicht gefährdet wird[364]. Unter denselben Voraussetzungen erkennt der BGH auch eine Generalbereinigung an. Dabei handelt es sich um einen rechtsgeschäftlichen Haftungsverzicht der Gesellschaft gegenüber einem (ausscheidenden) Geschäftsführer, in dem die Gesellschaft auf sämtliche denkbaren Ersatzansprüche gegen den Gesellschafter verzichtet, soweit dieser Verzicht rechtlich zulässig ist[365]. Zu ihrer Wirksamkeit bedarf die Generalbereinigung eines Gesellschafterbeschlusses[366].

---

360 BGH NJW 2002, 3777 und bestätigend BGH GmbHR 2003, 712 (713); in Anlehnung daran OLG Stuttgart, GmbHR 2003, 835 (837).

361 BGH NJW 2002, 3777 (3778).

362 Siehe hierzu schon die Ausführungen unter A.IV.

363 Eine Haftungsfreistellung ist daher bei einem Verstoß gegen die §§ 30 ff. GmbHG, §§ 9 a I, 9 b, § 64 II und § 57 IV iVm § 9 b GmbHG ausgeschlossen; Hommelhoff/Kleindiek in Lutter/Hommelhoff, § 43, Rn. 41; Schneider in Scholz, § 43, Rn. 185; Heisse, S. 91.

364 Hommelhoff/Kleindiek in Lutter/Hommelhoff, § 43, Rn. 42.

365 Siehe zuletzt BGH GmbHR 2003, 712.

366 Hierzu und mit weiteren Ausführungen zur Generalbereinigung Janert, GmbHR 2003, 830.

(2) Ergebnis

Die grundsätzlichen Möglichkeiten des Verzichts, des Vergleichs und der Haftungsfreistellung im Vorfeld können den Geschäftsführer also von seiner Haftung aus § 43 GmbHG freistellen. Unter der Prämisse, daß die Gesellschafterhaftung aus § 6 II 5 GmbHG sich an § 43 GmbHG anlehnt und die Gesellschafter ausweislich der Gesetzesbegründung *wie Geschäftsführer* für deren Handeln einstehen sollen, muß die Freistellungsmöglichkeit ebenso für die nach § 6 II 5 GmbHG haftenden Gesellschafter gelten. Sie ihnen nicht zu gewähren, widerspräche der Systematik von § 6 II 5 GmbHG im Verhältnis zu § 43 GmbHG[367]. Folglich kann die GmbH auf die Geltendmachung von Ansprüchen gegen ihre Gesellschafter verzichten, wenn alle Gesellschafter mit der Strohmanngestaltung von vornherein einverstanden waren. Wegen der ausdrücklich gewollten Anlehnung von § 6 II 5 GmbHG an § 43 GmbHG kann die geplante Vorschrift also keine ausreichende Druckfunktion ausüben, um Strohmanngestaltungen zu verhindern.

cc. Schadensersatzpflicht der Gesellschafter

Die angedachte Gesellschafterhaftung im FoSiG-Entwurf soll den Schaden ausgleichen, der dadurch entsteht, daß eine Person, die nicht Geschäftsführer sein kann, von den Gesellschaftern als solche eingesetzt wird und die ihr gegenüber der Gesellschaft bestehenden Obliegenheiten verletzt. Darüber hinaus will die Haftung die Gesellschafter dazu anhalten, sich um die Einsetzung amtsfähiger Geschäftsleiter zu bemühen.

Kritik an diesem Vorhaben wird zum einen aufgrund der Ungenauigkeit ihrer Formulierung geübt: So ist unklar, ob der Schadensersatzanspruch auf der Grundlage der Gläubigerforderungen berechnet wird, oder ob es auf das ehemals vorhandene Gesellschaftsvermögen ankommen soll[368]. Darüber hinaus muß diese Gesellschafterhaftung in Relation gesetzt werden zur Haftung der Aufsichtsratsmitglieder einer AG. Setzen jene eine amtsunfähige Person als Vorstandsmitglied ein, so stellt dies eine Pflichtverletzung dar, die zu einer Schadensersatzpflicht gegenüber der Gesellschaft gemäß §§ 116, 93 II AktG führt. Diese Verantwortlichkeit des Kontrollorgans entspricht dabei der Satzungsstrenge und Kontrolldichte in der AG[369]. Gerade diese Elemente sind in der GmbH aber weniger streng ausgestaltet. Das so abgestufte Verhältnis von AG und GmbH würde ver-

---

367 Drygala, ZIP 2005, 423 (430).
368 Karsten, GmbHR-Report 2006, R 141.
369 Ges.Begr. BT-Drucks.15/, S. 43, www.bmj.bund.de

schoben, wenn die Gesellschafter der GmbH eine den Aufsichtsratsmitgliedern vergleichbare Haftung träfe[370]. Die Gesellschafterhaftung, so wie das FoSiG sie vorsieht, ist daher aus diesen Gründen abzulehnen. Dann aber fehlt den Gesellschaftern auch die Anreizwirkung, sich um die Einsetzung amtsfähiger Personen zu bemühen.

dd. Strohmanngestaltungen in der AG

Der typische Strohmannfall in der GmbH, bei dem eine amtsunfähige Person eine unbescholtene Person als Geschäftsführer einsetzt und aus dem Hintergrund mittelbar Leitungsmacht ausübt, ist in der AG so nicht möglich, da der Vorstand seine Leitungsaufgabe in eigener Verantwortung und damit weisungsunabhängig erfüllt, vgl. § 76 I AktG. Der Aufsichtsrat als zuständiges Organ kann eine amtsunfähige Person aber als (faktisches) Vorstandsmitglied gewähren lassen, was dem Gläubigerschutz ebensowenig dient wie das Vorschieben eines Strohmannes. Da dieses Verhalten der Aufsichtsratsmitglieder jedoch eine Pflichtverletzung darstellt und sie sich gemäß §§ 116, 93 II AktG schadensersatzpflichtig machen, werden sie schon aus diesem Grund Wert auf die Einsetzung einer amtsfähigen Person legen[371].

ee. Formulierungsmängel

Formulierungsungenauigkeiten lösen weitere Kritik an § 6 II GmbHG in der Fassung des FoSiG-Entwurfs aus. Die Haftung ist § 43 II GmbHG nachgebildet[372]. Das erklärt, warum sich auch der Wortlaut von § 6 II 5 GmbHG an diese Vorschrift anlehnt und darauf abstellt, daß der amtsunfähige Geschäftsführer seine gegenüber der Gesellschaft bestehenden *Obliegenheiten* verletzt haben muß. Obliegenheiten sind Pflichten gegen sich selbst, deren Erfüllung zwar nicht erzwungen werden kann, deren Nichtbefolgung aber dennoch einen Rechtsnachteil nach

---

370 Ges.Begr. MoMiG-Entwurf, S. 43;www.bmj.bund.de

371 Vormals konnte hier noch kritisch angemerkt werden, daß die Schadensersatzpflicht der Aufsichtsratsmitglieder nur ein relativ stumpfes Schwert sei, da ihre tatsächliche Inanspruchnahme vom gerichtlichen Vorgehen des Vorstands abhing. Profitierte dieser aber vom Agieren des Aufsichtsrats, wurde er natürlich nicht tätig. Mit dem neuen § 147 AktG, eingefügt durch das UMAG v. 22.09.2005, BGBl. I Nr. 60, S. 2802, haben jedoch die Aktionäre der AG die Möglichkeit bekommen, die Gesellschaft aufzufordern, gegen Unternehmensorgane Schadensersatzansprüche zu stellen. Damit müssen die Aufsichtsratsmitglieder im hier vorliegenden Fall mit der Verurteilung zu Schadensersatz rechnen, wenn sie entgegen ihrer Verpflichtung eine amtsunfähige Person geschäftsleitend agieren lassen.

372 Ges.Begr. BT-Drucks. 15/3594, S. 26.

sich zieht[373]. Bei § 43 GmbHG besteht Einigkeit darüber, daß es sich bei der Wortwahl um eine mißverständliche Formulierung handelt und in Wirklichkeit *Pflichten gegenüber der GmbH* gemeint sind[374]. Dasselbe muß wegen der engen Anlehnung an § 43 GmbHG auch für § 6 II 5 GmbHG-E gelten; der Gesetzgeber hätte jedoch hier den alten Fehler vermeiden und den korrekten Terminus gebrauchen können[375].

Abschließend läßt sich sagen, daß das FoSiG sein Ziel, Strohmanngestaltungen zu verhindern, nicht erreicht. Die Regelung krankt daran, daß sie typische Umgehungskonstellationen schon gar nicht erfaßt und sich ihre Effektivität durch die systematische Anlehnung an § 43 GmbHG enorm reduziert. Aus diesen Erwägungen heraus ist auch die Einführung einer Gesellschafterhaftung im Entwurf des MoMiG unterblieben[376]. Er löst das Problem der Strohmannkonstruktionen jedoch ebenso nicht, so daß beide Entwürfe eine effektive Regelung schuldig bleiben.

c. Gläubigerschutz

Die bisherige Untersuchung hat einen zu kleinen Kreis verbotsauslösender Tatbestände, der dem Ziel des Gläubigerschutzes nicht umfassend genug Rechnung trägt, als einen der Hauptmängel der Berufsverbotsregelungen in §§ 6 II 3 GmbHG und 76 III 3 AktG ausgemacht. Diesen Einwand greifen der Entwurf des FoSiG und des MoMiG auf, indem sie den Katalog der Ausschlußgründe erweitern. Eine Bewertung der Vorschläge wird zeigen, ob sie der geäußerten Kritik Stand halten.

aa. Einführung handels- und gesellschaftsrechtlicher Verbotstatbestände

Beide Entwürfe machen die vorsätzliche Insolvenzverschleppung (§§ 84 GmbHG, 401 AktG) zu Bestellungshindernissen. Diese Novellierung ist unter Gläubigerschutzaspekten positiv zu bewerten:

Ein Geschäftsleiter ist grundsätzlich auf das Unternehmensinteresse verpflichtet. Sein Verantwortungsbereich weitet sich jedoch dann auf die Berücksichtigung auch von Gläubigerinteressen aus, wenn kein Interessengleichlauf mehr zwischen Gesellschafts- und Drittinteressen besteht, sondern sich das wirtschaftliche Risiko einer Unternehmung auf den Gläubiger verlagert und der Geschäfts-

---

373 Palandt-Heinrichs, vor § 241, Rn. 14; Fikentscher, S. 56.

374 Zöllner/Noack in Baumbach/Hueck, § 43, Rn. 17; Hommelhoff/Kleindiek in Lutter/Hommelhoff, § 43, Rn. 20; Scmidt, GesR § 36 II, S. 1077

375 Drygala, ZIP 2005, 423 (428).

376 Referententwurf zum MoMiG, S. 42, (Fn. 9).

leiter nicht unnötigen Schaden von ihm abwendet[377]. Der Interessengleichlauf endet damit spätestens ab Insolvenzreife des Unternehmens, da ab diesem Punkt die Gesellschaft kein Interesse mehr daran hat, größere Risiken zu vermeiden: Sie hat ja nichts mehr zu verlieren. Anders dagegen die Gläubiger der Gesellschaft, so dass der Geschäftsleiter sich nun von der Pflicht leiten lassen muß, das noch vorhandene Gesellschaftsvermögen als Haftungsmasse für die Gläubiger zu erhalten[378]. In diesem Zusammenhang werden die aus §§ 64 I GmbHG, 92 II AktG resultierenden Pflichten relevant. Der Geschäftsführer hat ständig die Zahlungsfähigkeit der Gesellschaft zu prüfen, sowie festzustellen, ob eine Unterbilanz oder Überschuldung eingetreten oder die Gesellschaft unterkapitalisiert ist[379]. Bei Insolvenzreife hat er rechtzeitig einen Insolvenzantrag zu stellen. Verletzt er diese Pflicht, trifft ihn eine strafrechtliche Verantwortlichkeit aus §§ 64 I, 84 I Nr. 2 GmbHG bzw. aus §§ 92 II, 401 I Nr. 2 AktG. Daneben haftet er Dritten gegenüber wegen Insolvenzverschleppung aus § 823 II BGB iVm § 64 I GmbHG bzw. § 92 II AktG. Dieser Fall zeigt, daß der Gesetzgeber dem Geschäftsführer selbst Pflichten zum Schutz von Gesellschaftsgläubigern auferlegen wollte. Er hat die Bedeutung dieser Verpflichtung auch durch eine persönliche Inanspruchnahme des Geschäftsführers im Falle der Pflichtverletzung dokumentiert. Die nunmehrige Aufnahme der Insolvenzverschleppung in den Verbotskatalog der §§ 6 II 3 GmbHG, 76 III 3 AktG flankiert den so wichtigen insolvenzrechtlichen Gläubigerschutz.

Auch der Verstoß gegen die Pflicht, richtige Angaben zu machen (§§ 82 GmbHG, 399 AktG) bzw. Verhältnisse korrekt darzustellen (§ 400 AktG) löst nach dem FoSiG und dem MoMiG ein Tätigkeitsverbot aus. Hintergrund dieser Erweiterung war wiederum die Bedeutung des Gläubigerschutzes im System der Kapitalgesellschaften. Die beschränkte Haftung in der GmbH und der AG erfordert besondere Vorsichtsmaßnahmen für außenstehende Personen, die bereits bei der Gründung der Gesellschaft ergriffen werden müssen. Eine Pflichtverletzung schon zu diesem Zeitpunkt beschwört die Gefahr herauf, daß sich die Risiken, die sich für einen Außenstehenden durch die beschränkte Haftung ergeben, über kurz oder lang realisieren. Daher wollen die §§ 82 GmbHG, 399 AktG gewährleisten, daß die Bestimmungen des GmbHG und des AktG, die dem Schutz Dritter dienen, eingehalten werden und daß im Interesse derselben keine falschen Angaben über Umstände gemacht werden, die für das Vertrauen der Allgemeinheit wesentlich sind[380].

---

377 Haas, Geschäftsführerhaftung und Gläubigerschutz, S. 310.
378 Haas, Geschäftsführerhaftung und Gläubigerschutz, S. 310.
379 Schneider in Scholz, § 43, Rn. 244, 245.
380 Insoweit sind sie auch Schutzgesetze iSv § 823 II BGB: Schulze-Osterloh/Servatius in Baumbach/Hueck, § 82, Rn. 9; Schaal in MK-AktG, § 399, Rn. 3, 4.

An § 399 AktG schließt sich für die AG § 400 AktG an. Die Vorschrift will die vertretungsberechtigten Organe der AG dazu anhalten, die Verhältnisse der Gesellschaft in der Eröffnungsbilanz, dem Jahresabschluß, im Lagebericht oder in Zwischenabschlüssen richtig und unverschleiert wiederzugeben. Die Einhaltung dieser Vorgaben dient dem Überblick über die finanzielle Lage der Gesellschaft sowohl für die Verantwortlichen in der Gesellschaft als auch für Außenstehende. Diese gelangen so zu einer Einschätzung darüber, ob das Unternehmen solide dasteht und sich als Geschäftspartner eignet oder ob die Unternehmenssituation bedenklich und damit Vorsicht geboten ist. Falsche Angaben versagen einem Dritten dagegen die Möglichkeit, die Lage des Unternehmens korrekt zu bewerten, so daß eine Fehleinschätzung die Folge ist. Geht er daraufhin unbewußt eine unsichere Geschäftsbeziehung ein, drohen ihm finanzielle Schäden.

§ 400 AktG, dessen Verletzung eine Freiheitsstrafe bis zu drei Jahren nach sich zieht, dient daher ebenfalls dem Dritt- und insbesondere dem Gläubigerschutz und fügt sich somit gut in einen erweiterten Verbotskatalog der §§ 6 II 3 GmbHG, 76 III 3 AktG ein.

Der Vollständigkeit halber sollte aber auch § 331 HGB, dessen Zweck und Inhalt mit § 400 AktG vergleichbar ist, Eingang in den Verbotskatalog finden. Er findet Anwendung auf alle Kapitalgesellschaften, so daß mit ihm auch unrichtige Darstellungen in der GmbH erfaßt werden können.

bb. Strafrechtliche Verbotstatbestände: Verfassungsrechtliche Kritik

Das FoSiG führt auch die Vermögensdelikte Betrug, Computerbetrug, Subventionsbetrug, Kapitalanlagebetrug, Kreditbetrug, Untreue sowie Vorenthalten und Veruntreuen von Arbeitsentgelt als Verbotstatbestände ein, womit die zentralen Delikte des Wirtschaftsstrafrechts angesprochen sind[381]. Der Gesetzentwurf will damit dem Ziel gerecht werden, Berufsverbote als Instrumente des Gläubigerschutzes und zur Bekämpfung der Wirtschaftskriminalität einzusetzen.

Der damalige Gesetzgeber hatte bei der Einführung von § 6 II 3 GmbHG die allgemeinen Vermögensdelikte wie insbesondere den Betrug und die Untreue noch mit der Begründung nicht als verbotsauslösende Tatbestände berücksichtigt, daß „die Sachverhaltsgestaltungen, die einer Verurteilung nach diesen Vorschriften zugrunde liegen können, zu vielgestaltig sind und sowohl vom geschützten Rechtsgut wie auch vom Unrechtsgehalt der Tat her eine solche Rechtsfolge nicht

---

381 Für die genannten Straftaten ist gemäß § 74 c I Nr. 5, 6 GVG ist eine Wirtschaftsstrafkammer zuständig.

in jedem Fall angemessen erscheinen lassen“[382]. Diese Begründung führt das MoMiG weiter, wenn es die allgemeinen Vermögensstraftaten deshalb nicht aufnimmt, weil sie in keinem notwendigen inneren Zusammenhang zur Geschäftsleitungstätigkeit einer Kapitalgesellschaft stünden[383]. Zwar sei von einem Geschäftsführer uneingeschränkte Zuverlässigkeit zu fordern. Diese dürfe aber nur dann in Frage gestellt werden, wenn die hierfür relevanten Straftaten zumindest typischerweise mit der Leitungstätigkeit in einer Kapitalgesellschaft verbunden sind[384].

Diesbezügliche Bedenken scheinen die Verfasser des FoSiG damit ausräumen zu wollen, daß die Begehung einer der genannten allgemeinen Vermögensstraftaten erst dann zu einem Berufsverbot führt, wenn sie die Verurteilung zu einer mindestens einjährigen Haftstrafe nach sich zieht. Erst der solchermaßen „qualifizierte“ Verstoß begründet also nach dem FoSiG die Ungeeignetheit des Täters für ein Geschäftsleiteramt und rechtfertigt das Tätigkeitsverbot. Verfassungsrechtlich bedenklich scheint hierbei, daß sich die Rechtfertigung für das Berufsverbot auf die lediglich Vermutung stützt, daß der Täter durch seine schwerwiegende Tat (mindestens einjährige Freiheitsstrafe) dokumentiert, daß er sein kriminelles Verhalten in jedem Umfeld, also auch im geschäftlichen Bereich, an den Tag legt und deshalb als ungeeignet für ein Geschäftsleiteramt einzustufen ist[385]. Zwar könnte man im Lichte einer lebensnahen Auslegung geneigt sein, bei einem Täter, der bereits außerhalb des geschäftlichen oder beruflichen Umfelds durch die Begehung allgemeiner Vermögensstraftaten aufgefallen ist, eine hohe Wahrscheinlichkeit auch dafür sprechen zu lassen, daß seine kriminelle Gesinnung auch sein Handeln innerhalb des geschäftlichen Bereichs bestimmt. Vor diesem Hintergrund ist die Folge eines Tätigkeitsverbots als Geschäftsleiter sicherlich nicht ungeeignet, um die Allgemeinheit und insbesondere Gläubiger vor Schäden besser zu schützen. Dennoch stellt ein Tätigkeitsverbot immer einen schwerwiegenden Eingriff in die Berufsfreiheit dar, der den Einzelnen nicht unangemessen beeinträchtigen darf[386]. Die Unangemessenheit ergibt sich hier aber daraus, daß der Begehung einer Vermögensstraftat in einem beliebigen Zusammenhang nicht automatisch der Vorwurf der Ungeeignetheit als Geschäftsleiter folgen darf, das FoSiG aber trotz des fehlenden Zusammenhangs die Rechtsfolge eines Berufsverbots eintreten läßt. Das Fehlen dieses Zusammenhangs hat schon den histori-

---

382 Beschlussempfehlung und Bericht des Rechtsausschusses, BT-Drucks. 8/3908, S. 70, www.bundestag.de.

383 Ges.Begr. MoMiG-Entwurf, S. 41; www.bmj.bund.de.

384 Ges.Begr. MoMiG-Entwurf, S. 42; www.bmj.bund.de.

385 Drygala, ZIP 2005, 423 (426).

386 Siehe schon die Ausführungen zur Verfassungsmäßigkeit der §§ 6 II 3 GmbHG, 76 III 3 AktG unter B.VIII.

schen Gesetzgeber zu der Entscheidung bewogen, nur die Insolvenzstraftaten der §§ 283–283 d StGB zu Amtshindernissen zu erklären, da diese immer im Rahmen unternehmerischer Tätigkeit begangen werden und somit bei ihnen ein Bezug zwischen Straftat und Ungeeignetheit für das Geschäftsleiteramt vorliegt. In diesem Fall ist die Rechtsfolge des Berufsverbots angemessen. Das Gleiche gilt für die Verurteilung wegen Kapitalanlagebetrugs, Kreditbetrugs oder wegen des Vorenthaltens und Veruntreuens von Arbeitsentgelt, da diese Straftaten immer in einem unternehmerischen oder geschäftlichen Bezug stehen und – insoweit vergleichbar mit den Insolvenzdelikten – sich schon durch diesen Bezug die Ungeeignetheit als Geschäftsleiter offenbart. Die Aufnahme der allgemeinen Vermögensdelikte des Betrugs, Computerbetrugs und der Untreue nach den Vorgaben des FoSiG hält somit einer verfassungsrechtlichen Überprüfung nicht Stand.

Verfassungsrechtliche Kritik am FoSiG muß auch vor dem Hintergrund des allgemeinen Gleichbehandlungssatzes geübt werden. Die Ausdehnung des Verbotskatalogs ist zwar vor dem Hintergrund wünschenswert, daß er eine Reihe von Tatbeständen erfaßt, die im Bereich der Wirtschaftskriminalität eine große Rolle spielen. Da nunmehr aber mit dem Betrug (§§ 263–264 a StGB, 265 b StGB) und der Untreue allgemeine Vermögensstraftaten verbotsauslösend wirken, stellt sich die Frage, ob dem Entwurf eine nachvollziehbare Differenzierung zu Grunde liegt, die erklärt, weshalb andere allgemeine Vermögensstraftaten keinen Eingang in den Verbotskatalog gefunden haben. *Drygala* formuliert die Kritik an der fehlenden Differenzierung mit der prägnanten Aussage, daß ein Geschäftsleiter, der Geschäftspartner betrügt, seine Unzuverlässigkeit und Ungeeignetheit ebenso dokumentiere wie derjenige, der Betriebsvermögen unterschlägt oder das Unternehmen dadurch zu sanieren versucht, daß er die nächste Sparkasse überfällt[387]. Daher macht er dem FoSiG den Vorwurf der Inkonsequenz, da es keine nachvollziehbare Differenzierung zwischen den allgemeinen Vermögensstraftaten erkennen lasse, um die der Verbotskatalog erweitert wird und den übrigen allgemeinen Vermögensstraftaten, die weiterhin keine Ausschlußgründe darstellen. *Drygalas* Kritik ist insbesondere deshalb zuzustimmen, da das FoSiG zum Ausdruck bringt, daß der Geschäftsleiter unabhängig davon ungeeignet ist, ob die Vermögensstraftat einen unternehmerischen oder geschäftlichen Bezug hat, solange sie nur schwerwiegend genug ist (mindestens einjährige Haftstrafe). Vor diesem Hintergrund hätten alle Vermögensstraftaten in den Verbotskatalog aufgenommen werden müssen, die einen Täter bestrafen, der um des eigenen Besitzstreben willens fremde Vermögensinteressen rücksichtslos verletzt[388].

387 ZIP 2005, 423 (427).
388 Drygala, ZIP 2005, 423 (427).

d. Grenzübergreifende Wirkung von Berufsverboten

Weder der FoSiG-Entwurf noch der MoMiG-Entwurf setzen sich mit der Frage auseinander, ob ausländische Verurteilungen oder Berufsverbote den Verbotskatalog erweitern sollen und wie die derzeit noch mögliche Umgehung eines inländischen Berufsverbotes durch Gründung einer Zweigniederlassung oder durch grenzüberschreitende Tätigkeit über ein ausländisches Unternehmen unterbunden werden kann. Die schon jetzt hier bestehenden Defizite von §§ 6 II 3 GmbHG, 76 III 3 AktG werden damit nicht beseitigt.

e. Sonderproblem: Die gewerbsmäßige Unternehmensbestattung

Das MoMiG hat sich schon seinem Namen nach der Mißbrauchsbekämpfung bei der GmbH verschrieben. Dementsprechend greift es auch das Problem der gewerbsmäßigen Unternehmensbestattungen auf. Die dafür notwendigen Gesetzesänderungen nehmen die Verfasser des MoMiG wortgleich in den entsprechenden Normen im Aktiengesetz vor. Da die Mißbrauchsfälle der Unternehmensbestattungen jedoch überwiegend GmbH betreffen, beziehen sich die folgenden Ausführungen auch nur auf diese Rechtsform.

aa. Die Lösung der Unternehmensbestattungsproblematik durch das MoMiG

Neben einer erleichterten Zustellung an die Gesellschaft sollen auch die Erstreckung der Insolvenzantragspflicht auf die Gesellschafter und eine Ersatzpflicht der Geschäftsführer, wenn sie durch Zahlungen an Gesellschafter die Zahlungsunfähigkeit der Gesellschaft herbeigeführt haben, Firmenbestattungsfällen vorbeugen.

§ 8 IV GmbHG wird neu wie folgt gefaßt:

„In der Anmeldung sind ferner anzugeben
1. eine inländische Geschäftsanschrift,
2. Art und Umfang der Vertretungsbefugnis der Geschäftsführer.“

Unter dieser Anschrift können Schriftstücke wirksam zugestellt werden. Sie ist für jedermann im Handelsregister einsehbar[389]. Das Löschen der Anschrift ist nicht ohne Eintragung einer neuen Zustellungsanschrift möglich, auch Änderungen sind einzutragen. Ist die Zustellung aufgrund falscher Adressangaben nicht

389 Mit Wirkung zum 01.01.2007 tritt das Gesetz über elektronische Handelsregister und Genossenschaftsregister sowie das Unternehmensregister (EHUG) in Kraft. Dadurch wird die Einsicht künftig auch online möglich.

möglich oder wird gegen die Aktualisierungspflicht verstoßen, ahndet der MoMiG-Entwurf dies mit der Folge der erleichterten öffentlichen Zustellung nach den Vorschriften der Zivilprozessordnung, um Gläubiger nicht ins Leere laufen zu lassen[390]. § 185 ZPO, der die öffentliche Zustellung regelt, soll daher entsprechend angepasst werden:

„Die Zustellung kann durch öffentliche Bekanntmachung (öffentliche Zustellung) erfolgen, wenn
1. der Aufenthaltsort einer Person unbekannt und eine Zustellung an einen Vertreter oder Zustellungsbevollmächtigten nicht möglich ist;
2. bei juristischen Personen, die zur Anmeldung einer inländischen Geschäftsanschrift zum Handelsregister verpflichtet sind, eine Zustellung weder unter der eingetragenen Anschrift noch unter einer sich aus dem Handelsregister ergebenden Anschrift einer für Zustellungen empfangsberechtigten Person oder einer ohne Ermittlung bekannten anderen inländischen Anschrift möglich ist.
3. eine Zustellung im Ausland nicht möglich ist oder keinen Erfolg verspricht oder
4. die Zustellung nicht erfolgen kann, weil der Ort der Zustellung die Wohnung einer Person ist, die nach den §§ 18 bis 20 des Gerichtsverfassungsgesetzes der Gerichtsbarkeit nicht unterliegt."

Folgerichtig wird im HGB neu § 15 a eingefügt:

„Ist bei einer juristischen Person (...), die zur Anmeldung einer inländischen Geschäftsanschrift zum Handelsregister verpflichtet ist, die Zustellung einer Willenserklärung nicht unter der eingetragenen Anschrift oder einer sich aus dem Handelsregister ergebenden Anschrift einer für Zustellungen empfangsberechtigten Person oder einer ohne Ermittlungen bekannten anderen inländischen Anschrift möglich, kann die Zustellung nach den für die öffentliche Zustellung geltenden Vorschriften der Zivilprozessordnung erfolgen. Zuständig ist das Amtsgericht, in dessen Bezirk sich die eingetragene inländische Geschäftsanschrift der Gesellschaft befindet. § 132 des Bürgerlichen Gesetzbuches bleibt unberührt."

Flankiert wird die Änderung von § 8 IV GmbHG durch eine Ergänzung von § 35 I GmbHG, der das Verfahren des Zugangs von Willenserklärungen und für Zustellungen an die Vertreter der Gesellschaft erheblich vereinfacht. § 35 I 2 GmbHG lautet neu:

„An die Vertreter der Gesellschaft können unter der im Handelsregister eingetragenen Geschäftsanschrift Willenserklärungen abgegeben und Schriftstücke zugestellt werden. Unabhängig hiervon kann die Zustellung auch unter der eingetragenen Anschrift der empfangsberechtigten Person nach § 10 Abs. 2 GmbHG[391] erfolgen."

---

390 Ges.Begr. MoMiG-Entwurf, S. 46, 47; www.bj.bund.de

391 § 10 II GmbHG stellt den Gesellschaften die Option zur Verfügung, neben den Vertretern der Gesellschaft eine weitere Person als zusätzlichen Zustellungsempfänger

Unter der Geschäftsanschrift kann daher ohne Weiteres an alle Vertreter der Gesellschaft zugestellt werden[392]. § 35 I 2, 1. Alt. begründet dabei die unwiderlegliche Vermutung, daß der Geschäftsführer unter der Geschäftsanschrift zu erreichen ist, er also die Möglichkeit der Kenntnisnahme hat[393]. Daher gereicht es dem Erklärenden nicht zum Nachteil, wenn der Geschäftsführer tatsächlich keine Kenntnis erhält, zum Beispiel weil er untergetaucht ist.

Auch § 35 II GmbHG erfährt eine Änderung. Er wird um folgenden Satz ergänzt:

> „Hat eine Gesellschaft keinen Geschäftsführer (Führungslosigkeit), so wird die Gesellschaft für den Fall, daß ihr gegenüber Willenserklärungen abgegeben oder Schriftstücke zugestellt werden, durch jeden Gesellschafter vertreten; ist für die Gesellschaft ein Aufsichtsrat bestellt, so wird sie durch diesen vertreten."

Indem bei Führungslosigkeit die Gesellschafter zu Empfangsvertretern bestimmt werden, ist der Versuch, Zustellungen und den Zugang von Erklärungen an die Gesellschaft durch die Abberufung des Geschäftsführers zu vereiteln, nicht mehr von Erfolg gekrönt.

Bei Führungslosigkeit und Insolvenzreife der Gesellschaft haben nunmehr auch die Gesellschafter die Pflicht, den Insolvenzantrag zu stellen. § 64 I 2 GmbHG wird durch folgende Sätze ersetzt:

> „Im Fall der Führungslosigkeit der Gesellschaft (§ 35 II 4) oder bei unbekanntem Aufenthalt der Geschäftsführer ist auch jeder Gesellschafter zur Stellung des Antrags verpflichtet, es sei denn, er hat von der Zahlungsunfähigkeit und der Führungslosigkeit keine Kenntnis. Die Sätze 1 und 2 gelten sinngemäß, wenn sich eine Überschuldung der Gesellschaft ergibt."

Schließlich muß der Geschäftsführer Schadensersatz leisten, wenn er durch Zahlungen an die Gesellschafter die Zahlungsunfähigkeit herbeiführt. § 64 II GmbHG lautet neu:

> „Die Geschäftsführer sind der Gesellschaft zum Ersatz von Zahlungen verpflichtet, die nach Eintritt der Zahlungsunfähigkeit der Gesellschaft oder nach Feststellung ihrer Überschuldung geleistet werden. Dies gilt nicht von Zahlungen, die auch nach diesem Zeitpunkt mit der Sorgfalt eines ordentlichen Geschäftsmannes vereinbar sind. *Neu: Die*

---

ins Register eintragen zu lassen. Diese Option wird dann gewählt werden, wenn die Gesellschafter nicht sicherstellen kann, daß die eingetragene Geschäftsanschrift tatsächlich ununterbrochen für Zustellungen geeignet ist und dadurch die Risiken einer öffentlichen Zustellung entstehen können.

392 Der MoMiG-Entwurf spricht daher auch von der „Kanalisation auf die Geschäftsanschrift", S. 57.

393 Ges.Begr. MoMiG-Entwurf, S. 57; www.bmj.bund.de

gleiche Verpflichtung trifft die Geschäftsführer, wenn durch Zahlungen an Gesellschafter die Zahlungsunfähigkeit der Gesellschaft herbeigeführt wird, es sei denn, daß diese Folge auch bei Beachtung der in Satz 2 bezeichneten Sorgfalt nicht erkennbar war." Auf den Ersatzanspruch finden die Bestimmungen in § 43 Abs. 3 und 4 entsprechende Anwendung."

bb. Bewertung

Eines der Hauptprobleme, dem sich Gläubiger bei der gewerbsmäßigen Unternehmensbestattung gegenübersehen, ist die Unmöglichkeit der Zustellung von Schriftstücken an die neue Gesellschaft, weil im Handelsregister falsche oder unvollständige Angaben über die Geschäftsadresse gemacht wurden.

Der MoMiG-Entwurf beseitigt diese Unzulänglichkeiten nicht schon dadurch, daß er die zwingende Angabe einer inländischen Geschäftsadresse vorschreibt. Vielmehr bringt erst der neue § 35 I 2 GmbHG Sicherheit für die Gläubiger, da er eine Vermutungsregel für die Kenntnisnahmemöglichkeit des Geschäftsführers enthält. Ein Untertauchen oder der Aufenthalt im Ausland hindert die Zustellung und Bekanntgabe von Schriftstücken damit nicht. Ebenso nützt es den Gesellschaftern nicht, wenn sie versuchen wollen, durch eine Abberufung des Geschäftsführers die Gesellschaft vertreterlos zu lassen. Die Zustellung von Erklärungen kann dann zwar grundsätzlich wegen § 170 I ZPO vereitelt werden[394]. Für diesen bewußt herbeigeführten Fall der Führungslosigkeit sieht § 35 II 2 GmbHG in der Fassung des MoMiG jedoch eine Ersatzzuständigkeit der Gesellschafter vor, was eine Zustellung unter der im Register eingetragenen Geschäftsadresse möglich macht. Verstärkt wird der Schutz der Gläubiger durch die Möglichkeit einer öffentlichen Zustellung gemäß § 185 ZPO, wenn die Zustellung unter der angegebenen Geschäftsadresse sich als unmöglich erweist.

Gerade die Ausnutzung der bisherigen Lücken im „Zustellungssystem" des Gesetzes macht einen Teil des Reizes der Unternehmensbestattung aus. Ertragreich wird sie für die Aufkäufer dadurch, daß das „Entsorgungsentgelt"[395] für die alte Gesellschaft kassiert wird und u.U. noch Erlöse aus dem verbliebenen Betriebsvermögen erzielt werden können, Gläubigerforderungen und andere Verbindlichkeiten den Gewinn aber deshalb nicht schmälern, weil die Gläubiger keinen Zugriff mehr auf die Gesellschaft haben. Die Ergänzungen und Änderungen im GmbHG, im HGB sowie in der ZPO schließen diese Lücken. Der bisherigen Praxis der Aufkäufer, durch falsche oder unvollständige Angaben Zustellungen

394 Das Vorhandensein eines gesetzlichen oder rechtsgeschäftlichen Vertreters ist deshalb so wichtig, da eine Zustellung an die Gesellschaft selbst als nicht prozessfähige Person unwirksam wäre, vgl. §§ 170 I, 171 S. 1 ZPO.

395 Hey/Regel, GmbHR 2000, 115 (116).

an die Gesellschaft unmöglich zu machen und damit ihre Identität und ihren Aufenthaltsort zu verschleiern, wird so ein Riegel vorgeschoben. Unternehmensbestattungen sind daher von nun an mit vielen Hindernissen verbunden.

Die vorgeschlagene Insolvenzantragspflicht der Gesellschafter setzt die Führungslosigkeit der Gesellschaft oder den unbekannten Aufenthalt des Geschäftsführers, sowie die Zahlungsunfähigkeit der Gesellschaft und die Kenntnis der Gesellschafter hiervon voraus. Sie ist vor dem Hintergrund entstanden, daß die neu bestellten Geschäftsführer der veräußerten Gesellschaft in vielen Fällen sofort abberufen werden oder abtauchen, ohne durch die Stellung des Insolvenzantrags eine ordnungsgemäße Abwicklung der Gesellschaft in Gang zu setzen. Durch diese Ersatzzuständigkeit der Gesellschafter sollen die Gläubigerrechte gestärkt und den Gesellschaftern darüber hinaus bewußt gemacht werden, daß sie die Gesellschaft nicht zum Schaden des Rechtsverkehrs führungslos lassen dürfen, sondern ordnungsgemäß aktionsfähige Vertreter bestellen müssen[396]. Unternehmensbestattungsfälle zeichnen sich gerade dadurch aus, daß die Aufkäufer insolvente Gesellschaften erwerben, sich im Fortgang aber nicht um die weitere Abwicklung kümmern. Insofern sind sie das Paradebeispiel für den neuen § 64 I GmbHG.

Als Gläubigerschutznorm verfolgt § 64 I GmbHG die Interessen Dritter und ist daher als Schutzgesetz zu qualifizieren[397]. In Verbindung mit § 823 II BGB sind somit nach der neuen Fassung von § 64 I GmbHG künftig nicht mehr nur die Geschäftsführer, sondern auch die Gesellschafter Ersatzansprüchen ausgesetzt, wenn sie gegen die Antragspflicht verstoßen haben und Gläubigern daraus ein Schaden erwachsen ist. Diese Haftung der Gesellschafter wird insbesondere deshalb Bedeutung erlangen können, weil die zum Handelsregister einzureichende Gesellschafterliste zwecks Mißbrauchsbekämpfung aufgewertet wird[398]. Künftig gilt derjenige als Gesellschafter, der in die Gesellschafterliste eingetragen ist, vgl. § 16 GmbHG in der Fassung des MoMiG. Der Gesellschafterbestand wird für Außenstehende transparenter, die Aufkäufer bei der Unternehmensbestattung, die sonst im Hintergrund agieren, rücken somit zwangsweise in den Vordergrund. Ihre gesteigerte Verantwortlichkeit als Gesellschafter wird es Unternehmensbestattern daher künftig schwerer machen, ihre kriminellen Praktiken fortzuführen.

Das MoMiG legt daher mit den vorgestellten gesetzlichen Änderungen eine sinnvolle Lösung zur Bekämpfung der Unternehmensbestattungsfälle vor.

396 Ges.Begr. MoMiG-Entwurf, S. 62, 63, www. bmj.bund.de.
397 BGHZ 126, 181 (190); BGH BB 2005, 2144.
398 Ges.Begr. MoMiG-Entwurf, S. 48;www.bmj.bund.de.

f. Verbleibende und neue verfassungsrechtliche Kritik an den Gesetzentwürfen

Die Kritik an der Dauer der Berufsverbote in § 6 II 3 GmbHG und § 76 II 3 AktG hat zwei Ursachen. Zum einen wird der bestehenden Regelung der Vorwurf gemacht, daß es eine verfassungsrechtlich nicht zu akzeptierende Ungleichbehandlung darstellt, daß die einheitliche Fünf-Jahressperre unabhängig davon eingreift, welche Schwere die Tat hat, insbesondere ob dem Täter Vorsatz oder nur Fahrlässigkeit vorzuwerfen ist. Die vorliegenden Gesetzentwürfe reagieren unterschiedlich auf diese Kritik.

Das FoSiG belegt zwar den Geschäftsleiter, der wegen einer vorsätzlichen Insolvenzverschleppung verurteilt wurde, mit einem Berufsverbot, nicht aber denjenigen, der hierbei nur fahrlässig gehandelt hat. Insoweit sieht es also eine differenzierte Regelung vor. Bei den Insolvenzdelikten dagegen läßt es auch weiterhin eine Fahrlässigkeitsstraftat ausreichen und beseitigt die Wertungsunstimmigkeiten, die in diesem Zusammenhang immer schon zu Kritik geführt haben, nicht. Der Vorwurf der Ungleichbehandlung muß daher hier umso mehr erhoben werden, als das FoSiG mit der geplanten Neuregelung die Ungleichbehandlung nicht beseitigt, sondern noch verstärkt hat[399]. Das MoMiG dagegen nimmt sich der verfassungsrechtlichen Kritik an und läßt nur vorsätzlich begangene Taten für ein Berufsverbot genügen. Diese Änderung wurde bewußt vorgenommen, um keine Zweifel an der Verfassungsmäßigkeit aufkommen zu lassen[400]. Insoweit überzeugt seine Konzeption gegenüber dem FoSiG.

Zum anderen krankt die bestehende Regelung der §§ 6 II 3 GmbHG, 76 III 3 AktG aber daran, daß die einheitliche Rechtsfolge unangemessen pauschaliert. Werden die fünf Jahre als Obergrenze verstanden, werden schwerwiegende Verfehlungen zu milde bestraft. Sollen sie statt dessen einen Mindestrahmen darstellen, findet in minderschweren Fällen eine übertriebene Gefahrenabwehr statt[401]. Sowohl FoSiG als auch MoMiG haben keine diesbezüglichen Änderungen vorgenommen, sondern § 6 II 3 GmbHG in seiner alten Form bestehen gelassen.

4. Zusammenfassung

Die Beurteilung der beiden Gesetzentwürfe hat ergeben:

Positiv bei beiden Gesetzentwürfen ist zu bewerten, daß nunmehr auch die „klassischen“ Straftaten aus dem Kapitalgesellschaftsrecht, §§ 82, 84 I Nr. 2

399 So auch Drygala, ZIP 2005, 423 (426).
400 Ges.Begr. MoMiG-Entwurf, S. 41; www.bmj.bund.de.
401 Siehe hierzu im einzelnen die Diskussion unter B.VIII.1.cc.

GmbHG und §§ 399–401 AktG verbotsauslösende Tatbestände darstellen. Darüber hinaus sollte §§ 331 HGB den Verbotskatalog erweitern.

Die zusätzliche Aufnahme allgemeiner Vermögensstraftaten durch das FoSiG sieht sich aber in ihrer konkreten Ausgestaltung verfassungsrechtlichen Bedenken ausgesetzt und ist daher abzulehnen.

Begrüßenswert bei beiden Entwürfen ist, dass die Verurteilung des Geschäftsführers einer GmbH nicht nur den Verlust der Amtsfähigkeit für ein Geschäftsführeramt zur Folge hat, sondern dem Betreffenden auch die Bestellung als Vorstandsmitglied in einer AG verwehrt ist und umgekehrt.

Beide Entwürfe belassen es bei der Rechtsfolge einer einheitlichen Fünf-Jahressperre, unabhängig von dem zugrundeliegenen konkreten Fehlverhalten. Die sich an dieser unverhältnismäßigen Rechtsfolge entzündende Kritik wird somit nicht beseitigt. Das MoMiG stellt allerdings klar, daß alle in § 6 II 3 GmbHG genannten Straftaten nur verbotsauslösend sein sollen, wenn sie vorsätzlich begangen wurden. Im Gegensatz zum FoSiG, das zumindest im Rahmen der Insolvenzdelikte weiterhin eine fahrlässige Vorgehensweise ausreichen läßt, greift das MoMiG die hierzu geäußerte Kritik der Ungleichbehandlung auf und stellt § 6 II 3 GmbHG insoweit auf sichere Beine.

Die neu vorgeschlagene Gesellschafterhaftung im FoSiG-Entwurf ist aufgrund inhaltlicher und systematischer Mängel nur bedingt geeignet, das Ziel zu erreichen, Strohmanngestaltungen zu verhindern und die Gesellschafter dazu zu bewegen, sich auch im Interesse der Gläubiger der Gesellschaft um amtsfähige Geschäftsleiter zu bemühen. Zudem krankt der Entwurf hier auch an Formulierungsmängeln, die leicht hätten vermieden werden können.

Kapitalmarktrechtliche Verfehlungen finden weder in den FoSiG-Entwurf noch in den MoMiG-Entwurf Eingang als verbotsauslösende Tatbestände. Der Schwerpunkt der Zielsetzung der Vorschriften liegt also weiterhin auf dem kapitalgesellschaftsrechtlichen Gläubigerschutz, obwohl die Überlegungen in dieser Arbeit gezeigt haben, dass es auch im Sinne verbesserter Informationstransparenz und damit im Sinne des Anlegerschutzes wäre, bei Verstössen gegen kapitalmarktrechtliche Pflichten Berufsverbote auszusprechen.

Beide Entwürfe ändern nichts an der unzureichenden grenzübergreifenden Wirkung von Berufsverboten und beseitigen damit die an der bestehenden Gesetzeslage geübte Kritik nicht.

Sanktionen, die den Verstoß gegen ein Berufsverbot ahnden, enthält keiner der beiden Entwürfe. Auch werden keine Lösungen für eine effektive Überwachung von Personen, gegen die ein Tätigkeitsverbot verhängt wurde, angeboten. Die Abschreckungswirkung der Berufsverbotsregelungen wird sich aufgrund dieser verbleibenden Defizite im Verhältnis zur alten Regelung daher nicht vergrößern.

Im direkten Vergleich der beiden Entwürfe stellt das MoMiG den schlüssigeren Vorschlag zur Novellierung der Tätigkeitsverbote für Geschäftsleiter dar, zumal es sich zusätzlich mit dem Sonderproblem der gewerbsmäßigen Unternehmensbestattung beschäftigt und hierfür adäquate Lösungsansätze bietet. Dennoch beseitigen beide Vorschläge die bestehende Kritik an der Konzeption und dem Inhalt von § 6 II 3 GmbHG und § 76 III 3 AktG nicht vollständig und gehen insbesondere vor dem Hintergrund der mit den Tätigkeitsverboten verfolgten Ziele nicht weit genug.

II. Eigene Vorschläge: Weitere Verbotstatbestände

Sowohl das FoSiG als auch das MoMiG halten an der strafrechtlichen Akzessorietät der verbotsauslösenden Tatbestände fest. Die Geeignetheit und Zuverlässigkeit als Geschäftsleiter bemißt sich aber nicht nur daran, ob der Betreffende sich konform zur Strafrechtsordnung verhält. Auch das öffentliche Recht stellt Anforderungen an ihn, deren Nichtbeachtung ihn ebenso für ein Geschäftsleitungsamt disqualifizieren kann wie die Begehung einer Straftat. Darüber hinaus muß ein Geschäftsleiter sich unter bestimmten Voraussetzungen auch deliktisch gegenüber Dritten verantworten. Die sittenwidrige Schädigung eines Gläubigers entlarvt ihn als verantwortungslosen Geschäftspartner, dessen Anwesenheit und Agieren auf dem Markt Dritte gefährdet. Schließlich hat insbesondere bei der AG, aber auch bei börsennotierten GmbH der Anlegerschutz eine so große Bedeutung, daß zu überlegen ist, Verstöße gegen die Transparenz und Informationseffizienz auf dem Kapitalmarkt ebenfalls zu Ausschlußgründen zu qualifizieren.

1. Allgemeine Vermögensstraftaten als verbotsauslösende Tatbestände

Bisher löst nur die Begehung einer Insolvenzstraftat der §§ 283 bis 283 d StGB ein Tätigkeitsverbot als Geschäftsleiter aus. An diesem sehr eingeschränkten Verbotskatalog wird insbesondere deshalb Kritik geübt, da er der Zielsetzung von §§ 6 II 3 GmbHG, 76 III 3 AktG, Gläubiger vor ungeeigneten Geschäftsleitern schützen zu wollen, nicht umfänglich gerecht wird. Es existiert auch eine Reihe anderer Straftaten, durch deren Begehung ein Täter dokumentiert, daß er sich über berechtigte Vermögensinteressen Dritter widerrechtlich hinwegsetzt und so seine Ungeeignetheit für ein Geschäftsleitungsamt erkennen läßt. Zu diesen Straftaten gehören vor allen anderen die allgemeinen Vermögensstraftaten des Betrugs, der Untreue und der Unterschlagung, welche die zentralen Wirtschaftsdelikte darstellen, vgl. für den Betrug und die Untreue § 74 c I Nr. 5, 6 a GVG. Sie sollten daher Eingang in den Verbotskatalog finden.

Allerdings ist hierbei die Entscheidung des Gesetzgebers zu berücksichtigen, gerade diese Straftaten nicht zu verbotsauslösenden Tatbeständen zu machen, da sie in den unterschiedlichsten Fallgestaltungen begangen werden können[402]. Diese Vielschichtigkeit, die sich auch in den geschützten Rechtsgütern sowie im Unrechtsgehalt der jeweiligen Tat zeigt, macht es schwierig, die Rechtsfolge eines Berufsverbots in jedem Fall angemessen erscheinen zu lassen[403]. Dennoch hatte auch schon der damalige Gesetzgeber erkannt, daß alle Wirtschaftsdelikte zumindest einen gemeinsamen Nenner haben: den Gläubigerschutz. Dieser bliebe nur unvollkommen, berücksichtigte der Berufsverbotskatalog die allgemeinen Vermögensstraftaten gar nicht.

Einen Vorschlag, wie Betrug, Untreue und Unterschlagung Eingang in den Verbotskatalog von § 6 II 3 GmbHG finden können, macht das FoSiG. Er ist jedoch als nicht verfassungskonform abzulehnen, da er das Berufsverbot auf die Vermutung der Ungeeignetheit als Geschäftsleiter stützen will[404].

Statt dessen sollte für die Lösung des Problems am eigentlichen Ausgangspunkt der Überlegungen angesetzt werden, wonach unseriöse Geschäftsleiter, denen unrechtmäßiges, unredliches und drittschädigendes Verhalten vorzuwerfen ist, vom Geschäftsleben fern gehalten werden sollen. Ausgehend von diesem Ansatz sollte die Verhängung eines Berufsverbotes davon abhängen, daß das Vermögensdelikt im Zusammenhang mit der geschäftlichen oder unternehmerischen Tätigkeit begangen wird, so unter Mißbrauch der Geschäftsleiterstellung oder unter grober Verletzung der mit dieser verbundenen Pflichten, vgl. § 70 StGB[405]. Im Gegensatz zum Vorschlag des FoSiG-Entwurfs erweist sich diese Lösung aus zwei Gründen als vorzugswürdig.

Zum einen muß nicht mit der – wenn auch sehr wahrscheinlichen – Vermutung gearbeitet werden, daß eine Person für ein Geschäftsleiteramt schon dann ungeeignet ist, wenn sie eine hinreichend schwere Vermögensstraftat begangen hat, die Tat selbst aber nicht im geschäftlichen Umfeld begangen wurde. Hat sie das Vermögensdelikt dagegen in Ausübung ihrer Tätigkeit im geschäftlichen Bereich begangen, ist der Beweis für ihre Ungeeignetheit erbracht.

Zum anderen stellt die Voraussetzung der Unternehmensbezogenheit einen Zusammenhang zwischen dem begangenen Delikt und der daraus resultierenden Folge des Berufsverbots her. Anders als die Vermutung, mit der der FoSiG-

402 BT-Drucks. 8/3908, S. 70; www.bundestag.de.
403 BT-Drucks. 8/3908, S. 70; www.bundestag.de.
404 Siehe hierzu schon die Ausführungen unter C.I.3.c.bb.
405 Fleischer, WM 2004, 157 (165); Drygala, ZIP 2005, 423 (426).

Entwurf arbeitet, wird durch die Feststellung der Unternehmensbezogenheit der Straftat belegt, daß der Betreffende die schutzwürdigen Allgemeinwohlbelange des Gläubigerschutzes und des Vertrauens der Öffentlichkeit in eine ordnungsgemäß funktionierende Wirtschaft tatsächlich gefährdet. Erst durch diese zusätzliche Voraussetzung wird das Berufsverbot zum wirklich geeigneten Mittel und muß sich nicht Kritik hinsichtlich seiner Angemessenheit gefallen lassen.

Daß der Gesetzgeber mit der geplanten Regelung im FoSiG diesen Zusamenhang außer Acht läßt, verwundert umso mehr, als genau dieselben Erwägungen im Gesetzgebungsverfahren zur Einführung von §§ 6 II 3 GmbHG, 76 III 3 AktG dazu geführt haben, daß nur die Insolvenzstraftaten zum Amtshindernis erklärt wurden[406]. Ihre Besonderheit liegt nämlich darin, daß sie immer im Rahmen unternehmerischer Tätigkeit begangen werden und ihnen der unternehmerische oder geschäftliche Bezug somit immanent ist.

Die allgemeinen Vermögensdelikte Betrug, Untreue und Unterschlagung sollten somit den Kreis der verbotsauslösenden Tatbestände unter der Voraussetzung erweitern, daß sie mit hinreichendem Bezug zur Geschäftstätigkeit begangen werden.

Problematisch ist allein die Begriffsbestimmung der hinreichenden Unternehmensbezogenheit. In Anlehnung an § 70 StGB könnte der Unternehmensbezug zu bejahen sein, wenn die Tat in einem inneren Zusammenhang mit einem Beruf oder einem Gewerbe begangen worden ist. Zwei Argumente sprechen jedoch gegen diese Lösung. Zum einen paßt § 70 StGB nicht genau in den Kontext von §§ 6 II 3 GmbHG, 76 III 3 AktG, weil das strafrechtliche Berufsverbot relativ wirkt, also nur die Tätigkeit in einem spezifischen Beruf oder einem bestimmten Gewerbe untersagt, wogegen die Ausschlußgründe der §§ 6 II 3 GmbHG, 76 III 3 AktG absolut wirken und eine Amtsausübung als Geschäftsleiter für jeden Unternehmensgegenstand verbieten. Darüber hinaus besteht im Rahmen von § 70 StGB selbst Uneinigkeit darüber, welche Tatbegehung noch vom inneren Zusammenhang erfaßt wird. Zwar genügt es nach herrschender Ansicht nicht, die Tat unter Ausnutzen einer gesellschaftlichen Stellung oder Vertrauenssituation nur gelegentlich der Berufsausübung zu begehen[407]. Dennoch ergibt sich ohne die berufliche Tätigkeit ein Vertrauensverhältnis zu Kunden und die Möglichkeit

406 BT-Drucks. 8/3908, S. 70; www.bundestag.de.

407 Zur Erläuterung seien die auch von Wedekind angeführten Fälle genannt, in denen ein Arzt seine Patienten auf betrügerische Weise dazu bringt, ihm Darlehen zu gewähren oder in dem während einer Krankenhausbesuchsfahrt von einem Arzt Schmuggelgelegenheiten wahrgenommen werden. Hier wird lediglich ein beruflich entstandenes Vertrauensverhältnis zur Tat ausgenutzt, Fn. S. 41; BGH NJW 1983, 2099; BGH NStZ-RR 2001, 17; Stree in Schönke-Schröder, § 70, Rn. 6.

zur Begehung einer außerberuflichen Straftat oftmals gar nicht erst[408]. Wird das Merkmal des inneren Zusammenhangs zu eng ausgelegt, besteht damit die Gefahr, daß viele Fälle gar nicht erst erfaßt werden.

Um diese Auslegungsschwierigkeiten nicht in §§ 6 II 3 GmbHG, 76 III 3 AktG transponieren zu müssen, sollte daher davon abgesehen werden, das Kriterium der Unternehmensbezogenheit in einem inneren Zusammenhang von Straftat und Berufsausübung zu sehen. Vorzugswürdiger ist es dagegen, ein Berufsverbot einer Verurteilung wegen einer der genannten allgemeinen Vermögensstraftaten dann folgen zu lassen, wenn die Tat

- als Geschäftsführer/Vorstandsmitglied

oder allgemein

- aus einem Unternehmen heraus

begangen wurde. Die erste Variante hält bereits als Geschäftsleiter agierende Personen von der weiteren Ausübung der Leitungstätigkeit ab, weil sie in ihrer Position straffällig geworden sind und somit als nicht mehr zuverlässig und geeignet genug erscheinen, ihr Amt weiterhin ausüben zu dürfen. Die zweite Variante verhindert, daß Personen, die bisher noch kein Geschäftsleitungsamt inne hatten, dieses in Zukunft bekleiden, weil sie schon durch ihr strafrechtlich relevantes Verhalten in einem Angestelltenverhältnis gezeigt haben, daß sie als Leitungsorgan, mit umfassenderen Befugnissen ausgestattet, erst recht eine Gefährdung für Dritte darstellen. Die Formulierung soll außerdem verdeutlichen, daß in jedem Fall ein unmittelbarer Zusammenhang mit der Tätigkeit im Unternehmen erforderlich ist.

Die hier vorgeschlagene Lösung erweitert den Verbotskatalog der §§ 6 II 3 GmbHG, 76 III 3 AktG allerdings nur um einen Teil der allgemeinen Vermögensstraftatbestände. Andere Vermögensstraftaten wie der Diebstahl, der Raub oder die Erpressung bleiben unberücksichtigt, was erneut Kritik an der Verfassungsmäßigkeit der Regelung hervorrufen könnte, denn Diebstahl und Raub lassen ebenso wie Betrug und Unterschlagung die Bereitschaft erkennen, fremde Vermögensinteressen rücksichtslos dem eigenen Besitzstreben unterzuordnen[409].

Eine mit dieser Kritik gerügte Verletzung des Gleichheitsgebots ist jedoch nur dann zu besorgen, wenn keine sachlichen Gründe die vorgenommene Differenzierung der Straftaten begründen können.

Eine Aufgabe der Tätigkeitsverbote für Geschäftsleiter ist die Bekämpfung von Wirtschaftskriminalität[410]. Die entscheidenden Elemente dieser Art von Kriminalität sind, daß im Rahmen wirtschaftlicher Betätigung Straftaten und Ord-

---

408 Wedekind, S. 41.

409 Drygala, ZIP 2005, 423 (427).

410 Siehe hierzu schon die Ausführungen unter A. I.

nungswidrigkeiten unter Mißbrauch des im Wirtschaftsleben benötigten Vertrauens begangen und dabei über eine individuelle Schädigung hinaus Belange der Allgemeinheit berührt werden[411]. Straftaten wie Diebstahl, Raub und Erpressung sind aber keine typischen Begleitstraftaten wirtschaftlicher Betätigung, sondern werden regelmäßig in einem anderen Kontext verübt. Betrug, Unterschlagung und Untreue dagegen können durchaus im Rahmen einer Geschäftsbeziehung begangen werden und stellen daher typische Formen von Wirtschaftskriminalität dar[412]. Um diese einzudämmen und zu bekämpfen, ist es daher erforderlich, aber auch ausreichend, von den allgemeinen Vermögensstraftaten den Betrug, die Unterschlagung und die Untreue in den Verbotskatalog aufzunehmen.

Tätigkeitsverbote verfolgen auch das Ziel, den Gläubigerschutz zu verbessern[413]. Daher müssen solche Vermögensstraftaten zu einem Verbot führen, deren Begehung sich ganz besonders gegen schützenswerte Belange von Gläubigern richtet. Deren Interessen sind aber nicht vorrangig dadurch gefährdet, daß ein Geschäftsleiter bei ihnen einbricht, sie ausraubt oder erpresst. Die Rücksichtslosigkeit gegenüber den fremden Vermögensinteressen kommt vielmehr dadurch zum Ausdruck, daß ein Geschäftsleiter bei der Abwicklung eines Vertrages betrügerisch vorgeht mit dem Ziel, unberechtigte Vermögensvorteile für die eigene Gesellschaft zu erlangen oder Betriebsvermögen unterschlägt oder veruntreut, wodurch die Gesellschaft in eine finanzielle Schieflage gerät und Gläubigerforderungen unsicher werden. Zugleich zerstört der Täter mit seiner Vorgehensweise das zu seinen Geschäftspartnern bestehende Vertrauensverhältnis und legt genau die Unzuverlässigkeit und Vertrauensunwürdigkeit an den Tag, aufgrund derer ihm die Befähigung als Geschäftsleiter abzusprechen ist. Auch vor dem Hintergrund des Gläubigerschutzes erklärt sich somit, warum andere Vermögensdelikte als Betrug, Untreue und Unterschlagung keinen Eingang in den Verbotskatalog der §§ 6 II 3 GmbHG, 76 III 3 AktG finden müssen.

Möglicher verfassungsrechtlicher Kritik an der Aufnahme der Vermögensstraftaten des Betruges, der Unterschlagung und der Untreue können daher sachliche Differenzierungsgründe entgegengesetzt werden.

§§ 6 II 3 GmbHG und 76 III 3 AktG sollten daher wie folgt erweitert werden:

„Es kann nicht Geschäftsführer/Vorstandsmitglied sein, wer wegen einer vorsätzlich begangenen Straftat gemäß §§ 246, 263, 263 a und 266 StGB verurteilt worden ist. Die Begehung einer dieser Taten führt aber nur dann zu einem Tä-

---

411 Dannecker in Wabnitz/Janovsky, S. 17.

412 Für den Betrug vergleiche nur den Eingehungs- oder Erfüllungsbetrug, bei dem der Täter dem Vertragspartner Erfüllungsbereitschaft vorspiegelt bzw. bei dem der Vertragspartner aufgrund einer Täuschung erst im Zuge der Vertragsabwicklung übervorteilt wird.

413 Siehe hierzu schon die Ausführungen unter A.IV.

tigkeitsverbot, wenn die Tat als Geschäftsführer oder in anderweitiger Position aus einem Unternehmen heraus begangen worden ist.“

2. *Öffentlich-rechtliche Pflichten*

Im öffentlichen Recht rückt der Schutz privater Gläubiger in den Hintergrund. Statt dessen reklamiert hier der Staat in seiner Funktion als Fiskus seinen Status als schutzwürdiger öffentlich-rechtlicher Gläubiger. Um diesen Schutz zu verwirklichen, sind den Geschäftsleitern von Kapitalgesellschaften persönlich öffentlich-rechtliche Handlungspflichten auferlegt. Es stellt sich die Frage, ob – wie bei der Verletzung von Pflichten gegenüber Privatgläubigern – auch ein Verstoß gegen öffentlich-rechtliche Pflichten, die den Staat als Gläubiger schützen, ein Tätigkeitsverbot auslösen sollte.

a. Arten von öffentlich-rechtlichen Pflichten

Zu den einem Geschäftsleiter auferlegten öffentlich-rechtlichen Pflichten zählen zunächst die steuerlichen Pflichten aus § 34 AO. Darunter fällt unter anderem das Führen von Büchern und Aufzeichnungen, §§ 140 ff. AO, die Erteilung von Auskünften gemäß § 93 AO, die (rechtzeitige und inhaltlich richtige) Abgabe und Berichtigung der Steuererklärungen, §§ 149 ff. AO, die Entrichtung der Steuern und die Duldung der Vollstreckung in das Vermögen, §§ 34 I 2 AO, 77 AO. Die Nichterfüllung dieser Pflichten ist bußgeldbewehrt. Führt die Verletzung einer oder mehrerer dieser Pflichten dazu, daß Ansprüche aus dem Steuerschuldverhältnis nicht oder nicht rechtzeitig festgesetzt oder erfüllt werden oder aber daß Steuervergütungen oder Steuererstattungen ohne rechtlichen Grund gezahlt werden, so haftet der Geschäftsführer persönlich gemäß § 69 AO. Er kann sich weder mit dem Hinweis auf mangelnde Kenntnis entschuldigen – denn dann trifft ihn die Pflicht, sich fachkundiger Hilfe zu bedienen – noch mit fehlender Zeit oder fehlendem Überblick[414].

Neben der haftungsrechtlichen Verantwortlichkeit aus § 69 AO trifft den Geschäftsführer auch eine strafrechtliche, wenn er den Schutz des Steueraufkommens durch die in §§ 370 ff. AO genannten Angriffsarten verletzt. So muß er sich unter anderem persönlich verantworten, wenn er einer Finanzbehörde oder einer anderen Behörde über steuerlich erhebliche Tatsachen unrichtige oder unvollständige Angaben macht (§ 370 I Nr.1 AO) oder die betreffende Behörde über solche Tatsachen in Unkenntnis läßt (§ 370 I Nr. 2 AO).

---

414 BFHE 146, 23 (24) ; BFH, GmbHR 1994, 496; BFH GmbHR 1988, 370.

Eine sozialrechtliche Verantwortlichkeit resultiert für den Geschäftsführer vor allem aus §§ 823 II BGB iVm 266 a StGB, wenn er Sozialversicherungsbeiträge zur Arbeitnehmerversicherung nicht abgeführt hat[415]. Ebenso wie bei der steuerrechtlichen Haftung aus § 69 AO führt die Verletzung einer persönlichen Verpflichtung auch hier zu einem Einstehenmüssen für eine fremde Schuld, nämlich der Gesellschaftsschuld[416].

b. Angemessenheit und Notwendigkeit eines Tätigkeitsverbots bei Pflichtverletzung

Die Verletzung öffentlich-rechtlicher Pflichten kann allerdings schon im Rahmen von §§ 6 II 4 GmbHG, 76 III 4 AktG mit einem Berufsverbot geahndet werden[417]. Grundlage ist dann eine verwaltungsbehördliche Entscheidung, die regelmäßig auf § 35 GewO fußt. Die hierfür erforderliche Unzuverlässigkeit wird in zahlreichen Fällen mit einer Verletzung steuer- oder sozialrechtlicher Pflichten begründet. Die Verletzung öffentlich-rechtlicher Pflichten unabhängig von einer verwaltungsbehördlichen Entscheidung im Rahmen von §§ 6 II 3 GmbHG, 76 III 3 AktG zu einem berufsverbotsauslösenden Tatbestand zu machen, scheint wegen der Existenz von §§ 6 II 4 GmbHG, 76 III 4 AktG daher auf den ersten Blick nicht erforderlich. Allerdings ist der Anwendungsbereich eines Berufsverbotes im Rahmen von § 6 II 4 GmbHG auf den Inhalt der verwaltungsbehördlichen Entscheidung begrenzt. Diese verbietet die Gewerbeausübung regelmäßig nur für einen bestimmten Unternehmensgegenstand, nicht aber für die Tätigkeit als Geschäftsleiter einer Kapitalgesellschaft generell. Die Erfüllung öffentlich-rechtlicher Pflichten wie die rechtzeitige und richtige Abgabe von Steuererklärungen und Begleichung von Steuerschulden gehört jedoch unternehmensübergreifend zu den Handlungspflichten jedes Geschäftsleiters, so daß Pflichtverletzungen in diesem Bereich zur generellen Amtsunwürdigkeit als Geschäftsleiter in einer Kapitalgesellschaft führen müssten. Dieser Gesichtspunkt spricht daher dafür, die Verletzung öffentlich-rechtlicher Pflichten zum verbotsauslösenden Tatbestand im Rahmen von §§ 6 II 3 GmbHG, 76 III 3 AktG zu machen.

Die übrigen Ausschlußgründe in §§ 6 II 3 GmbHG, 76 III 3 AktG erreichen jedoch sämtlich die Qualität einer Straftat. Ein Berufsverbot auf dieser Grundlage ist also auch deshalb gerechtfertigt, weil der Betroffene durch sein Verhalten nicht nur die Interessen Dritter verletzt und sich damit als unzuverlässig und ungeeignet erwiesen hat, sondern weil sein Verstoß so schwerwiegend war, daß er

---

415 BGHZ 133, 370.
416 Haas, Geschäftsführerhaftung und Gläubigerschutz, S. 320.
417 Siehe schon die Ausführungen unter B.I.1.3.

sich dabei zudem gegen die Strafrechtsordnung richtet. Ein generelles Berufsverbot für eine Geschäftsleitertätigkeit demgegenüber schon aus dem einfachen Verstoß gegen eine öffentlich-rechtliche Pflicht folgen zu lassen, stellt im Vergleich zu den übrigen verbotsauslösenden Tatbeständen eine unverhältnismäßig schwerere Rechtsfolge dar.

Das Tätigkeitsverbot bei Verstoß gegen öffentlich-rechtliche Pflichten ist daher nur dann eine angemessene Folge, wenn der Verstoß in Art und Schwere die Qualität einer Straftat erreicht. Öffentlich-rechtliche Pflichtverletzungen qualifiziert der Gesetzgeber im Steuerrecht in den Fällen der (auch gewerbs- oder bandenmäßigen) Steuerhinterziehung (§§ 370, 370 a AO), des Bannbruchs (§ 372 AO), des gewerbsmäßigen, gewaltsamen und bandenmäßigen Schmuggels (§ 373 AO) sowie der Steuerhehlerei (§ 374 AO) als strafwürdiges Fehlverhalten. Im Sozialrecht ist insbesondere das Vorenthalten und Veruntreuen von Arbeitsentgelt gemäß § 266 a StGB zu nennen.

Die Angemessenheit dieser Lösung ergibt sich auch daraus, daß sie eine nachvollziehbare Differenzierung zwischen §§ 6 II 3 GmbHG, 76 III 3 AktG und §§ 6 II 4 GmbHG, 76 III 4 AktG beinhaltet: Das Verbot der §§ 6 II 3 GmbHG, 76 III 3 AktG, ein Geschäftleiteramt gar nicht bekleiden zu dürfen, folgt nur bei einem Verstoß gegen öffentlich-rechtliche Pflichten mit strafrechtlicher Qualität. Dagegen kann das Tätigkeitsverbot gemäß §§ 6 II 4 GmbHG, 76 III 4 AktG schon auf einer behördlichen Entscheidung fußen, die öffentlich-rechtliche Pflichtverletzungen unterhalb der Schwelle des Strafrechts rügt. Dafür ist dieses Verbot aber auch nicht umfassend, sondern untersagt lediglich eine Geschäftsleitertätigkeit in einem Unternehmen, dessen Gegenstand die behördliche Entscheidung festlegt.

Zu den verbotsauslösenden Tatbeständen bei §§ 6 II 3 GmbHG und 76 III 3 AktG sollten daher auch gehören:

- *die Steuerhinterziehung gemäß § 370 AO,*
- *die gewerbs- oder bandenmäßige Steuerhinterziehung gemäß 370 a AO,*
- *der Bannbruch gemäß § 372 AO,*
- *der gewerbsmäßige, gewaltsame und bandenmäßige Schmuggel gemäß § 373 AO,*
- *die Steuerhehlerei gemäß § 374 AO.*

3. Zivilrechtliche Geschäftsleiterpflichten

Geschäftsleiter haben bei ihrer Amtsausübung auch eine Reihe zivilrechtlicher Pflichten zu berücksichtigen, deren Beachtung insbesondere den schützenswerten Belangen von mit der Gesellschaft in geschäftlichem Kontakt stehenden Dritten zu Gute kommt. Hervorgehoben seien hier nur die Pflicht zur ordnungsgemäßen und vollständigen Aufklärung im Rahmen einer Vertragsbeziehung oder die Pflicht, alles zu unterlassen, was zu einer Schädigung schützenswerter Rechtsgüter Dritter führen kann. Fraglich ist, ob eine Verletzung dieser vorwiegend aus § 280 I BGB und §§ 823, 836 BGB resultierenden Pflichten zu einem Tätigkeitsverbot führen soll.

a. (Vor)Vertragliche Geschäftsleiterpflichten

Vertreter von Gesellschaften haben im Rahmen von Geschäftsbeziehungen bei Vertragsverhandlungen und Vertragsdurchführungen Pflichten gegenüber Dritten zu beachten. So treffen sie insbesondere im Vorfeld eines Vertragsabschlusses Aufklärungs- und Informationspflichten. Zwar existiert keine generelle Aufklärungspflicht über alle entscheidungsrelevanten Umstände zwischen den Vertragsparteien, so daß dem Vertragspartner immer ein gewisses Risiko in Bezug auf die Vertragsdurchführung aufgebürdet wird[418]. Dennoch soll er sich auf seinen Geschäftspartner einstellen dürfen und daher zumindest verlässliche Informationen darüber zur Hand haben, wie groß sein Risiko sein wird.

Daher hat der Geschäftsführer ihn insbesondere auf finanzielle Schwierigkeiten hinzuweisen, die dazu führen können, daß die Gesellschaft ihren vertraglichen Verpflichtungen nicht nachkommen kann. Erleidet der Vertragspartner aufgrund eines diesbezüglichen Informationsdefizits Schäden, so steht ihm ein Ersatzanspruch aus § 280 I BGB zu. Jedoch kann er diesen Anspruch regelmäßig nicht gegenüber dem Vertreter der Gesellschaft geltend machen. Dessen Pflichtverletzung wird der Gesellschaft als eigene zugerechnet, da sie der eigentliche Vertragspartner ist, der Geschäftsführer dagegen nur als Erfüllungsgehilfe (§ 278 BGB) bzw. als verfassungsmäßig berufener Vertreter (§ 31 BGB) auftritt. Eine eigene Pflichtverletzung des Geschäftsführers kommt nur im Rahmen einer c.i.c. in Betracht, wenn er entweder ein besonderes Eigeninteresse am Vertragsschluß verfolgt[419] (eigenständige, nicht gesetzlich geregelte Fallgruppe) oder aber besonderes Vertrauen des Geschäftspartners für sich in Anspruch genommen hat[420] (nunmehr gesetzlich geregelt in § 311 III 2 BGB). Beide Fallgruppen finden aber nur äußerst selten Anwendung[421]. Auch eine von *Karsten Schmidt* vorgeschlage-

---

418 Stapelfeld, S. 324.

419 BGHZ 126, 181 (183 ff.); Palandt-Heinrichs, § 311 Rn. 61 ff. m.w.N.

420 Prägnante Beispiele schon bei Ballerstedt, AcP (1950/51), 501 (521) und bei Palandt-Heinrichs, § 311, Rn. 63.

421 BGH NJW-RR 1989, 110, 111, BGH NJW-RR 1991, 1312, 1313; BGH NJW-RR 1992, 1061; BGH NJW 1994, 2220; BGH DStR 1995, 989 (900); Haas, Geschäfts-

ne Repräsentantenhaftung, die den Geschäftsleiter als Vertrauensträger begreift und ihn persönlich haften läßt, wenn er eine die Solvenz der Gesellschaft betreffende Informationspflicht schuldhaft verletzt, konnte sich bisher nicht durchsetzen[422].

b. Deliktische Verantwortlichkeit des Geschäftsleiters

Zu einer deliktischen Eigenverantwortung des Geschäftsleiteres kommt es in jedem Fall dann, wenn er durch ihm zurechenbare Handlungen oder Unterlassungen schuldhaft durch § 823 I BGB geschützte Rechte oder Rechtsgüter verletzt hat[423]. Das gleiche gilt, wenn er ein Schutzgesetz verletzt, über § 823 II BGB[424]. Der BGH hat sich insoweit eindeutig zur Haftung des Geschäftsführers geäußert:

> „die persönliche Haftung des gesetzlichen Vertreters einer GmbH oder AG (kommt) nur dann in Betracht (....), wenn dieser selbst die Rechtsverletzung begangen hat oder wenn er wenigstens von ihr Kenntnis und die Möglichkeit hatte, sie zu verhindern."[425]

Weniger einheitlich wird die Beurteilung, wann den Geschäftsleiter der Vorwurf trifft, Organisations- und Überwachungspflichten verletzt zu haben. Nach vielfacher Meinung bestehen diese Pflichten nur gegenüber der Gesellschaft[426]. Der BGH hat im Baustoffall[427] diese Binnenpflicht jedoch nach außen gekehrt, indem er dem Geschäftsführer eine Garantenstellung „unterschob", die eine deliktische Eigenhaftung begründen sollte. Er führt dazu aus, daß der Geschäftsfüh-

---

führerhaftung, S. 78; Westermann/Mutter, DZWiR 1995, 184 (186, 188); Lutter, GmbHR 1997, 329 (330); Medicus, GmbHR 1993, 533 (536).

422 K. Schmidt, GesR, § 36, II.c.

423 Etwa zur Eigentumsverletzung die grundlegende Entscheidung des BGH im Baustoffall, BGHZ 109, 297 oder auch BGH ZIP 1996, 786 (Lamborghini); zur Körperverletzung der Ledersprayfall, BGHS 37, 106.

424 Hervorzuheben ist im Zusammenhang mit GmbH insbesondere die Verletzung der Insolvenzantragspflicht aus § 64 I GmbHG; die Norm ist Schutzgesetz iSv § 823 II BGB; siehe hierzu Goette, DStR 1994, 1048 (1051 f); Lutter, GmbHR 1997, 329 (331 f); Schmidt, GesR § 36 II, S. 1083; Ensthaler in Achilles/Ensthaler/Schmidt, § 64, Rn. 13.

425 BGH ZIP 1986, 183 (186).

426 Lutter, GmbHR 1997, 329 (334, 335); Medicus, GmbHR 1993, 533 (540); Medicus, FS Lorenz, S. 155 f.; Altmeppen, ZIP 1995, 881 f; Ransiek, ZGR 1992, 203 (226, 227); H.J. Mertens/G. Mertens, JZ 1990, 488 ff; Keßler, GmbHR 1994, 429 f; Zöllner in Baumbach/Hueck, § 43, Rn. 60; aA. Brüggemeier, AcP 1991, 33 (65); Schneider in Scholz, § 43, Rn. 232; Christensen; Verkehrspflichten in arbeitsteiligen Prozessen, S. 189.

427 BGHZ 109, 297.

rer bei Pflichtverletzungen zwar grundsätzlich nur der Gesellschaft auf Schadensersatz hafte, § 43 II GmbHG. Anderes gelte aber,

„wenn mit den Pflichten aus der Organstellung gegenüber der Gesellschaft Pflichten einhergehen, die von dem Geschäftsführer nicht mehr nur für die Gesellschaft als deren Organ zu erfüllen sind, sondern die ihn aus besonderen Gründen persönlich gegenüber dem Dritten treffen. Dies kann im außervertraglichen, deliktischen Bereich insbesondere wegen einer dem Geschäftsführer als Aufgabe zugewiesenen oder von ihm jedenfalls in Anspruch genommenen Garantenstellung zum Schutz fremder Schutzgüter iSd § 823 I BGB der Fall sein, die ihre Träger der Einflußsphäre der Gesellschaft anvertraut haben...Voraussetzung ist allerdings auch hier, daß zur Abwehr der sich in dieser Weise aktualisierenden Gefahrenlage der Geschäftsführer gerade in seinem Aufgabenbereich gefordert ist."[428]

Diese Beurteilung ist nicht ohne Kritik geblieben[429], teilweise werden auch alternative Lösungsansätze diskutiert, die den Geschäftsführer in einer Garantenstellung sehen, wenn er Kenntnis von einer Gefahrenlage[430] hat oder wo er durch eigene Aktivität eine Quelle erhöhter Gefahr schafft[431].

Auch eine Haftung aus § 826 BGB kann den Geschäftsleiter einer Gesellschaft treffen. Dazu muß sein Fehlverhalten die Schwelle der sittenwidrigen Schädigung überschreiten. Hierher gehören insbesondere Fälle der bewußten Täuschung über die nicht mehr vorhandene Zahlungsfähigkeit der Gesellschaft oder des arglistigen Verschweigens der drohenden Insolvenz der Gesellschaft im Vorfeld von Vertragsabschlüssen[432].

Dementsprechend verurteilten die Gerichte GmbH-Geschäftsführer, weil sie Geschäftspartner im Rahmen von Vertragsverhandlungen über die unmittelbar drohende Insolvenz der Gesellschaft in Unkenntnis gelassen hatten, obwohl sie von der schlechten Vermögenslage wußten und ihnen klar war, daß die Gesellschaft die entstehenden Verbindlichkeiten nicht würde begleichen können[433]. Die Sittenwidrigkeit lag in diesen Fällen auch darin begründet, daß die Geschäftsfüh-

---

428 BGHZ 109, 297, 303 f (Baustoff-Fall).

429 Selbst der BGH entscheidet hier nicht einheitlich, wie u.a. dieEntscheidungen BGH ZIP 1986, 183 (Sporthosen-Fall); BGHZ 109, 297 (Baustoff-Fall) und BGHSt 37, 106 (Lederspray-Fall) zeigen; vgl. die Zusammenstellung bei Keßler, GmbHR 1994, 429.

430 Heil/Russenschuck, BB 1998, 174 (1753); Kleindiek, Deliktshaftung und juristische Person, S. 464 f; Christensen, Verkehrspflichten in arbeitsteiligen Prozessen, S. 184, 185.

431 Kleindiek, S. 457 ff; zust. Lutter/Hommelhoff, § 43, Rn. 47.

432 BGHZ 108, 134; BGH GmbHR 1994, 464 mit Anm. Engelke; OLG Celle GmbHR 1994, 467.

433 BGH ZIP 1992, 694, dazu Schulze-Osterloh, EWiR 1992, 563; OLG Celle, GmbHR 1994, 467.

rer ihre Selbstprüfungspflicht nicht ordnungsgemäß erfüllt hatten, dadurch zu falschen Einschätzungen über die zukünftige wirtschaftliche Entwicklung der Gesellschaft gelangten und dennoch Geschäfte mit Dritten abschlossen, die hierdurch geschädigt wurden[434].

Allgemein anerkannt ist im Zusammenhang mit Aufklärungspflichten auch die vom BGH so entschiedene Haftung eines Geschäftsführers aus § 826 BGB, wenn dieser als Anbieter oder Vermittler von Warenterminoptionen Kunden nicht über die Risiken derartiger Geschäfte aufklärt[435].

Aktuell hat der BGH auch die Haftung von Vorstandsmitgliedern gemäß § 826 BGB wegen falscher ad-hoc-Mitteilungen bejaht[436].

c. Notwendigkeit eines Berufsverbots

Soll nun auch die Verletzung (vor)vertraglicher Aufklärungspflichten aus c.i.c oder aus Delikt oder anderes, deliktisch relevantes Fehlverhalten zu einem Berufsverbot führen?

Eine Verletzung der in § 823 I BGB genannten Rechtsgüter greift den Geschädigten intensiv an. Tätigkeitsverbote zielen aber nicht auf den Schutz des Lebens, der Gesundheit oder der körperlichen Unversehrtheit, sondern wollen letztendlich das Vermögen Dritter und das Vertrauen in ein ordnungsgemäß funktionierendes Wirtschafts- und Rechtssystem schützen. Gerade diese Schutzrichtung verfolgt § 823 I BGB[437]. Eine Verurteilung gemäß § 823 I BGB muß daher kein Tätigkeitsverbot auslösen.

Für eine Verurteilung aus § 826 BGB genügt zwar schon bedingter Vorsatz[438]. Dieser muß sich auch lediglich auf die Umstände der Schadenszufügung beziehen[439]. Der Geschäftsführer braucht nicht in dem Bewußtsein der Sittenwidrigkeit gehandelt zu haben, solange er nur billigend in Kauf nimmt, daß Dritte durch sein Verhalten Nachteile erleiden[440]. Auf die Schädigung bestimmter Dritter muß sich der Vorsatz dabei nicht erstrecken, solange er nur in groben Zügen

434 Haas, Geschäftsführerhaftung, S. 72.

435 BGH ZIP 1992, 1614; BGH ZIP 1994, 1102, 1103; BGH DStR 1999, 1117; BGH ZIP 2003, 2242; BGH NJW 1994, 997; OLG Düsseldorf, NJW 1995, 404; zum Umfang der Aufklärungspflichten äußert sich u.a. Mutter, MDR 1994, 233 f.

436 BGH NJW 2004, 2668; BGH NJW 2004, 2971 (beides Infomatec).

437 § 823 I BGB schützt zwar den eingerichteten und ausgeübten Gewerbebetrieb als sonstiges Recht, an dessen Verletzung in diesem Zusammenhang ebenfalls zu denken ist. Aber auch hier genügt ein reiner Vermögensschaden nicht, um eine Haftung aus § 823 I BGB zu bejahen.

438 BGH NJW 2000, 2896; Palandt-Sprau, § 826, Rn. 10.

439 Stapelfeld, S. 315.

440 Fikentscher, S. 781.

den tatsächlich eingetretenen Schadensverlauf und die Art des Schadens voraussieht und dies in seinen Vorsatz einschließt[441]. Dennoch muß auch der nur bedingte Vorsatz vom Geschädigten bewiesen werden. Schwierig wird dies vor allem in Fällen, in denen der Geschäftsführer trotz der schwierigen finanziellen Lage der Gesellschaft davon ausgegangen ist und auch davon ausgehen durfte, daß die Krise noch überwindbar und ein etwaiger Sanierungsversuch nicht völlig erfolglos war[442].

Diese prozessualen Durchsetzungsschwierigkeiten des Anspruchs aus § 826 BGB könnten umgangen werden, wenn eine Inanspruchnahme des Geschäftsführers schon aus c.i.c. geschehen könnte. In diesem Fall erfordert das subjektive Element lediglich Fahrlässigkeit, wobei dem Geschädigten wegen § 280 I 2 BGB nicht einmal die Beweislast obliegt. Allerdings billigt die Rechtsprechung und auch die h.L. wie gezeigt den hierbei grundsätzlich einschlägigen Fallgruppen des wirtschaftlichen Eigeninteresses und der Inanspruchnahme besonderen Vertrauens im Zusammenhang mit Aufklärungspflichtverletzungen von Geschäftsführern keinen großen Anwendungsbereich zu. Während eine Haftung des Geschäftsführers gemäß § 826 BGB also regelmäßig an der prozessualen Hürde der Beweisbarkeit des Vorsatzes scheitert, kann für eine Inanspruchnahme aus c.i.c. regelmäßig nicht das Vorliegen einer der beiden Fallgruppen dargelegt werden. Schon aus diesen Gründen wäre der Anwendungsbereich eines Tätigkeitsverbots auf der Grundlage von § 826 oder c.i.c. gering.

Auch ist mit Blick auf die tatsächlich erfolgten Verurteilungen – insbesondere bei § 826 BGB – davon auszugehen, daß regelmäßig gleichzeitig eine Straftat verwirklicht wird. Als wohl häufigstes Beispiel sei die Insolvenzverschleppung genannt: Verschweigt der Geschäftsleiter die Zahlungsunfähigkeit oder drohende Insolvenz der Gesellschaft bewußt, so handelt er nicht nur sittenwidrig, sondern darüber hinaus setzt auch seine Pflicht zur Stellung des Insolvenzantrags ein. Kommt er dieser Verpflichtung nicht nach, macht er sich gemäß §§ 84 GmbHG, 92 II AktG strafbar. Beide Straftaten unterfallen nach den Vorschlägen in dieser Arbeit aber bereits dem Verbotskatalog der §§ 6 II 3 GmbHG, 76 III 3 AktG.

Die Aufnahme von Pflichtverletzungen eines Geschäftsleiters, die entweder gemäß §§ 280 I, u.U. iVm § 311 BGB, oder im Rahmen von §§ 823, 826 BGB zu einer Verurteilung geführt haben, stellt sich aus den dargestellten Gründen als nicht notwendig und auch nicht sinnvoll dar.

---

441 Stapelfeld, S. 315.

442 BGH GmbHR 1991, 409; Medicus, EWiR 1992, 161.

4. *Kapitalmarktbezogene Berufsverbote*

Die bisherigen Berufsverbotsregelungen sind vor dem Hintergrund entstanden, daß Gläubiger besser vor ungeeigneten Geschäftsleitern geschützt werden sollen. Bezweckt wurde demnach ein rein kapitalgesellschaftsrechtlicher Gläubigerschutz, der den Mißbrauch der beschränkten Haftung in der Kapitalgesellschaft zu unterbinden versucht[443]. Gläubigerschutz muß aber umfassender formuliert werden: Die untersuchten Berufsverbotsregelungen gelten auch für börsennotierte GmbH und AG. Bei ihnen steht der Anlegerschutz im Vordergrund, der weniger durch gesellschaftsrechtliche Vorgaben als vielmehr durch die Erfüllung der im WpHG genannten Pflichten zur vollständigen und richtigen Information verwirklicht wird. Um Anlegerschutz zu gewährleisten, bietet sich daher an, Berufsverbote für Geschäftsleiter börsennotierter Kapitalgesellschaften flankierend neben den zivil- und strafrechtlichen Sanktionen einzusetzen. Ihre Ausgestaltung sollte sich dabei an den spezifischen Anforderungen des Kapitalmarktes orientieren[444], so daß sie neben ihrer ursprünglichen Funktion im Rahmen des Kapitalgesellschaftsrechts auch die Aufgabe erfüllen können, für mehr Transparenz und Informationseffizienz auf dem Kapitalmarkt zu sorgen[445].

Sollen Berufsverbote damit auch Geschäftsleiter börsennotierter Gesellschaften treffen, die sich als ungeeignet erweisen, ihre verantwortungsvolle Führungsposition auf dem Kapitalmarkt wahrzunehmen, ist der Blick auf die börsen- und kapitalmarktrechtlichen Vorschriften zu lenken, die dem Anlegerpublikum Schutz vermitteln und für eine ordnungsgemäße Kapitalmarktkommunikation sorgen sollen. Dies sind insbesondere §§ 14, 15, 15a, 20a WpHG iVm §§ 37 b, c WpHG sowie §§ 2 ff VerkProspG, § 30 WpHG iVm §§ 44 ff BörsG und § 264 a StGB. Die Pflicht zur Veröffentlichung von Ad-hoc-Mitteilungen (§ 15 WpHG), das Verbot der Marktpreismanipulation (§ 20 a WpHG) und die Prospektpflichten (§§ 2 ff VerkProspG, § 30 WpHG) richten sich allerdins nur gegen den Emittenten der Wertpapiere, also gegen das Unternehmen selbst, nicht jedoch gegen dessen Vorstand[446]. Relevant als Berufsverbotsnormen bleiben damit nur die

---

443 Fleischer, ZGR 2004, 437 (474); siehe insoweit auch die Zielsetzung des CDDA unter A. VI.

444 Der Abschlußbericht der High Level Group will mit einer diesbezüglichen (europaweiten) Berufsverbotsregelung der Verbreitung falscher und insbesondere irreführender Informationen durch die Unternehmen selbst vorbeugen; siehe Bericht der High Level Group, S. 69, 70.

445 Fleischer, ZGR 2004, 437 (473); Fleischer, WM 2004, 157 (163).

446 Ändern könnte sich dies mit Einführung des geplanten KapInHaG, das in seinem § 37 a eine persönliche Haftung von Vorstandsmitgliedern vorsieht, die falsche Adhoc Informationen veröffentlicht oder die erforderliche Veröffentlichung von Informationen unterlassen haben.

§§ 14, 15 a WpHG, § 264 a StGB, die den Vertretungsorganen zum Schutz des Anlegerpublikums und der Kapitalmarkttransparenz eigene Handlungs- und Verhaltenspflichten auferlegen.

a. § 14 WpHG: Insiderhandel

Das Verbot von Insidergeschäften untersagt, Insiderinformationen zu verwenden, sie einem anderen unbefugt mitzuteilen oder zugänglich zu machen oder einem anderen den Erwerb oder die Veräußerung der Papiere zu empfehlen oder ihn auf sonstige Weise dazu zu verleiten. Insiderwissen entsteht durch den Eintritt neuer Umstände, die geeignet sind, den Börsen- oder Marktpreis eines Wertpapiers erheblich zu beeinflussen, aber nur wenigen Akteuren am Markt bekannt sind[447]. Eine Insiderinformation umfaßt dabei auch überprüfbare Werturteile und Prognosen, nicht jedoch subjektive Wertungen und auch keine Gerüchte[448]. Als Leitungsorgan der Gesellschaft hat der Vorstand regelmäßig den Überblick über die Vermögens-, Finanz-, Ertrags- und Auftragslage des Unternehmens und kann damit dessen zukünftige Entwicklung am besten einschätzen. Die Unternehmensentwicklung wiederum hat Auswirkungen auf den Preis des Wertpapiers. Treten neue, besondere Umstände ein – erhält das Unternehmen z.B. einen großen Auftrag oder sieht es sich einem großen Schadensersatzprozeß gegenüber –, gehören die Vorstandsmitglieder aufgrund ihres Kenntnisstandes zum Kreis der Personen, die als erstes die Auswirkungen dieser Umstände auf das Wertpapier abschätzen können und haben – bis die Information bekannt gemacht wird – einen Wissensvorsprung gegenüber dem Anlegerpublikum. Daher gehören die Mitglieder des Geschäftsführungsorgans in jedem Fall zum Kreis der Insider[449]. Der Wissensvorsprung von Insidern soll jedoch so weit wie möglich eingeebnet werden, um Informationsungleichgewichte auf den Kapitalmärkten zu verhindern und so das Anlegervertrauen zu stärken[450]. Verstößt ein Mitglied der Geschäftsleitung gegen die Insiderregeln, torpediert es diesen Schutzzweck und erweist sich damit als ungeeigneter Geschäftsleiter, den ein kapitalmarktrechtlich motiviertes Berufsverbot treffen sollte. Die Folgen eines Verstoß gegen § 14 I Nr. 1 WpHG (Verwendungsverbot) ist gemäß § 38 I Nr.1 WpHG eine Geldstrafe oder eine bis zu fünfjährige Freiheitsstrafe, Verstösse gegen § 14 I Nr. 2 WpHG (Mitteilungsver-

---

447 Lenenbach, S. 486.

448 Bürgers, BKR 2005, 424; Diekmann/Sustmann, NZG 2004, 929 (930); Spindler, NJW 2004, 3449 (3450).

449 Bis zum AnSVG wurde dies deutlich in § 13 I Nr. 1 WpHG a.F., wonach Insider war, wer als Mitglied des Geschäftsführungs- oder Aufsichtsorgans (...) von einer Insidertatsache Kenntnis erlangte.

450 Lenenbach, S. 487.

bot) sowie gegen § 14 I Nr. 3 WpHG (Empfehlungsverbot) stellen eine Ordnungswidrigkeit dar, die gemäß §§ 39 II Nr. 3, 4 iVm IV WpHG eine Geldbuße bis zu zweihunderttausend Euro nach sich ziehen kann. Der Verbotskatalog der §§ 6 II 3 GmbHG, 76 III 3 AktG sollte daher wie folgt ergänzt werden:

„Geschäftsführer kann nicht sein, wer

- *wegen eines Verstosses gegen § 14 I Nr. 1 WpHG gemäß § 38 I Nr. 1 WpHG verurteilt worden ist und*
- *wegen eines Verstosses gegen § 14 I Nr. 2, 3 WpHG gemäß § 39 II Nr. 3, 4 iVm IV WpHG mit einer Geldbuße belegt worden ist."*

b. § 15 a WpHG: Director's Dealings

Die Verpflichtung zur Veröffentlichung von Director's Dealings gemäß § 15 a I WpHG bestimmt, daß Personen, die bei dem Emittenten Führungsaufgaben wahrnehmen, der Bundesanstalt für Finanzdienstleistungsaufsicht und dem Emittenten eigene Geschäfte mit Aktien des Emittenten oder sich darauf beziehende Finanzinstrumente mitzuteilen haben. Wie schon in § 14 WpHG soll auch mit dieser Regelung der Wissensvorsprung, den Führungspersonen üblicherweise über die Wertpapiere des eigenen Unternehmens besitzen, relativiert und das so entstandene Kapitalmarktinformationsdefizit ausgeglichen werden[451]. Der Verstoß gegen diese Verpflichtung gefährdet mithin die ordnungsgemäße Kapitalmarktkommunikation, was vor dem Hintergrund eines schützenswerten funktionierenden Kapitalmarktes zu einem Berufsverbot führen sollte. Den Verstoß gegen § 15 a I WpHG ahndet § 39 II Nr. 2 d iVm IV WpHG mit einer Geldbuße bis zu hunderttausend Euro.

§§ 6 II 3 GmbHG, 76 III 3 AktG wären danach zu ergänzen:

„Geschäftsführer kann nicht sein, wer wegen eines Verstosses gegen § 15 a I WpHG gemäß § 39 II Nr. 2 d iVm IV WpHG mit einer Geldbuße belegt worden ist."

c. § 264 a StGB: Kapitalanlagebetrug

Neben den rein kapitalmarkt- und börsenrechtlichen Vorschriften schützt auch § 264 a StGB (Kapitalanlagebetrug) das ordnungsgemäße Funktionieren des Kapitalmarktes. Die Vorschrift gewährleistet effektiven Schutz für den (unerfahrenen) Anleger, da sie als abstraktes Gefährdungsdelikt ausgestaltet wurde und – im Gegensatz zum Betrug – auf das Erfordernis eines Vermögensschadens ver-

451 Lenenbach, S. 530.

zichtet[452]. Der Verstoß gegen diese Norm wird vom FoSiG schon im Rahmen der Erweiterung um Vermögensdelikte zum verbotsauslösenden Tatbestand. Auch als kapitalmarktrechtliche Schutzvorschrift sollte ihr Verstoß zu einem Tätigkeitsverbot führen.

5. *Zusammenfassung*

Die Analyse des MoMiG und des FoSiG hat einige positiv zu bewertende Änderungsvorschläge zu Tage gebracht, die zusammen mit den eigenen Ansätzen aus diesem Abschnitt zu einer Neugestaltung von §§ 6 II 3 GmbHG, 76 III 3 AktG führen. Nach den bisherigen Ergebnissen sollten die Bestimmungen neu so aussehen:

„Geschäftsführer kann nicht sein, wer

1. als Betreuter bei der Besorgung der Vermögensangelegenheiten ganz oder teilweise einem Einwilligungsvorbehalt (§ 1903 des Bürgerlichen Gesetzbuchs) unterliegt,
2. aufgrund eines gerichtlichen Urteils oder einer vollziehbaren Entscheidung einer Verwaltungsbehörde einen Beruf, einen Berufszweig, ein Gewerbe oder einen Gewerbezweig nicht ausüben darf, sofern der Unternehmensgegenstand ganz oder teilweise mit dem Gegenstand des Verbots übereinstimmt,
3. wegen einer vorsätzlich begangenen Straftat nach
    a. § 82 oder 84 des Gesetzes betreffend die Gesellschaften mit beschränkter Haftung,
    b. den §§ 399 bis 401 des Aktiengesetzes,
    c. § 331 des Handelsgesetzbuches,
    d. den §§ 264 a und 283 bis 283 d des Strafgesetzbuches,
    e. den §§ 370, 370 a, 372, 373, 372 der Abgabenordnung,
    f. § 14 I Nr. 1 WpHG iVm § 38 I Nr. 1 WpHG oder
    g. den §§ 246, 263, 263 a, 266

   verurteilt worden ist. Die Begehung einer Tat nach lit. g. führt nur dann zu einem Tätigkeitsverbot, wenn die Tat als Geschäftsführer oder in anderweitiger Position aus einem Unternehmen heraus begangen wurde.
4. wegen eines Verstosses gegen § 14 I Nr. 2, 3 WpHG gemäß § 39 II Nr. 4 iVm IV WpHG mit einer Geldbuße belegt worden ist oder
5. wegen eines Verstosses gegen § 15 a I WpHG gemäß § 39 II Nr. 2 d iVm IV WpHG mit einer Geldbuße belegt worden ist."

452 Danecker in Wabnitz/Janovsky, S. 50.

Dieser Vorschlag ist allerdings noch nicht vollständig. So fehlt eine Regelung über die Dauer eines Tätigkeitsverbots, er enthält keine Sanktionen und auch die Frage nach der territorialen Reichweite von §§ 6 II 3 GmbHG, 76 III 3 AktG und ihrer Fähigkeit, Umgehungsgestaltungen mit grenzüberschreitendem Bezug zu verhindern, wurde bisher noch nicht beantwortet. Dies ist Gegenstand des nachfolgenden Abschnitts.

III. Änderung der nationalen Berufsverbotsregelungen nach dem Vorbild des Company Directors Disqualification Act

Die Vergleichbarkeit der verfolgten Ziele und der übereinstimmende Adressatenkreis des CDDA mit den nationalen gesellschaftsrechtlichen Berufsverbotsregelungen in §§ 6 II 3 GmbHG und 76 III 3 AktG ist Ausgangspunkt für die Fragestellung, ob die englischen Disqualifizierungsregelungen Ansätze bieten können für eine Optimierung der defizitären nationalen Bestimmungen.

1. Einführung einer unfitness-Regelung

Die englische unfitness-Regelung könnte für die Einführung eines (Auffang)Tatbestands der „Ungeeignetheit" im deutschen Recht grundsätzlich einen Ansatz darstellen, da sie über einen konkreten Verbotskatalog hinaus einen Geschäftsleiter auch dann disqualifizieren kann, wenn er ein besonders unredliches, unmoralisches oder rücksichtsloses Verhalten an den Tag gelegt hat, oder aber durch besondere Inkompetenz gezeigt hat, daß er für das Amt eines Direktors ungeeignet ist. Das Kriterium der Ungeeignetheit als Hinderungsgrund für eine Amtsübernahme als Geschäftsleiter könnte demnach dazu dienen, disqualifizierungswürdiges Verhalten zu ahnden, das noch nicht von den übrigen Tatbeständen des Verbotskatalogs erfaßt wird, aber im Sinne des Gläubigerschutzes nicht ungestraft bleiben darf.

a. Konzeptionelle Unterschiede der Rechtsordnungen und Unbestimmtheit des Begriffs

Zunächst muß die Frage, ob die Einführung des Ungeeignetheitsmerkmals in das deutsche System der Berufsverbotsregelungen sinnvoll ist, vor dem Hintergrund des konzeptionellen Unterschieds zwischen der für England maßgeblichen angloamerikanischen Rechtsordnung und dem kontinentalen Rechtssystem in Deutschland erfolgen: Das englische Recht wird maßgeblich geprägt durch das vom

Richter gesetzte Recht, dem Fallrecht (*case law*). Es stellt die wichtigste Rechtsquelle dar[453]. Gesetzesrecht wird oft vom *case law* gebildet und durch dieses ergänzt, wenn ein Sachgebiet durch Gesetze nicht abschließend geregelt ist[454]. Im deutschen Recht stellen dagegen die Gesetze in Form umfassender Kodifizierungen die wichtigste Rechtsquelle dar. Auf ihrer Grundlage entscheidet der deutsche Richter, wogegen der englische Richter durch seine eigene Entscheidung eine Präzedenz schafft, auf der die weitere Rechtsentwicklung aufbaut[455]. Daher entspricht es dem englischen Rechtssystem, wenn s. 6 CDDA nur formuliert, daß

„*the court shall* make a disqualification order against a person … *where it is satisfied* … that his conduct as a director (…) makes him unfit to be concerned in the management of a company.“

Insbesondere vor dem Hintergrund, daß ein Berufsverbot einen schweren Eingriff in die grundrechtlich gewährleistete Berufsfreiheit darstellt, könnte die lediglich Einfügung eines Merkmals der „Ungeeignetheit“ daher zu unbestimmt sein und eine uneinheitliche Rechtsprechung und damit Rechtsunsicherheit zur Folge haben. Aber auch im deutschen Recht existieren ausfüllungsbedürftige unbestimmte Rechtsbegriffe, die dem der unfitness vergleichbar sind.

aa. Vergleich mit § 35 GewO: Das Merkmal der Unzuverlässigkeit

In § 35 GewO knüpft die Rechtsfolge der Gewerbeuntersagung an den unbestimmten Rechtsbegriff der gewerberechtlichen Unzuverlässigkeit an. Rechtsprechung und Literatur haben hierzu eine allgemein anerkannte Formel entwickelt, wonach ein Gewerbetreibender dann als unzuverlässig anzusehen ist, wenn er nicht die Gewähr dafür bietet, daß er in Zukunft sein Gewerbe ordnungsgemäß ausüben wird[456]. Diese Definition konturiert den Begriff der Unzuverlässigkeit nicht exakt; aufgrund der Vielgestaltigkeit der Sachverhalte sollte die Definition aber auch nicht enger gefaßt werden. Aus dem gleichen Grund enthält das Gesetz auch nicht einmal Regelbeispiele, sondern es haben sich im Rahmen einer weitläufigen Kasuistik Fallgruppen entwickelt, bei deren Vorliegen eine Gewerbeuntersagung – vorbehaltlich der Einzelfallbeurteilung – wegen Unzuverlässigkeit angebracht ist[457]. Gerade die für die Ermessensentscheidung erforderliche Einzel-

453 Triebel u.a.; Englisches Handels- und Wirtschaftsrecht, Rn. 24.
454 Triebel u.a.; Englisches Handels- und Wirtschaftsrecht, Rn. 25.
455 Triebel u.a., Englisches Handels- und Wirtschaftsrecht, Rn. 30.
456 BVerwGE 65, 1 f., Heß in Friauf, § 35, Rn. 49; Tettinger in Tettinger/Wank, § 35, Rn. 26; Frotscher, Wirtschaftsverfassungs- und Wirtschaftsverwaltungsrecht, S. 145; Arndt in Steiner, S. 859.
457 Im Einzelnen zu diesen Fallgruppen siehe schon unter B.I.3.a.aa.

fallprüfung kann dabei insbesondere verfassungsrechtlichen Anforderungen gerecht werden: Da die entscheidende Behörde alle Umstände des Einzelfalles würdigen muß und dabei einen eigenen Beurteilungsspielraum zur Verfügung hat, fällt sie eine „paßgenaue“ Einzelfallentscheidung, die dem Verhältnismäßigkeitsgrundsatz und dort insbesondere dem Angemessenheitsgebot sogar eher gerecht werden kann, als eine Entscheidung, die aus einer schlichten Subsumtion gesetzlicher Tatbestandsvoraussetzungen hervorgeht. Denn dort sind Generalisierungen kaum vermeidbar und die Gefahr, daß einzelne Fälle in ein falsches Raster fallen, ist größer.

Eine anfänglich fehlende Konturierung des Begriffs der Ungeeignetheit stünde seiner Einführung also nicht im Wege. Wie auch bei § 35 GewO geschehen, hat die Rechtsprechung so im Laufe der Zeit Gelegenheit, aus der Vielgestaltigkeit der Sachverhalte wenn nicht eine genaue Definition, so doch zumindest Leitlinien aufzustellen, anhand derer Einzelfälle gemessen werden können.

bb. Vergleich mit §§ 33, 36 KWG: Die Merkmale „Unzuverlässigkeit“ und „fehlende Eignung“

Auch in anderem Zusammenhang wird die Möglichkeit, ein Geschäftsleitungsamt auszuüben, nicht nur von tatbestandlich klar definierten Voraussetzungen abhängig gemacht, sondern auch von Anforderungen, die sich erst durch die Ausfüllung unbestimmter Rechtsbegriffe konkretisieren.

§ 36 I iVm iVm § 35 II Nr. 3 iVm 33 I 1 Nr. 2, 3, 4 iVm § 1 II 1 KWG sehen vor, daß die Bundesanstalt für Finanzdienstleistungsaufsicht (BaFin) als zuständige Behörde dem Geschäftsleiter eines Kreditinstituts die Ausübung seiner Tätigkeit untersagen oder zumindest ein Abberufungsverlangen gegenüber dem betroffenen Kreditinstitut aussprechen kann, wenn der Geschäftsleiter sich als unzuverlässig erweist oder fachliche Eignungsmängel ihn disqualifizieren. Die Einschätzung, ob eine Person zuverlässig ist, hängt davon ab, ob sie die Gewähr dafür bietet, in sie gesetztes Vertrauen nicht zu enttäuschen[458]. Aus der umfangreichen Praxis haben sich zwar im Laufe der Zeit Beurteilungsmaßstäbe dafür entwickelt, wann das Urteil der Unzuverlässigkeit zu fällen ist, dennoch hat die BaFin die Umstände jeden Einzelfalles neu zu prüfen[459].

458 Szagunn/Haug/Ergenzinger, § 33, Rn. 8.

459 So ist eine Person wohl in jedem Fall als unzuverlässig anzusehen, wenn sie ein Vermögensdelikt begangen hat, gegen gesetzliche Ordnungsvorschriften im unternehmerischen Bereich verstößt oder in ihrem geschäftlichen oder privaten Verhalten zeigt, daß sie kein Garant für eine solide Geschäftsführung ist: Ernsthafte Verstöße gegen die Vorschriften des KWG (v.a. im Wiederholungsfall), erhebliche Steuerhinterziehungen (soweit der Geschäftsleiter sich selbst bereichert hat), umfangreiche

Fachliche Eignungsmängel führen dann zu einer Untersagung der Tätigkeit oder zu einem Abberufungsverlangen, wenn der betroffene Geschäftsleiter nicht in ausreichendem Maße theoretische und praktische Kenntnisse in den betreffenen Geschäften hat sowie wenn es ihm an Leitungserfahrung fehlt, § 33 II KWG. Das Gesetz läßt darüber hinaus offen, in welchen Fällen im Einzelnen es an der fachlichen Eignung fehlt und bleibt damit ausfüllungsbedürftig. Die BaFin hat die Anforderungen an die fachliche Eignung allerdings selbst konkretisiert und verlangt an theoretischem Hintergrundwissen volkswirtschaftliche, betriebswirtschaftliche, steuerrechtliche und allgemein rechtliche Kenntnisse, ohne die der Geschäftsleiter eines Kreditinstituts nicht vorstellbar ist und ohne die er außergewöhnlichen Situationen nur schwer gewachsen sein wird[460]. An praktischen Kenntnissen muß er das einschlägige Fachwissen mitbringen, aber auch die sonstigen Fähigkeiten, die einen guten Geschäftsleiter ausmachen, wie geschäftliche Gewandtheit und Führungsqualitäten gegenüber den Mitarbeitern[461]. Fachliche Nichteignung ist einem Geschäftsleiter auf jeden Fall vorzuwerfen, wenn seine Geschäftsführung allgemein mangelhaft ist, er Organisationspflichten verletzt, das Rechnungswesen unzureichend kontrolliert und interne Kontrollsysteme nicht funktionsfähig sind[462]. Auch diese selbst aufgestellten Orientierungspunkte entlassen die BaFin aber nicht aus der Pflicht, jeden Einzelfall neu zu würdigen.

Auch der Vergleich mit dem KWG zeigt somit, daß es durchaus möglich ist, die Eignung eines Geschäftsleiters in persönlicher und fachlicher Hinsicht als ausfüllungsbedürftiges Merkmal auszugestalten.

b. Zusammenfassung

Die Ausführungen haben gezeigt, daß auch im deutschen Recht trotz der ungleich umfassenderen Kodifizierungen unbestimmte und ausfüllungsbedürftige Rechtsbegriffe nicht selten sind. Insoweit stehen die konzeptionellen Unterschiede zwischen dem englischen und dem deutschen Recht kein Hindernis dar, um von der Einführung eines Auffangtatbestandes der Ungeeignetheit absehen zu müssen.

Buchungsmanipulationen und die Beteiligung an kriminellen Handlungen können die Unzuverlässigkeit des Geschäftsleiters begründen; Fischer in Boos/Fischer/Schulte-Mattler, § 36, Rn. 23; Szagunn/Haug/Ergenzinger, § 35, Rn. 22.

460 Szagunn/Haug/Ergenzinger, § 33, Rn. 13; Fischer in Boos/Fischer/Schulte-Mattler, § 33, Rn. 37 f., 41 f.

461 Fischer in Boos/Fischer/Schulte-Mattler, § 33, Rn. 33, 35.

462 Szagunn/Haug/Ergenzinger, § 35, Rn. 22; Fischer in Boos/Fischer/Schulte-Mattler, § 36, Rn. 13.

c. Bedürfnis für eine unfitness-Regelung im deutschen Recht

Die Einführung des Ungeeignetheitsmerkmals als Auffangtatbestand im deutschen Recht wäre aber überhaupt nur dann erforderlich, wenn nicht bereits durch die bestehenden und neu vorgeschlagenen verbotsauslösenden Tatbestände[463] all jene Fälle erfaßt werden, in denen Fehlverhaltensweisen zum Schutz der Allgemeinheit und der Gläubiger im Speziellen ein Berufsverbot auslösen sollen. Daneben ist die Frage zu beantworten, ob die Ziele, die eine Disqualifizierung wegen unfitness verfolgt, im deutschen Recht nicht durch andere Instrumente ebenso effektiv erreicht werden können.

aa. Unfitness-Disqualifizierungen und erweiterte nationale Verbotstatbestände: Ein Inhaltsvergleich

Das unfitness-Urteil wird über Geschäftsleiter gesprochen, denen schwerwiegende Verletzungen gegen ihre director's duties vorzuwerfen sind, die also gegen die Verpflichtung gehandelt haben, die Interessen der Gesellschaft zu wahren (act bona fide and in the interest of the company), die bewußt gegen Grundsätze moralischen und redlichen Verhaltens im kaufmännischen Bereich verstoßen haben (breach of commercial morality and probity) und denen der Vorwurf besonderer Inkompetenz und Rücksichtslosigkeit (gross incompetence and negligence) zu machen ist. Im Einzelnen werden dabei wiederholte Verstösse gegen Rechnungslegungsvorschriften[464], Berichtspflichten, Fälle von Insolvenzverschleppung[465], Benachteiligung einzelner Gläubiger im Insolvenzfall[466], Organisierte Unternehmensbestattungen[467], das unberechtigte Erlangen persönlicher Vorteile (insbesondere im Insolvenzfall)[468] sowie Verletzungen von Organisationspflichten[469]

463 Siehe hierzu die bisher vorgeschlagenen Erweiterungen, zusammengefasst am Ende des Abschnitts C.II.

464 Secretary of State for Trade and Industry v Arif [1997] 1 BCLC 34; Re Firedart Ltd, Official Receiver v Fairall [1994] 2 BCLC 340 at 352.

465 Secretary for Trade and Industry v Collins [2002] 2 BCLC 223, CA; Re Living Images Ltd [1996] 1 BCLC 348; Re Hitco 2000 Ltd [1995] 2 BCLC 63.

466 Re Sevenoaks Stationers Retail Ltd [1991] 3 All ER 578; Re Stanford Services Ltd [1987] 3 BCC 326.

467 Re Swift 736 Ltd [1993] BCLC 1; Re Travel Mondial (UK) Ltd [1991] BCLC 120 at 123.

468 Hannigan, p. 331, 334; Re Firedart Ltd, Official Receiver v Fairall [1994] 2 BCLC 340; Re Park House Properties Ltd [1997] 2 BCLC 530

469 Re Barings plc (No. 5), Secretary of State for Trade and Industry v Baker [1999] 1 BCLC 433; Re Continental Assurance Co of London plc, Secretary of State for

und eine materielle Unterkapitalisierung[470] mit einer Disqualifizierung wegen unfitness geahndet[471].

Verstösse dieser Arten fallen im deutschen Recht unter §§ 331 HGB, 399 AktG, 82 GmbHG; § 283 b StGB; §§ 64 I, 84 I Nr. 2 GmbHG und §§ 92 II, 401 I Nr. 2 AktG. Mit den in dieser Arbeit vorgestellten Änderungen und eigenen Novellierungsvorschlägen führen Verstösse gegen die genannten Vorschriften sämtlich zu einem Tätigkeitsverbot als Geschäftsleiter.

Allein die Disqualifizierung wegen materieller Unterkapitalisierung, so geschehen in der Sache *Re Ipcon Fashions*, findet in den Erweiterungsvorschlägen keine Entsprechung. Das hat seinen Grund aber darin, daß bei materiellen Unterkapitalisierungen – wenn überhaupt – die Gesellschafter in die Haftung genommen werden sollen, nicht dagegen die Geschäftsführer[472].

Das Merkmal der unfitness dient dazu, möglichst viele unterschiedliche Fehlverhaltensweisen zu erfassen, durch welche ein director seine Ungeeignetheit für ein Geschäftsleiteramt dokumentiert. Wird der Verbotskatalog in §§ 6 II 3 GmbHG, 76 III 3 AktG aber entsprechend den Vorschlägen in dieser Arbeit erweitert, erfassen die einzelnen Ausschlußgründe wie oben gezeigt exakt die Fehlverhaltensweisen, mit denen ein englisches Gericht eine Disqualifizierung wegen unfitness begründen würde. Es ist nicht unbedingt zu erwarten, daß ein deutsches Gericht bei der Auslegung des Merkmals „Ungeeignetheit" zu weiterreichenden Ergebnissen kommen würde, zumal die lange Tradition der Tätigkeitsverbote im englischen Recht zu einer umfangreichen Auseinandersetzung mit der unfitness in der Rechtsprechung geführt hat. Auch vor diesem Hintergrund besteht daher kein Bedürfnis für die Einführung eines Ungeeignetheitstatbestandes im Sinne einer unfitness-Regelung des CDDA.

bb. Kompensation für fehlendes Mindestkapital?

In England kompensiert der umfangreiche Verbotskatalog – und dabei im Besonderen der Disqualifizierungsgrund der unfitness – auch das Fehlen jeglicher Mindestkapitalvorschriften. Im deutschen Recht ist dagegen die Gründung einer AG und einer GmbH von der Aufbringung eines gesetzlich bestimmten Betrages ab-

---

Trade and Industry v Burrows [1997] 1 BCLC 48.; Re Park House Properties Ltd [1997] 2 BCLC 530.

470 Re Ipcon Fashions Ltd [1989] 5 BCC 773 at 774.

471 Ausführlicher siehe schon die Darstellung der Fälle unter B.IV.1.b.

472 K. Schmidt, GesR, § 9 IV S. 241; § 37 III, S. 1150.; BGHZ 68, 312; siehe ausführlich und mit unterschiedlichen Lösungsansätzen für die Grundlage einer solchen Gesellschafterhaftung Eckhold, Materielle Unterkapitalisierung, S. 121 ff; Ensthaler in Achilles/Ensthaler/Schmidt, Anh. § 13, Rn. 32.

hängig, der als Mindestkapitalausstattung dienen und somit eine Sicherheit für Gläubiger darstellen soll. Zwar sieht der Entwurf des MoMiG vor, das Mindestkapital für die GmbH von 25.000 Euro auf 10.000 Euro abzusenken[473]. Damit soll insbesondere Kleinunternehmern und Existenzgründern die Gründung einer Kapitalgesellschaft erleichtert werden[474]. Zudem findet die Mehrzahl der Neugründungen nicht mehr im produzierenden Gewerbe statt, sondern im Dienstleistungssektor[475]. Diese Unternehmen haben aber regelmäßig einen geringeren Kapitalbedarf und profitieren somit ebenfalls von der Absenkung des Mindestkapitals[476]. Auf der anderen Seite wird aber ein immer noch nennenswertes Mindestkapital beibehalten, das als Seriositätsschwelle dienen soll[477]. Das Mindestkapitalsystem bleibt damit grundsätzlich bestehen, so daß vor diesem Hintergrund Berufsverbote nicht als Kompensation dienen müssen. Auch aus diesem Grund besteht derzeit kein Bedürfnis für die Erweiterung des Verbotskatalogs um einen Tatbestand der Ungeeignetheit.

cc. Stellungnahmen in der Literatur

Triebel/Otte[478] sehen die Zeit für eine Ausweitung des nationalen Berufsverbotskatalogs gekommen, wenn der Gesetzgeber sich bei einer GmbH-Reform für die Abschaffung des gesetzlichen Mindestkapitals entscheiden sollte. Neben der Begehung von Straftaten soll ihrer Meinung nach dann auch die Ungeeignetheit einer Person für ein Geschäftsleitungsamt nach dem Vorbild der unfitness-Regelung des CDDA zu einem Berufsverbot führen. Die weitreichenden Verbotsgründe stellten dann die notwendige Kompensation für das Fehlen eines Mindestkapitals dar. Der Entwurf des MoMiG sieht nunmehr nicht die vollständige Abschaffung des Mindestkapitals vor, sondern lediglich dessen Herabsetzung auf 10.000 Euro. Da *Triebel/Otte* die Erweiterung der Berufsverbotstatbestände von der Abschaffung jeglichen Mindestkapitals abhängig machen, läßt dies den Schluß zu, daß sie bei einer lediglichen Herabsetzung nicht für einen Verbotskatalog nach dem Vorbild des CDDA plädieren.

Auch *Fleischer* stellt die Effizienz der bestehenden Berufsverbotsregelungen in Frage. Die Einführung eines Verbotstatbestands der Ungeeignetheit befürwortet er aber nur im Rahmen eines rein kapitalmarktrechtlichen Regelungsansatzes der Tätigkeitsverbote, durch den Geschäftsleiter börsennotierter Gesellschaften

---

473 Ges.Begr. MoMiG-Entwurf, S. 2; www. bmj.bund.de.
474 Ges.Begr. MoMiG-Entwurf, S. 38; www. bmj.bund.de.
475 Ges.Begr. MoMiG-Entwurf, S. 38; www. bmj.bund.de.
476 Ges.Begr. MoMiG-Entwurf, S. 38; www. bmj.bund.de.
477 Ges.Begr. MoMiG-Entwurf, S. 38; www.bmj.bund.de.
478 ZIP 2006, 311 (315).

zu ordnungsgemäßer Kapitalmarktkommunikation angehalten werden sollen. Die Ausformung des Ungeeignetheitstatbestandes soll sich dabei an s. 20 (e) SA und s. 21 (d) SEA orientieren.

S. 20 (e) SA betrifft den Primärmarkt:

„In any proceeding under subsection (b), the Court may prohibit, conditionally or unconditionally, and permanently or for such a period of time as it shall determine, any person who violated section 17 (a) (1) from acting as an officer or director (...) if the person's conduct demonstrate substantial unfitness to serve as an officer or director of any such issuer.“

S. 21 (d) SEA ist auf den Sekundärmarkt anzuwenden:

„In any proceeding under paragraph (1) of this subsection, the Court may prohibit, conditionally or unconditionally, and permanently or for such a period of time as it shall determine, any person who violated section 10 (b) or the rules or regulations there under from acting as an officer or director (...) if the person's conduct demonstrate substantial unfitness to serve as an officer or director of any such issuer.“

Bei einer rein kapitalgesellschaftsrechtlichen Ausgestaltung der Berufsverbote favorisiert er dagegen grundsätzlich die Beibehaltung des bestehenden Systems. Allerdings nimmt er den CDDA als Anregung, den Verbotskatalog der §§ 6 II 3 GmbHG, 76 III 3AktG auf Vollständigkeit und Stimmigkeit zu überprüfen[479]. Insbesondere rät er aber davon ab, die strafrechtliche Anknüpfung aufzugeben, da dies einen Systemwechsel zum britischen Modell bedeuten würde, von dessen Sinnhaftigkeit *Fleischer* aber noch nicht überzeugt ist.

Die Abkehr von der akzessorischen Verknüpfung der Tätigkeitsverbote mit strafrechtlichen oder auch – wie in dieser Arbeit vorgeschlagen[480] – ordnungswidrigkeitsrechtlichen Verurteilungen hin zum britischen unfitness-Modell würde das System der Tätigkeitsverbote tatsächlich revolutionieren. Bisher folgen Tätigkeitsverbote in §§ 6 II 3 GmbHG, 76 III 3 AktG einer strafrechtlichen Verurteilung. Die Einführung eines Ungeeignetheits-Merkmals würde es erfordern, daß sich nunmehr ebenfalls ein Gericht oder eine Behörde mit dem konkreten Fall befassen muß, um festzustellen, ob das streitgegenständliche Fehlverhalten so gravierend ist, daß es den Betreffenden als ungeeignet für ein Geschäftsleiteramt disqualifiziert. Diese Entscheidung wäre dann insbesondere unabhängig von einer eventuellen strafrechtlichen Verfolgung und Ahndung desselben Sachver-

---

479 Daraufhin schlägt er vor, neben anderen Vorschriften die §§ 82, 84 I Nr. 2 II, GmbHG, 399, 400, 401 I Nr. 2, II AktG und § 331 HGB in den Verbotskatalog aufzunehmen.

480 Siehe hierzu den Vorschlag, auch kapitalmarktrechtliche Verstösse als verbotsauslösende Tatbestände aufzunehmen unter C.II.4.

halts[481]. Folglich könnte auch nicht auf die Ergebnisse des Strafverfahrens zurückgegriffen werden, so daß die Einführung eines eigenständigen Berufsverbotsverfahrens zusätzlichen Ermittlungsaufwand mit sich bringen und die Gerichte belasten würde. Daher steht zu befürchten, daß Berufsverbote nur selten ausgesprochen würden mit der Folge schwindender Effektivität.

dd. Kritik an der unfitness-Regelung im CDDA

Schließlich sieht sich die unfitness-Regelung in England selbst Kritik ausgesetzt. Sie setzt an dem Begriff der unfitness an und moniert, daß seine Ausfüllungsbedürftigkeit und Ausfüllungsfähigkeit zwar dem Einzelfall angepasste Entscheidungen ermöglichten, zugleich aber Unsicherheit über seine Grenzen bestehe. Zwar herrscht insoweit Einigkeit, daß einfaches Missmanagement und geschäftliches Versagen nicht ausreicht, um das unfitness-Urteil zu fällen, sondern daß etwas hinzukommen muß[482]. Dieses „etwas" wird jedoch nicht einheitlich bestimmt, sondern hat je nach dem, welcher Aspekt bei der Disqualifizierung im Vordergrund steht – Gläubigerschutz, Mißbrauchsvermeidung, Festsetzung von Standards guter Unternehmensführung – ein anderes Gesicht. Dann ist die Rede von „breach of commercial morality[483]", „lack of commercial probity[484]", „gross negligence or total incompetence[485]", „cynical exploitation of limited liability privilege[486]" oder „dishonesty[487]. Eine Einordnung des Einzelfalles in diese Kategorien ist zwar möglich, sie sind jedoch immer noch nicht bestimmt genug, um sicher beurteilen zu können, ob unfitness vorliegt oder nicht; vielmehr sind die Umstände des Einzelfalles entscheidungserhebliche Kriterien. Der Fall *Re Cladrose Ltd*[488] illustriert, daß Direktoren mit einer beinahe willkürlichen Anwendung des unfitness-Urteils zu kämpfen haben: Zwei Direktoren einer insolventen Gesellschaft waren ihren Verpflichtungen, Jahresabschlüsse zu erstellen und Bilanzen einzureichen, vollumfänglich nicht nachgekommen. Einer der Direktoren berief sich darauf, sich auf den anderen verlassen zu haben, der zugleich Rechnungsprüfer war. Daraufhin wurde er nicht belangt, wogegen der andere Direktor für unfit befunden und für die Dauer von zwei Jahren disqualifiziert wurde.

---

481 So sind jedenfalls die Voraussetzungen im Rahmen des CDDA.
482 Re Churchill Hotel (Plymouth) Ltd [1988] BCLC 341.
483 Re Dawson Print Group Ltd [1987] BCLC 601.
484 Re Lo-Line Electric Motors Ltd [1988] BCLC 698 at 703.
485 Re Lo-Line Electric Motors Ltd [1988] BCLC 698 at 703.
486 Re Douglas Construction Services Ltd [1988] 4 BCC 553 at 557.
487 Re DJ Matthews (Joinery Design) Ltd [1988] 4 BCC 513 at 518.
488 [1990] 6 BCC 11.

d. Zusammenfassung

Mit der Umsetzung der in dieser Untersuchung gemachten Vorschläge zur Erweiterung der Verbotstatbestände der §§ 6 II 3 GmbHG, 76 III 3 AktG besteht schon keine Notwendigkeit zur Einführung einer „unfitness-Regelung" im deutschen Recht, da schon dadurch solche Verstösse erfaßt werden, die auch in England zum unfitness-Urteil führen. Da die deutschen Tätigkeitsverbotsregelungen im Gegensatz zu den englischen kein fehlendes Mindestkapital kompensieren müssen, ist eine Erweiterung nach englischem Vorbild ebenfalls nicht erforderlich. Schließlich kämpft die unfitness-Regelung selbst mit Kritik, da die ungeklärte Begriffsbestimmung zwar einzelfallgerechten Interpretationsspielraum zuläßt, dadurch aber zugleich Rechtsunsicherheit entsteht, die es Betroffenen schwer macht, ihr Verhalten an den Anforderungen des CDDA auszurichten.

2. Verfahrensfragen

Der CDDA hält für Disqualifizierungsanordnungen ein eigenes Disqualifizierungsverfahren bereit, das eine Einzelfallentscheidung erfordert. Das deutsche Recht sieht nach geltendem Recht eine Akzessorietät von Tätigkeitsverboten mit einer strafrechtlichen Verurteilung vor. Ein eigenständiges Berufsverbotsverfahren im deutschen Recht bedeutete daher die Abkehr von der bisherigen Vorgehensweise, Tätigkeitsverbote akzessorisch von strafrechtlichen Verurteilungen zu gestalten. Die Einführung eines solchen Verfahrens käme damit einem Systemwechsel gleich, dessen Notwendigkeit und Praktikabilität erörtert werden muß.

a. Bedürfnis für ein eigenes Tätigkeitsverbotsverfahren wie im CDDA

Im deutschen Recht folgt ein Berufsverbot nach geltendem Recht automatisch einer Verurteilung wegen einer Insolvenzstraftat gemäß §§ 283–283 d StGB. Auch die geplante Neufassung der §§ 6 II 3 GmbHG, 76 III 3 AktG gemäß dem FoSiG behält eine strafrechtliche Akzessorietät bei. Und schließlich entscheidet sich auch diese Arbeit dafür, dieses System nicht grundsätzlich zu ändern, sondern erweitert die Akzessorietät lediglich um ordnungswidrigkeitsrechtliche Verurteilungen bzw. Sanktionen. Verworfen wird dabei insbesondere der Gedanke, eine dem englischen Recht vergleichbare unfitness-Regelung einzuführen. Gerade diese Regelung macht im englischen Recht aber das eigenständige Disqualifizierungsverfahren notwendig. Bleibt es somit bei dem System, daß ein Berufsverbot als automatische Folge anderer Sanktionen eintritt, ist zumindest für die Feststellung, ob ein solches zu verhängen ist, kein eigenes Verfahren erforderlich.

b. Praktikabilität eines eigenen Berufsverbotsverfahrens

Darüber hinaus bestehen auch grundsätzliche Zweifel an der Praktikabilität eines eigenen Berufsverbotsverfahrens. In diesem Fall müßte die Feststellung, daß ein Geschäftsleiter für die Führung einer Kapitalgesellschaft ungeeignet ist, einem oder mehreren gerichtlichen oder behördlichen Entscheidungsträgern auferlegt werden. Im Gegensatz zum geltenden Modell bedeutete die Einsetzung dieser Entscheidungsträger nicht nur zusätzlichen Kostenaufwand, sondern auch einen nicht unerheblichen Zeitaufwand, den die Ermittlungsarbeit und Entscheidungsfindung verursacht. Daneben müßten Fragen geklärt werden wie die, wem das Initiativrecht zur Einleitung eines Berufsverbotsverfahrens zusteht und wie das Verfahren selbst geregelt sein soll. Die Berechtigung der Zweifel an der Praktikabilität dieses Vorgehens bestätigt ein Blick auf die dargestellte Entwicklung in England:

Ein verkürztes und vereinfachtes gerichtliches sowie ein ganz neues, lediglich behördliches Disqualifizierungsverfahren wurden mit dem Ziel eingeführt, Ermittlungsarbeit zu verringern, um die Gerichte entlasten zu können und damit letztlich eine Verfahrensbeschleunigung zu erreichen[489].

c. Zusammenfassung

Ein fehlendes Bedürfnis und die im englischen Rechtskreis selbst bezweifelte Praktikabilität des eigenständigen Disqualifizierungsverfahrens läßt zu dem Schluß gelangen, daß im deutschen Recht kein vergleichbar ausgestaltetes Berufsverbotsverfahren eingeführt werden sollte.

d. Ausnahmen von Berufsverboten?

Der CDDA sieht eine Ausnahmeregelung für Fälle vor, in denen die Disqualifizierung eines director für das von ihm geleitete Unternehmen, ein anderes Unternehmen unter seiner Leitung oder für Dritte derart schwerwiegende Nachteile mit sich bringt, daß es unangemessen erschiene, die Anordnung durchzusetzen. Der director kann dann um eine gerichtliche Erlaubnis ersuchen, trotz der Disqualifizierungsanordnung tätig zu bleiben. Vorzugswürdig könnte eine solche Regelung auch im deutschen Recht insbesondere im Hinblick auf kleine Kapitalgesellschaften wie die Ein-Mann-GmbH sein, die regelmäßig mit dieser einen Person „ste-

489 Zum verkürzten gerichtlichen Verfahren siehe die Ausführungen zum *Carecraft procedure* unter B.VI.1.bb.; für das behördliche Verfahren siehe unter B.VI.1.cc. die Darstellung des *Disqualification undertaking*.

hen und fallen", da kein anderer Mitarbeiter vorhanden ist, der die Führung der Gesellschaft sofort übernehmen könnte. In diesen Fällen ist der Fortbestand des Unternehmens und der damit verbundenen Arbeitsplätze bedroht. Mit der Nichtdurchsetzung des Berufsverbots ist den in diesen Fällen überwiegenden Drittinteressen besser gedient.

Jedoch könnte an dem englischen leave-to-act-System aus verfahrensökonomischen Gründen grundsätzliche Kritik geübt werden. Es ist zu aufwendig, zunächst das eigentliche Disqualifizierungsverfahren durchzuführen, an dessen Ende die Anordnung erlassen wird und danach über den Antrag des betroffenen director auf eine Ausnahmeregelung zu entscheiden. Effektiver könnte es dem gegenüber sein, dem Gericht von vornherein eine Möglichkeit an die Hand zu geben, die Disqualifizierungsanordnung vom Umfang her zu begrenzen und somit die angesprochenen Härtefälle gar nicht erst eintreten zu lassen.

Eine inhaltliche Begrenzung des Berufverbots würde jedoch seinem Sinn widersprechen. Es soll verhindern, daß eine Person, die sich als unzuverlässig und unverantwortlich für die Position eines Geschäftsleiters erwiesen hat, überhaupt in diesem Amt agieren kann. Das Verbot kann seine Schutzfunktion aber nur dann vollständig entfalten, wenn es umfassend gilt und nicht auf bestimmte Unternehmensgegenstände oder bestimmte Tätigkeitsbereiche beschränkt bleibt[490]. Eine inhaltliche Beschränkung kann zwar geeignet sein, Härtefälle zu vermeiden, das Verbot selbst verliert dadurch aber an Kraft. Dieser Vorschlag zur Optimierung des leave-to-act-Systems überzeugt daher schon nicht.

Das Argument des langen Verfahrenszeitraums mag für das englische Recht gelten – schließlich zeigen die Einführung des carecraft procedure und des undertaking regime, daß das englische Recht darum bemüht ist, aufwändige Verfahren zu vermeiden. Im deutschen Recht fällt es dagegen weniger auf fruchtbaren Boden, da es hier erst gar kein eigenes Verbotsverfahren gibt, sondern Tätigkeitsverbote die Folge strafrechtlicher Verurteilungen oder ordnungswidrigkeitsrechtlicher Sanktionen sind.

Die Einführung einer der leave-to-act-Regelung vergleichbaren Bestimmung im deutschen Recht sieht sich daher keiner grundsätzlichen Kritik gegenüber. Ihr Ergebnis kann aber einfacher auf andere Art und Weise erreicht werden. Der Spruchkörper, der für die Verurteilung zuständig ist, die Grundlage des Tätigkeitsverbots wird, kann das Verbot zur Bewährung aussetzen. So muß kein eigenes Verfahren angestrengt werden, in dem über eine Ausnahmeregelung entschieden wird. Der über die strafrechtliche Verurteilung entscheidende Richter kann aus den ihm vorliegenden Informationen aus dem Strafprozess auch ersehen, ob ein Härtefall vorliegt, der eine Aussetzung des Tätigkeitsverbots rechtfer-

490 In diesem Sinne auch Griffin, p. 191.

tigt. Ebenso kann die BaFin bei der Festsetzung der Geldbuße wegen eines Verstosses gegen § 14 I Nr. 2, 3 oder § 15 a I WpHG diese Entscheidung treffen. Damit sichergestellt ist, daß die entscheidenden Instanzen die Möglichkeit der Aussetzung zur Bewährung in Betracht ziehen, sollte § 6 II 3 GmbHG ergänzt werden:

„Bei berechtigtem Interesse des Betroffenen ist das Tätigkeitsverbot zur Bewährung auszusetzen."

3. Dauer von Berufsverboten

Bereits ausführlich wurde beleuchtet, daß die verfassungsrechtliche Kritik an den bestehenden Berufsverbotsregelungen sich zu einem wesentlichen Teil auf die undifferenzierte Regelung hinsichtlich ihrer Dauer bezieht[491]. Die geplanten Neufassungen der Berufsverbotsregelungen sowohl im FoSiG als auch im MoMiG lösen diese Widersprüche ebenfalls nicht auf. Der CDDA dagegen sieht nicht eine einheitliche Dauer von Disqualifizierungsanordnungen vor, sondern stellt eine Zeitspanne von bis zu fünfzehn Jahren zur Verfügung. Diese Spanne kann das entscheidende Gericht ermessensgerecht ausschöpfen[492], allein eine Disqualifizierungsanordnung wegen unfitness muß für mindestens zwei Jahre festgesetzt werden, s. 6 (4) CDDA. Diese differenzierte Regelung könnte eine Anregung zu einer verfassungskonformen Ausgestaltung der deutschen Berufsverbotsregelungen bieten.

a. Ermessensentscheidung

Die Hauptkritik an der bestehenden Regelung zur Dauer von Berufsverboten für Geschäftsleiter setzt an der zeitlich undifferenzierten Sperre von fünf Jahren an. Auch wenn alle verbotsauslösenden Straftatbestände und Ordnungswidrigkeitstatbestände ungeachtet ihrer Unterschiedlichkeit die Ungeeignetheit einer Person zur Amtsausübung belegen, so bestehen zwischen ihnen doch beachtliche Unterschiede – so beim Unrechtsgehalt, der Begehungsformen und der geschützten Rechtsgüter, die eine einheitliche Beurteilung verbieten, wenn es um die Festlegung der Dauer des Berufsverbotes geht[493].

---

491 Siehe die Diskussion unter B.VIII.1.b.bb. (3) und cc.

492 Re Sevenoaks Stationers (Retail) Ltd [1991] Ch 164, siehe auch schon die Ausführungen unter B.II.2.

493 Schon im Rahmen der Diskussion über die Konformität der Berufsverbotsregelungen mit Art. 12 GG wurde angeregt, für die Festsetzung der Dauer von Tätigkeitsverboten ähnlich wie bei § 70 StGB zu verfahren. Dort fällt der Richter eine einzel-

Daher könnte es sachgerecht sein, wie im CDDA gesetzlich nur Obergrenzen festzulegen, während eine Einzelfallentscheidung die jeweilige Dauer des Tätigkeitsverbots bestimmt.

Die Einführung einer solchen Ermessensentscheidung würde der verfassungsrechtlichen Kritik ihren Ansatzpunkt entziehen. Insoweit eignet sich die englische Regelung, wonach der entscheidende Richter im Einzelfall eine Entscheidung auch über die Dauer der Disqualifikation trifft, durchaus zur Übernahme in das deutsche Recht.

Allerdings sieht der CDDA ein eigenständiges Berufsverbotsverfahren vor, in dem nicht nur die Entscheidung gefällt wird, ob eine Disqualifizierungsanordnung ergeht, sondern auch für welchen Zeitraum sie wirksam sein soll. Im deutschen Recht dagegen zeichnen sich die Berufsverbotsregelungen – auch nach den in dieser Arbeit vorgeschlagenen Neuerungen – durch eine strafrechtliche bzw. ordnungswidrigkeitsrechtliche Akzessorietät aus. Einer eigenständigen Entscheidung über ein Tätigkeitsverbot bedarf es daher nicht; sie würde zudem einen Systemwechsel bedeuten. Dennoch muß die deutsche Rechtsordnung nicht auf die Vorzüge einer Ermessensentscheidung bezüglich der Dauer eines Tätigkeitsverbots verzichten, wenn die Instanz, die über die strafrechtliche oder ordnungswidrigkeitsrechtliche Sanktion urteilt, zugleich eine Entscheidung über die Dauer des Berufsverbots trifft. Ihr diese Entscheidung zu überlassen ist auch deshalb angebracht, weil sie sich zuvor mit dem Sachverhalt befaßt hat und aufgrund ihres Kenntnisstandes sachgerecht urteilen kann.

b. Dauer

Eine Disqualifizierungsanordnung nach dem CDDA kann in besonders schwerwiegenden Fällen für bis zu 15 Jahren ausgesprochen werden. Für die Möglichkeit eines derart langen Ausschlusses vom Amt eines Geschäftsleiters auch im deutschen Recht spricht zunächst die in jedem Fall entstehende Abschreckungswirkung – 15 Jahre lang nicht das Amt des Geschäftsleiters einer Kapitalgesellschaft bekleiden zu können, bedeutet nicht nur eine Unterbrechung der angestrebten Karriere im Management, sondern kann diese Pläne unter Umständen ganz zerstören. Bei dieser langen Ausschlußdauer stellt sich jedoch die Frage nach der Angemessenheit einer solchen Regelung, da das vom Betroffenen bereits erworbene Humankapital nicht vollständig entwertet werden darf und er darüber hinaus

---

fallgenaue Ermessensentscheidung über die Dauer des Berufsverbotes, die er von Kriterien wie Art der Tatbegehung, Unrechtsgehalt der Tat, einer wiederholten Tatbegehung und auch einer Prognose über die Gefahr abhängig macht, daß der Täter auch in Zukunft weitere erhebliche Straftaten begehen wird; siehe schon unter B.I.2.

auch noch in der Lage sein muß, seinen Lebensunterhalt zu verdienen. Aber selbst ein Berufsverbot von solch langer Dauer hält diesen Befürchtungen stand. Der Betroffene kann sein Humankapital in jeder anderen Position unterhalb der Unternehmensleitung einsetzen – so ist ihm zum Beispiel eine Tätigkeit als Prokurist oder Abteilungsleiter, dessen Verantwortung auch sehr weit reicht, weiterhin möglich. Bekleidet er eine solche Position, steht auch nicht zu befürchten, daß er keinen angemessenen Lebensunterhalt mehr erwirtschaften kann. Berücksichtigt man darüber hinaus, daß das 15-jährige Berufsverbot als ultima ratio erst ausgesprochen wird, wenn dem Betroffenen schwerste Verfehlungen nachgewiesen werden können, die mit beachtlichen Schädigungen von Gläubigern einhergehen, erscheint die Zeitspanne als nicht zu niedrig angesetzt.

Auf der anderen Seite ist in die Waagschale zu werfen, daß Berufsverbote zwar über die Ahndung des konkreten Fehlverhaltens hinaus Gläubiger dadurch schützen wollen, daß ein Täter für längere Zeit vom Markt ferngehalten wird. Durch die Androhung, anschließend an eine strafrechtliche Verurteilung kein Geschäftsleiteramt wahrnehmen zu dürfen, wird er darüber hinaus abgeschreckt und zu besserem Verhalten erzogen. Doch wird die Höchstdauer eines Berufsverbots nur dann gewählt werden, wenn dem Betroffenen ein besonders schwerwiegendes Fehlverhalten vorzuwerfen ist. Im deutschen Recht, das Berufsverbote akzessorisch zu einer Straftat oder einer Ordnungswidrigkeit ausspricht, wird daher nur die Verurteilung zu einer vorsätzlichen, besonders schwerwiegenden Straftat wie den besonders schweren Fall des Bankrotts gemäß § 283 b StGB zu dem längstmöglichen Berufsverbot führen. In diesen Fällen hat der Täter regelmäßig mit empfindlichen Haftstrafen zu rechnen, die für sich gesehen schon eine eigene Abschreckungs- und Erziehungsfunktion ausüben. Das Berufsverbot muß diese Aufgaben damit nicht allein erfüllen. Vor diesem Hintergrund scheint eine 15-jährige Ausschlußdauer vom Geschäftsleiteramt zu lang. Ausreichend wäre in diesen Fällen sicherlich eine Höchstdauer von 10 Jahren.

Entsprechend der vorangestellten Überlegungen könnte eine Neuregelung der §§ 6 II 3 GmbHG, 76 III 3 AktG daher lauten:

„*Für die Dauer von bis zu zehn Jahren kann nicht Geschäftsführer/Vorstandsmitglied sein, wer...*

Der Ausschlußzeitraum beginnt mit der Rechtskraft des Urteils bzw. der vollziehbaren Entscheidung der Behörde. In ihn wird die Zeit nicht eingerechnet, in welcher der Täter auf behördliche Anordnung in einer Anstalt verwahrt worden ist. Über die Dauer des Tätigkeitsverbotes entscheidet in den Fällen der Nr. 3 das für die Verurteilung zuständige Gericht, in den Fällen der Nrn. 4 und 5 die Bundesanstalt für Finanzdienstleistungsaufsicht (BaFin).“

4. Strohmanngestaltungen

Die Effektivität von Berufsverboten für Geschäftsleiter hängt in erheblichem Maße von der Unmöglichkeit oder zumindest erheblichen Erschwerung von Umgehungsgestaltungen wie dem Vorschalten von Strohmännern ab. Der Blick auf die englische Rechtsordnung könnte auch hier einen Ansatzpunkt für eine Neufassung der nationalen Vorschriften geben.

Eine Orientierung am CDDA für die Lösung der Umgehungsproblematik im deutschen Recht ist dann sinnvoll, wenn eine entsprechende Regelung im deutschen Recht dazu dienen kann, mögliche Umgehungsfälle zu verhindern. Die geltenden Berufsverbotsregelungen in §§ 6 II 3 GmbHG, 76 III 3 AktG ermöglichen in ihrer jetzigen Ausgestaltung folgende Umgehungskonstellationen, die auch die geplante Neueinführung einer Gesellschafterhaftung gemäß dem Vorschlag im FoSiG nicht verhindern kann[494]:

- Handeln einer amtsunfähigen Person als Schattendirektor
- Handeln einer amtsunfähigen Person als externer Schattendirektor
- Handeln einer amtsunfähigen Person als faktischer Geschäftsführer in der Ein-Mann-Gesellschaft
- Handeln einer amtsunfähigen Person als faktischer Geschäftsführer in der Mehrpersonengesellschaft

Würde ein Berufsverbot – wie im CDDA – nicht nur den formal bestellten Geschäftsführer von einem Geschäftsleitungsamt ausschließen, sondern auch verhindern, dass amtsunfähige Personen als Schattendirektoren, faktische Geschäftsführer oder in sonstiger Art und Weise mittelbar oder unmittelbar Leitungsmacht ausüben, bestünden die genannten Umgehungsmöglichkeiten nicht mehr[495].

In Anlehnung an s. 1 (1) CDDA könnte eine Neuregelung von §§ 6 II 3 GmbHG, 76 III 3 AktG demnach so aussehen:

„Das Verbot umfasst

1. *die Tätigkeit als ordentlich bestellter Geschäftsführer/ordentlich bestelltes Vorstandsmitglied sowie*
2. *jede andere Tätigkeit,*
   a. *die faktische Geschäftsführung ist, oder*
   b. *durch welche eine Person mittelbar geschäftsleitend tätig wird."*

Eine mittelbar geschäftsleitende Tätigkeit liegt dabei vor, wenn eine Person durch ihr Handeln auf die richtungsweisenden Entscheidungen im Unternehmen

494 Siehe die entsprechende Kritk am FoSiG unter C.I.3.b.

495 Kapitel B. III. 1. erläutert ausführlich den Ausschluß von shadow und de facto directors sowie die Unzulässigkeit jeglicher Teilnahme an der Leitung einer Gesellschaft im Falle einer Disqualifizierung.

so Einfluß nimmt, dass sie – ohne eine entsprechende Funktion zu bekleiden – zum eigentlichen Entscheidungsträger wird.

Der CDDA erweist sich im Hinblick auf Strohmanngestaltungen daher als geeignetes Vorbild für eine entsprechende Regelung im nationalen Recht und kann sinngemäß übernommen werden.

5. Sanktionen bei Verstössen

Trifft einen Geschäftsleiter ein Berufsverbot, so endet sein Amt zwar ipso iure, die tatsächliche Einhaltung des Verbots kann jedoch kaum überprüft werden. Die geltenden Berufsverbotsnormen entbehren darüber hinaus einer Regelung, wie ein Verstoß gegen das Verbot geahndet werden kann.

Mit dem Ziel, zumindest die Gesellschafter einer GmbH dazu anzuhalten, keine amtsunfähigen Personen als Geschäftsleiter zu beschäftigen, macht das FoSiG in dieser Richtung zwar mit der geplanten Gesellschafterhaftung einen Vorstoß. Er überzeugt jedoch nur im Grundsatz, nicht aber in seiner Ausgestaltung[496]. Darüber hinaus bietet auch das MoMiG keine Vorschläge, wie die Einhaltung von Berufsverboten sinnvoll überwacht und ein Verstoß effektiv sanktioniert werden könnte.

Das englische Recht hält dagegen mit Geld- und Haftstrafen, Schadensersatzverpflichtungen und nicht zuletzt einer großen Publizitätswirkung der Disqualifizierungsanordnungen verschiedene Instrumente bereit, um eine effektive Durchsetzung von Berufsverboten und eine wirkungsvolle Sanktion bei Verstössen zu gewährleisten[497].

Die Sanktionen des CDDA bei Verstössen gegen Disqualifizierungsanordnungen könnten insbesondere deshalb eine Anregung für das deutsche Recht darstellen, da die bisherigen Berufsverbotsregelungen keine effektiven Durchsetzungs- und Sanktionsmöglichkeiten vorsehen.

a. Sanktionen gegen disqualifizierte Geschäftsleiter

Der CDDA sieht Geld- oder Haftstrafen als Sanktionen gegen den verbotswidrig handelnden director vor. Eine Haftstrafe wirkt sich für den Betroffenen gerade deshalb besonders nachteilig aus und beschwert ihn, da sie eine besondere Einschränkung der persönlichen Freiheit darstellt und ihn in besonderem Maße als

496 Siehe die Auseinandersetzung mit der geplanten Gesellschafterhaftung unter C. I.3.b.cc. und dd.

497 Siehe hierzu ausführlicher B.VII.1.

verurteilter Verbrecher stigmatisiert. Auf der anderen Seite müssen Sanktionen effektiv und abschreckend wirken, um ihr Ziel zu erreichen. Die Festsetzung von Geldstrafen löst eine solche Abschreckungswirkung regelmäßig nicht aus: Ist der Verurteilte in der Lage, die Strafe ohne Weiteres zu begleichen, empfindet er den Sanktionscharakter nicht genug, zumal die Verurteilung zu einer Geldstrafe im Vergleich zu einer Haftstrafe eine wesentlich geringere Öffentlichkeitswirkung hat. Der erwünschte „Erziehungseffekt" bleibt somit aus. Daher ist es zielführender, den Verstoß gegen ein Berufsverbot nicht mit einer Geld- oder Haftstrafe, sondern nur mit einer Haftstrafe zu ahnden.

Das Gesetz sollte hier Mindest- und Höchstgrenzen vorsehen, innerhalb derer das befindende Gericht sich im Rahmen einer Einzelfallentscheidung bewegt. Der CDDA sieht Haftstrafen von sechs Monaten bis zu zwei Jahren vor; diese Regelung erscheint angemessen.

§§ 6 II 3 GmbHG, 76 III 3 AktG sollten danach wie folgt ergänzt werden:

„Ein Verstoß gegen das Verbot kann zu einer Haftstrafe von sechs Monaten bis zwei Jahren führen."

b. Sanktionen gegen beherrschte, nicht disqualifizierte Geschäftsleiter

Auch Personen, die zur Geschäftsleitung einer Gesellschaft gehören und auf Anweisung einer Person handeln, von der sie wissen, daß sie Adressat eines Berufsverbots ist, trifft gemäß s. 15 (1) (b) CDDA eine persönliche Haftung für Gesellschaftsschulden, die in dem Zeitraum entstehen, in dem der Amtsunfähige verbotswidrig in die Führung der Gesellschaft involviert war.

Bezogen auf die in dieser Arbeit vorgeschlagene Strohmannregelung ist diese Regelung des CDDA vergleichbar mit dem Fall, daß eine mit einem Berufsverbot belegte, amtsunfähige Person mittelbar geschäftsleitend tätig wird[498]. Auch solche Personen in die Verantwortung zu nehmen, welche die Anweisungen Amtsunfähiger aus dem Hintergrund ausführen, ist zunächst der richtige Ansatz, da sie hinnehmen oder sogar akzeptieren, daß die Gesellschaftsgeschicke von einer Person beeinflußt werden, die sich für Gläubiger einer Kapitalgesellschaft und andere Dritte als Gefahr herausgestellt hat. Indem sie diese Person decken, vergrößern die nur ausführenden Geschäftsleiter jene Gefahren, die mit dem Berufsverbot gegen den Hintermann eigentlich eingedämmt werden sollten.

Möglicherweise stellt sich die vom CDDA für diesen Fall vorgesehene Haftung für Gesellschaftsschulden aber nicht als angemessene Sanktion dar. Die Androhung der Haftung für Gesellschaftsschulden erweist sich nur dann als effektives Mittel, wenn sie zum einen geeignet ist, den Betroffenen tatsächlich abzu-

498 Siehe den Vorschlag unter C.III.4.

schrecken. Dagegen spricht die Befürchtung, daß der die Anweisungen des amtsunfähigen Hintermannes ausführende Geschäftsleiter sich das Haftungsrisiko bezahlen lassen könnte. Zum anderen könnte diese Art der Sanktion den lediglich Ausführenden auch unverhältnismäßig schwer belasten. Weiß er von dem Berufsverbot des Hintermannes, so bedroht ihn auf der einen Seite die Geldbuße, wenn er dennoch gemäß der Anweisungen handelt. Versucht er sich aber gegen den Hintermann durchzusetzen oder droht er mit der Weitergabe seines Wissens, so setzt er sich selbst der Gefahr des Verlustes seiner Amtsstellung aus, wenn die Gesellschafter ihn daraufhin abberufen. In der Regel wird dies zugleich den Verlust des Arbeitsplatzes zur Folge haben. Der von einem Hintermann gesteuerte Geschäftsleiter befindet sich daher in einer schwachen Position, die es nicht angemessen erscheinen läßt, ihn in die Haftung zu nehmen.

c. *Gesellschafterhaftung*

Statt dessen ist überlegenswert, die Gesellschafter, die das Wirken einer amtsunfähigen Person dulden oder ihr sogar bewußt auch nur mittelbare Leitungsmacht einräumen, mit einer Sanktion zu belegen. Der Hintergrund dieser Sanktion ist derselbe wie auch schon bei der durch das FoSiG vorgeschlagenen Haftung der Gesellschafter. Sie sollen sich darum bemühen, amtsfähigen Personen die Geschäftsführung zu überlassen, und durch die Einsetzung zuverlässiger und vertrauenswürdiger Geschäftsleiter auch zum Gläubigerschutz beitragen. Aus den genannten Gründen ist eine Gesellschafterhaftung für Schäden, welche die amtsunfähige Person verursacht, jedoch abzulehnen[499].

Eine Sanktion für Gesellschafter sollte statt dessen an ihrem eigenen Fehlverhalten ansetzen und folglich aus dem Grund erfolgen, daß sie einer amtsunfähigen Person überhaupt die Führung der Geschäfte überlassen haben. Hierdurch können die Berufsverbotsregelungen, deren Ziel es ist, ungeeignete Personen von einem Geschäftsleiteramt generell fernzuhalten, unterstützt werden. Eine Haftung von dem tatsächlichen Eintritt eines Schadens abhängig zu machen, würde dagegen die Aussage beinhalten, daß nicht schon das Einsetzen oder Dulden einer mit einem Berufsverbot belegten Person zu ahnden ist, sondern erst ein erneutes Fehlverhalten des verbotswidrig als Geschäftsleiter Eingesetzten. Um aber dem Ziel näher zu kommen, Gesellschaftern die Notwendigkeit vor Augen zu führen, sich um die Einsetzung amtsfähiger Personen zu bemühen, müßte eine Sanktion schon dort ansetzen, wo die Gesellschafter insoweit pflichtwidrig agieren. An die Stelle einer Gesellschafterhaftung sollte daher eine Ordnungswidrigkeit treten,

---

499 Siehe die Diskussion unter C.I.3.b.cc.

die darin besteht, daß einer amtsunfähigen Person die Geschäftsführung der Gesellschaft überlassen wurde.

Eine entsprechende Regelung könnte so zu formulieren sein:

„Gesellschafter, die vorsätzlich oder grob fahrlässig einer Person, die nicht Geschäftsführer sein kann, tatsächlich die Führung der Geschäfte überlassen, handeln ordnungswidrig. Die Ordnungswidrigkeit wird mit einer Geldbuße von 50.000 €, im wiederholten Fall mit einer Geldbuße bis zu 100.000 € geahndet."

Da die Beweislage in diesen Fällen regelmäßig schwierig sein wird, sollten die Gesellschafter von vornherein alles Erforderliche tun, um auszuschließen, daß eine amtsunfähige Person die Geschäfte ihrer Gesellschaft führt. Zum Zwecke des Nachweises sollten sie daher auch nach außen dokumentieren können, daß sie sich zumindest bemüht haben, ein Fehlverhalten ihrerseits auszuschließen. Daher steht der vernünftige Vorschlag im Raum, sich als Gesellschafter von einem designierten Geschäftsführer eine Ehrenerklärung einzuholen, in der dieser seine Amtsfähigkeit versichert[500]. Um Formulierungsungenauigkeiten vermeiden und Einigkeit über den notwendigen aber auch ausreichenden Inhalt dieser Ehrenerklärung erzielen zu können, sollte die Erklärung der Versicherung im Rahmen von § 8 III GmbHG entsprechen. So können sich die Gesellschafter von dem Vorwurf freisprechen, grob fahrlässig einer amtsunfähigen Person die Geschäfte überlassen zu haben[501].

Trifft einen Geschäftsleiter ein Berufsverbot während seiner Amtszeit, so endet das Amt automatisch. In der Regel werden die Gesellschafter in diesem Fall von dem Berufsverbot Kenntnis erhalten, zumindest wenn man von dem in dieser Arbeit gemachten Vorschlag ausgeht, daß die verbotsauslösenden Tatbestände im Zusammenhang mit der unternehmerischen oder geschäftlichen Tätigkeit begangen worden sein müssen, soweit sie nicht schon selbst diese Verbindung voraussetzen. In ihrem eigenen Interesse sollten die Gesellschafter sodann dafür sorgen, daß die Beendigung des Amtes gemäß § 39 I GmbHG auch zur Eintragung in das Handelsregister angemeldet wird, oder aber zumindest beim Registergericht den Wegfall der Amtsfähigkeit anmelden, verbunden mit der Anregung, eine amtswegige Löschung der betreffenden Person aus dem Handelsregister gemäß § 144 FGG zu betreiben[502]. So verhindern die Gesellschafter, gegen die vorgeschlagene Ordnungswidrigkeit zu verstoßen und schützen sich zudem gegen eine Haftung gemäß § 15 II HGB.

500 Melchior, GmbHR-Report 2005, R 29, R 30.

501 Zu der weiteren Absicherungsmöglichkeit, ein öffentliches Register einzusehen, in dem alle Berufsverbote verzeichnet sind, sogleich unter d.

502 Melchior, GmbHR-Report 2005, R 29, R 30.

d. Eintragung des Berufsverbots in ein öffentliches Register

Disqualifizierungsanordnungen werden in England in einem öffentlichen Register des Companies House erfaßt, das von jedem Dritten eingesehen werden kann. Damit schafft die englische Rechtsordnung eine große Publizitätswirkung von Disqualifizierungen, die zugleich ein Abschreckungselement beinhaltet: Mit dem Bewußtsein, daß jedermann von der Disqualifizierungsanordnung Kenntnis erhalten kann, vergrößert sich die Hemmschwelle, entgegen des Berufsverbots tätig zu werden. Zugleich vergrößert die Eintragung die Schutzwirkung für Dritte, da sie über eine zuverlässige Quelle darüber informiert werden, wem die Befähigung als Direktor aberkannt wurde. Die Eintragung in ein jedermann zugängliches Register könnte dieselben positiven Auswirkungen auf nationale Tätigkeitsverbote haben.

aa. Eintragung in das Bundeszentralregister

Eine vergleichbare Publizitäts- und Abschreckungswirkung wie im englischen Recht könnte die Eintragung eines Tätigkeitsverbots in das Bundeszentralregister haben. Bislang werden allerdings nur die strafrechtlichen Verurteilungen und die strafrechtlichen Berufsverbote sowie die verwaltungsbehördlichen Entscheidungen eingetragen, die zu einem Tätigkeitsverbot gemäß §§ 6 II 3, 4 GmbHG, 76 III 3, 4 AktG führen. Rechtsgrundlage hierfür sind die § 3 Nr. 1 bzw. 3 iVm § 4 Nr. 1, 2 bzw. § 10 II. Relevanz hat diese Eintragung bei einer etwaigen Überprüfung des Registergerichts, ob die im Rahmen der Gründung einer Gesellschaft gemäß § 8 III GmbHG abzugebende Versicherung korrekt war. Im Regelfall allerdings nimmt das Registergericht keine Nachforschungen durch eine Einsicht in das Bundeszentralregister vor, sondern verläßt sich auf die Aussage des designierten Geschäftsführers[503].

Explizit enthält das BZRG daher schon gar keine Rechtsgrundlage für die Eintragung eines Tätigkeitsverbots. Zwar dürfte es nicht gegen die Systematik des Gesetzes sprechen, wenn in § 10 ein Absatz 2 a eingefügt würde, der bestimmt, daß in das Register auch ein Berufsverbot gemäß §§ 6 II 3, 4 GmbHG und 76 III 3, 4 AktG einzutragen ist. Mehr Öffentlichkeitswirkung und damit eine erhöhte Abschreckungs- und Schutzwirkung käme den Tätigkeitsverboten aber auch dann nicht zu, da das Bundeszentralregister kein allgemein einsichtiges Register ist. Private Dritte können keine Einsicht nehmen, wenn sie sich über die Verhältnisse anderer informieren wollen[504]. Dem Bundeszentralregister kommt

503 Siehe schon Fn. 257.

504 Allerdings können Arbeitgeber Führungszeugnisse von Stellenbewerbern fordern.

daher keine große Publizitätswirkung zu, womit auch die Abschreckungs- und Schutzwirkung duruch Berufsverbote gering bleiben muß. Die wohl grundsätzlich mögliche Eintragung von Berufsverboten in dieses Register erweist sich daher als nicht zielführend.

bb. Eintragung in das elektronische Handelsregister

Die Lücken, die entstehen, wenn Berufsverbote nur im Bundeszentralregister eingetragen werden, könnten dagegen duch die Aufnahme der Verbote in ein für jedermann einsichtiges Register geschlossen werden, so wie es in England mittels des elektronischen Unternehmensregisters praktiziert wird.

In Deutschland ist seit dem 01.01.2007 ein elektronisches zentrales Unternehmensregister nach englischem Vorbild eingerichtet. Hintergrund für die Einführung dieses Registers ist die Umsetzung der Richtlinie 2003/58/EG vom 15.07.2003, die ihrerseits die Richtlinie 68/151/EWG ändert[505]. Am 14.12.2005 hat der Bundestag den Entwurf über das elektronische Handelsregister und Genossenschaftsregister sowie das Unternehmensregister (EHUG) verabschiedet[506]. Mit dem EHUG soll der Umgang mit publikationspflichtigen Unternehmensdaten grundlegend modernisiert werden und der Rechts- und Wirtschaftsverkehr künftig elektronischen Zugriff auf offen zu legende Unternehmensdaten erhalten[507]. Dazu wird das Handelsregister im Hinblick auf Einreichung, Führung und Abruf der Daten elektronisch geführt, daneben regelt das EHUG die Schaffung eines zentralen elektronischen Unternehmensregisters, das wesentliche Unternehmensdaten, deren Offenlegung gesetzlich vorgeschrieben ist, allgemein verfügbar macht[508].

Dementsprechend bestimmt § 9 I 1 des EHUG, daß die Einsichtnahme in das elektronisch geführte Handelsregister und das Unternehmensregister sowie in die dort eingereichten Dokumente jedem zu Informationszwecken gestattet ist. Das elektronische Handelsregister hat demnach eine größere Publizitätswirkung als das Bundeszentralregister und ist somit grundsätzlich geeignet, die Öffentlichkeit über das Tätigkeitsverbot eines Geschäftsleiters zu informieren. Die Entwurfsbe-

---

505 Ein Überblick über die wichtigsten Neuerungen und Änderungen findet sich bei Meyding/Bödeker, BB 2006, 1009; für eine kritische Auseinandersetzung hinsichtlich der technischen Realisierbarkeit des Modells sowie den Gefahren eines Qualitätsverlustes und einer unzureichenden Publizitätswirkung lies nach bei Dauner-Lieb/Linke, DB 2006, 767 ff.

506 Abrufbar auf der website des Bundesministeriums der Justiz www. bmj.bund.de unter „Gesetzentwürfe", „Handels- und Wirtschaftsrecht".

507 Begründung EHUG-Entwurf, S. 84; www.bmj.bund.de.

508 Begründung EHUG-Entwurf, S. 84;www.bmj.bund.de.

gründung stellt jedoch klar, daß die Informationsfunktion des Unternehmensregisters insoweit eingeschränkt ist, als daß aus datenschutzrechtlichen Gründen eine personenbezogene Suchfunktion nicht zulässig sein soll, vgl. §§ 14 II Nr. 5, 28 I Nr. 3 BDSG[509]. Das Register darf Dritten daher keine Auskünfte über ein etwaiges Berufsverbot geben. Die somit eingeschränkte Publizitätswirkung birgt zwar auch die Gefahr, daß sich die Abschreckungswirkung des Verbotes relativiert, wenn der Betroffene nicht damit rechnen muß, daß Dritte durch die Einsicht in das Unternehmensregister davon erfahren. Doch muß dies vor dem Hintergrund des grundrechtlich gewährleisteten informationellen Selbstbestimmungsrecht des Betroffenen, grundsätzlich selbst zu entscheiden, wann und innerhalb welcher Grenzen persönliche Lebenssachverhalte offenbart werden[510], hingenommen werden.

Anders als im englischen Recht muß von der Eintragung eines Tätigkeitsverbots in ein öffentliches Unternehmensregister abgesehen werden, da datenschutzrechtliche Gründe diesem Vorschlag entgegenstehen.

e. Beschwerde-Hotline

Die Einrichtung einer Beschwerde-Hotline in England dient dazu, den Insolvency Service als zuständige Ermittlungsbehörde bei seiner Arbeit zu unterstützen, Verstösse gegen Disqualifizierungsanordnungen und neuerliches Fehlverhalten von disqualifizierten Geschäftsleitern festzustellen und ahnden zu können[511]. Tatsächlich können Hinweise betroffener Dritter geeignet sein, verbotswidrig handelnde Geschäftsleiter möglichst frühzeitig zu entlarven und so Schäden –insbesondere von Gläubigern – zu verhindern, deren Eintritt bei ungestörtem Weiterhandeln der Betreffenden wahrscheinlich ist. Die Hotline erreicht somit das mit Berufsverboten verfolgte Ziel, die Öffentlichkeit und insbesondere Gläubiger vor ungeeigneten Geschäftsleitern zu schützen und könnte daher auch für die Effektivität der deutschen Berufsverbotsregelungen ein wirkungsvolles Hilfsinstrument darstellen.

Zwar können betroffene Dritte – wie Geschäftspartner – nicht offiziell von einem Berufsverbot eines Geschäftsleiters wissen, da ja eine Veröffentlichung im Unternehmensregister aus Gründen des informationellen Selbstbestimmungsrechts zu unterbleiben hat. Sie können aber über Mund-zu-Mund-Propaganda davon erfahren haben. Haben sie dann berechtigte Zweifel an der Rechtmäßigkeit

---

509 Begründung EHUG-Entwurf, S. 103; www.bmj.bund.de.

510 BVerfGE 65, 1 (42); 80, 367 (373).

511 The Annual Report of the Insolvency Service 2003/2004, abrufbar unter: www.insolvency.gov.uk/pdfs/annual 2003-04web.pdf.

des Handelns ihres Geschäftspartners, können sie die Behörde über eine Hotline auf die betreffende Person aufmerksam machen und Anhaltspunkte für eine Ermittlungstätigkeit geben. Die andere – grundsätzlich bestehende – Möglichkeit, den Verstoß gegen ein Berufsverbot zu ermitteln, wäre ein stichprobenartiges Kontrollverfahren. Diesen Weg erlauben aber schon fehlende Ermittlungskapazitäten in den Behörden nicht.

Die Vorteile einer Beschwerde-Hotline liegen auch darin, daß sie zur Aufklärung von Fällen dienen kann, in denen mit einem Berufsverbot belegte Personen sich zwar aus der aktiven Geschäftsleitung zurückziehen, aber aus dem Hintergrund weiterhin als Schattendirektor die Fäden ziehen. Wenn jemand Behörden hier einen Hinweis auf etwaiges verbotswidriges Verhalten geben kann, so sind es Geschäftspartner, die im Rahmen der Geschäftsbeziehung Einblick in die Unternehmensstruktur bekommen und am ehesten abschätzen können, ob der ordentlich bestellte Geschäftsführer die Leitung inne hat oder eine aus dem Hintergrund agierende Person. Natürlich ist dieser Einblick regelmäßig nur bei kleineren Unternehmen möglich. Gerade diese sind aber auch anfällig für Schattendirektor-Konstellationen. Zu denken ist hierbei insbesondere an den alleinigen Gesellschafter-Geschäftsführer einer GmbH, der ein Berufsverbot auferlegt bekommt, daraufhin einen neuen amtsfähigen Geschäftsführer einstellt und dessen Leitungstätigkeit durch Vorgaben steuert, die über sein Weisungsrecht als Gesellschafter hinausgehen.

Doch auch wenn das System einer Beschwerde-Hotline den Behörden die Verfolgung von Verstössen gegen Disqualifizierungsanordnungen und die Ahndung dieser Verstösse erleichtert, so birgt es doch zugleich die Gefahr, daß Personen zu Unrecht verdächtigt und Ermittlungen gegen sie geführt werden. Selbst wenn sich dann herausstellt, daß die Beschuldigungen jeglicher Grundlage entbehren, wurde doch der Name aktenkundig und sind eventuell Ermittlungen angestellt worden, die eine solche Außenwirkung hatten, daß zumindest das geschäftliche Umfeld des Denunzierten Kenntnis davon erhalten konnte. Auch bei einer vollständigen Aufklärung des Sachverhaltes bleibt doch das Restrisiko, daß der Ruf des Betroffenen beschädigt wurde.

Um Bedenken, eine Beschwerde-Hotline könnte verstärkte Denunzierungen zur Folge haben, entgegenzutreten, sollte sie daher einigen Einschränkungen unterliegen. So darf es nicht genügen, einen einfachen Anruf, womöglich ohne Namensnennung, zu tätigen, in dem undefinierte Anschuldigungen gegen einen Dritten vorgebracht werden. Vielmehr ist ein substantiiertes Vorbringen zu verlangen, das den Sachverhalt, der den Anschuldigungen zugrunde liegt, genau schildert und in dem alle Beteiligten Personen namentlich genannt werden[512]. Die

512 In England genügt tatsächlich ein einfacher Anruf oder sonstiger Hinweis.

Ermittlungsbehörden – vorzugsweise die Staatsanwaltschaft – können anhand der vorgelegten Unterlagen entscheiden, ob weitere Maßnahmen zur Untersuchung des Falls ergriffen werden müssen.

Nach alledem ist die Einführung einer Beschwerde-Hotline nach dem englischen Vorbild, aber unter den genannten Einschränkungen zu befürworten.

6. Grenzübergreifende Wirkung von Tätigkeitsverboten

Geht es um die grenzübergreifende Wirkung von Berufsverboten, muß sich das deutsche Recht Defizite vorwerfen lassen, wie die Ausführungen unter B.V. gezeigt haben. FoSiG und MoMiG lösen diese Probleme ebenfalls nicht. Im englischen Recht ist die Bedeutung einer unumgänglichen Disqualifizierung für den Gläubigerschutz erkannt worden: Der Anwendungs- und Wirkungsbereichs des CDDA ist zumindest so weit gefaßt, daß Disqualifizierungsanordnungen nicht an der Problematik der Scheinauslandsgesellschaften kranken[513]. Die Antwort des CDDA auf die Umgehungsproblematik könnte daher auch eine Lösung für die Defizite im deutschen Recht sein. Möglicherweise muß aber auch ein anderer Weg gegangen werden, entweder auf rein nationaler oder sogar auf europäischer Ebene.

a. Grenzüberschreitende Umgehungsgestaltungen

Um die Lücken, die §§ 6 II 3 GmbHG, 76 III 3 AktG enthalten, zu schließen, werden verschiedene Vorschläge gemacht. Zu denken ist zunächst an eine Ausdehnung des Anwendungsbereichs der Vorschriften mittels einer Sonderanknüpfung für ausländische Gesellschaften[514]. Daneben stellt *Hirte* einen Lösungsansatz eigener Art vor, der daraufhin zu untersuchen ist, ob er gänzlich zur Lückenschließung geeignet ist.

aa. Eignung der englischen Lösung zur Übernahme in das deutsche Recht

Der CDDA erfaßt ausländische Gesellschaften, vgl. s. 22 (2) (b) CDDA. Die Option, eine Scheinauslandsgesellschaft zu gründen, stellt sich für eine gemäß dem CDDA disqualifizierte Person daher nicht. Allerdings ist die genaue territoriale Reichweite einer Disqualifizierungsanordnung noch nicht geklärt. Zwar sind Dis-

---

513 Siehe schon unter B.V.1.

514 Für diese Lösung Höfling, S. 275; diskutiert wird dieser Ansatz ebenfalls bei Lanzius, S. 205 f.; siehe sogleich näher unter bb.

qualifizierungen weltweit möglich[515]. Noch nicht entschieden ist aber über die Frage, wann ihre Wirkungen eintreten. Es wäre wohl zu weitgehend, wenn ein disqualifizierter Geschäftsleiter, der lediglich im Ausland der untersagten Tätigkeit nachgeht, mit den Folgen aus ss.13.-15 CDDA rechnen müßte. Anders sieht es aus, wenn er sich hauptsächlich auf dem englischen Markt betätigt, sei es durch grenzübergreifende Tätigkeiten aus einem anderen Staat oder sogar mittels einer englischen Zweigniederlassung der Auslandsgesellschaft. In diesem Fall würde es der Schutz der Öffentlichkeit, den der CDDA explizit verfolgt, gebieten, die Wirkungen der Disqualifizierungsanordnungen eintreten zu lassen[516]. Der Ansatz des CDDA für die Lösung der Scheinauslandsgesellschaftsproblematik erweist sich daher grundsätzlich als durchaus vorteilhaftes Modell. Bis die übrigen Fragen hinsichtlich des Wirkungskreises von Disqualifizierungsanordnungen geklärt sind, sollten parallel dazu jedoch auch die anderen Lösungsvorschläge, die sich dieser Problematik im deutschen Recht annehmen, auf ihre Durchführbarkeit hin untersucht werden.

bb. Sonderanknüpfung für ausländische Gesellschaften

Das IPR-Instrument der Sonderanknüpfung könnte den Anwendungsbereich der §§ 6 II 3 GmbHG, 76 III 3 AktG auf ausländische Gesellschaften ausdehnen und so die Umgehung eines Berufsverbots mittels einer Scheinauslandsgesellschaft verhindern. Die Sonderanknüpfung ist dabei unter der Voraussetzung möglich und gerechtfertigt, daß das ausländische Gründungsrecht keinen hinreichenden Schutz für den inländischen Rechts- und Wirtschaftsverkehr, hier insbesondere für Gläubiger sicherstellt und der Normzweck der inländischen Vorschriften ihre Anwendung daher gebietet[517]. Sie ist ferner nur dann zulässig, wenn der zu regelnde Sachverhalt eng mit dem Inland verknüpft ist und die nationalen Vorschriften mit der Niederlassungsfreiheit des EG-Vertrags konform gehen[518].

Hintergrund der §§ 6 II 3 GmbHG, 76 III 3 AktG ist der Schutz des Rechts- und Wirtschaftsverkehrs vor ungeeigneten Geschäftsleitern von Kapitalgesellschaften. Dieser Schutz wird erst dann vollkommen, wenn es Personen, denen ein Berufsverbot auferlegt wurde, auch nicht über den Umweg über eine (Schein-) Auslandsgesellschaft gelingt, das Verbot zu umgehen. Für die Gründung der (Schein)Auslandsgesellschaft ist jedoch nur das ausländische Gründungsrecht maßgeblich. Von einer anderen Rechtsordnung verhängte Berufsverbote spielen

---

515 Re Seagull Manufactoring (No.2) [1994] 1 BCLC 273.

516 Zu diesen Fragen siehe schon unter B.V.1.b.

517 Roth, IPRax 2003, 117 (125).

518 EuGH, Urt. v. 23. 11. 1999, Rs. C-369/96 und C-376/96 RIW 2000, 137 (Arblade); Weller, IPRax 2003, 520 (522); Junker, IPR, S. 79.

bei der Gründungsprüfung keine Rolle, so daß das Berufsverbot einer anderen Rechtsordnung kein Hindernis für die Bestellung als Geschäftsleiter der (Schein)Auslandsgesellschaft darstellt. Über diese Auslandsgesellschaft kann der Betreffende dann im Inland tätig werden. Der Schutz des inländischen Rechts- und Wirtschaftsverkehrs wird dabei ausgehebelt. Um den Normzweck der §§ 6 II 3 GmbHG, 76 III 3 AktG umfänglich zu erfüllen, müssten daher auch ausländische Gesellschaften in ihren Anwendungsbereich fallen mit der Folge, daß ein nationales Berufsverbot die Ausübung der untersagten Tätigkeit über die ausländische Gesellschaft untersagt.

Der Inlandsbezug des zu regelnden Sachverhalts ergibt sich daraus, daß die Gründung der Auslandsgesellschaft nur zum Schein erfolgt, während die Hauptgeschäftstätigkeit tatsächlich im Inland ausgeübt wird. Der offizielle Bezug zum Ausland soll dabei nur die Umgehung eines inländischen Berufsverbots ermöglichen; ohne die bewußte Umgehung läge ein Sachverhalt mit reinem Inlandsbezug vor.

Die Sonderanknüpfung würde jedoch dazu führen, daß der Betroffene den von ihm gewählten Beruf des Geschäftsleiters nicht ausüben könnte und stellte damit einen Eingriff in seine Berufsfreiheit dar. Dieser Eingriff ist grundsätzlich rechtfertigungsfähig, solange er dem in Art. 12 I 2 GG vorausgesetzten Gesetzesvorbehalt gerecht wird[519]. Die Sonderanknüpfung selbst ist nicht gesetzlich geregelt. Neben einer Rechtfertigung durch ein förmliches Gesetz kann die Berufsfreiheit allerdings auch im Wege richterlicher Rechtsfortbildung zulässigerweise eingeschränkt werden, solange sich der Richter im Rahmen einer Gesetzesauslegung inter legem hält[520]. Wenn die Auslegung der §§ 6 II 3 GmbHG, 76 III 3 AktG zu dem Ergebnis führt, daß die Sonderanknüpfung noch inter legem ist, wäre der Grundrechtseingriff gerechtfertigt, soweit darüber hinaus auch der Verhältnismäßigkeitsgrundsatz gewahrt bleibt. Jedoch werden ausländische Kapitalgesellschaften vom Wortlaut der §§ 6 II 3 GmbHG, 76 III 3 AktG nicht erfaßt. Auch systematisch scheint eine Ausdehnung des Anwendungsbereichs der Norm fraglich, da der Gesetzgeber die Berufsverbotsregelungen nur für die Gesellschaftsform der GmbH und der AG geregelt hat. Ein darüber hinausgehender Gestaltungswille läßt sich nicht erkennen[521]. Eine inter legem-Auslegung der Sonderanknüpfung ist damit nicht möglich, so daß sie einer gesetzlichen sowie einer richterrechtlichen Grundlage entbehrt und den Eingriff in die Berufsfreiheit des Betroffenen nicht rechtfertigen kann.

---

519 Lanzius, S. 203.

520 BVerfGE 98, 49 (59 f.); 54,224 (234 f.).

521 Rehberg, Ausländische Kapitalgesellschaften, S. 236.

Die Erstreckung der §§ 6 II 3 GmbHG, 76 III 3 AktG auf ausländische Gesellschaften über das Instrument der Sonderanknüpfung scheidet daher aus[522].

cc. Vorschlag Hirtes

Hirte empfiehlt, die Umgehung inländischer Berufsverbote durch eine entsprechende Erweiterung von § 6 II 3 GmbHG auszuschließen. Die Norm soll danach so lauten:

> „Für eine im Ausland gegründete juristische Person, deren effektiver Verwaltungssitz sich im Inland befindet, kann im Inland nicht als Vertreter handeln, wer nach § 6 II (u.U.nur Satz 3) GmbHG nicht Geschäftsführer einer GmbH sein dürfte.[523]"

Alternativ stellt er einen leicht abgewandelten Formulierungsvorschlag vor, mit dem im Gegensatz zur erstgenannten Formulierung eine gesetzliche Anerkennung der Gründungstheorie verhindert würde:

> „Für eine im Ausland gegründete juristische Person, *die im Inland als solche anzuerkennen ist* und deren effektiver Verwaltungssitz sich im Inland befindet, kann im Inland nicht als Vertreter handeln, wer nach § 6 II (u.U.nur Satz 3) GmbHG nicht Geschäftsführer einer GmbH sein dürfte.[524]"

Der Vorzug dieses Formulierungsvorschlages liegt darin, daß er rechtsformneutral ausgestaltet ist. Erfaßt werden nicht nur Gesellschaften, sondern alle juristischen Personen, darüber hinaus beschränkt er sich nicht auf EU-ausländische Gesellschaften. Der somit sehr weite Anwendungsbereich ist insbesondere deshalb von Vorteil, da bei im Inland tätigen nicht-EU-Gesellschaften ähnliche Probleme auftreten können. Durch die allgemeine Anknüpfung an die ausländische juristische Person hält Hirte eine entsprechende Regelung im Aktienrecht oder bei anderen Verbandsgesetzen für entbehrlich, sofern nicht für ausländische juristische Personen, die anderen deutschen Personen ähnlich sind, (leicht) abweichende fremdenrechtliche Erstreckungsregeln für die Bestellungsverbote gelten sollen[525].

Die Einführung der empfohlenen Regelung würde zwar dem bewußten „Ausschalten" inländischer Berufsverbote von vornherein entgegenwirken. Sie würde aber zugleich die durch Art. 43 I 2 EG-Vertrag gegebene Möglichkeit, mit der

---

522 Im Ergebnis so auch Rehberg, Ausländische Kapitalgesellschaften, S. 236.
523 Hirte, ZInsO 2003, 833 (836).
524 Hirte, ZInsO 2003, 833 (836).
525 Hirte, ZInsO 2003, 833 (836).

Zweigniederlassung einer ausländischen Gesellschaft im Inland tätig zu werden, beschränken und stellt damit einen Eingriff in die Niederlassungsfreiheit dar.

Greifen nationale Maßnahmen in die Grundfreiheiten des EG-Vertrages ein, sind sie nach der ständigen Rechtsprechung des EuGH jedoch unter den folgenden Voraussetzungen gerechtfertigt:

> „Sie müssen in nichtdiskriminierender Weise angewandt werden, sie müssen zwingenden Gründen des Allgemeininteresses entsprechen, sie müssen zur Erreichung des verfolgten Zieles geeignet sein, und sie dürfen nicht über das hinausgehen, was zur Erreichung dieses Ziels erforderlich ist."[526]

Der Vorschlag Hirtes erfaßt alle Personen, denen gemäß § 6 II GmbHG ein Berufsverbot auferlegt ist und unterscheidet folglich nicht zwischen In- und Ausländern. Die Regelung ist somit nicht diskriminierend. Sie setzt an der Zielsetzung von § 6 II GmbHG an. Mit der Einführung von

§ 6 II 3 GmbHG sollte verhindert werden, daß für ein Geschäftsleitungsamt ungeeignete Personen mit einer anonymen Kapitalgesellschaft am Markt tätig sein können und damit Dritte und insbesondere Gläubiger gefährden[527]. Sinn und Zweck von § 6 II GmbHG ist also das Bemühen um Lauterkeit im Handelsverkehr, wozu unter anderem auch der Gläubigerschutz gehört. Dieses Ziel ist vom EuGH als rechtfertigungswürdiger, zwingender Allgemeinwohlgrund anerkannt[528]. Da die vorgeschlagene Neuregelung diese Zielrichtung beibehält und den Weg hin zum vollkommenen Gläubigerschutz weitergeht, kann sie für sich in Anspruch nehmen, gerechtfertigt zu sein, wenn sie dem Gebot der Verhältnismäßigkeit Stand hält.

Die Erstreckung der Berufsverbote auch auf Geschäftsleiter ausländischer Gesellschaften, die im Inland über eine Zweigniederlassung tätig werden wollen, verhindert, daß eigentlich von einem Geschäftsleiteramt ausgeschlossene Personen über den Umweg einer Scheinauslandsgesellschaft doch in dieser Funktion tätig werden können. Gläubiger werden dadurch umfassender geschützt und müssen nicht in der Sorge leben, daß unzuverlässige Geschäftsleiter eine vertrauensvolle Zusammenarbeit erschweren. Die vorgeschlagene Regelung eignet sich damit zur Erreichung der mit ihr verfolgten Ziele.

Sie ist darüber hinaus auch erforderlich, wenn kein Mittel bereitsteht, das den Gläubigerschutz und die Lauterkeit des Handelsverkehrs im gleichen Maße gewährleistet, dabei den Einzelnen aber weniger in seinen Rechten beschneidet.

---

526 EuGH NJW 1999, 2027 (Centros); EuGH ZIP 2003, 1885 (Inspire Art); EuGH NJW 2002, 3614 (Überseering).

527 BT-Drucks. 8/1347, S. 31;www.bundestag.de

528 EuGH Rs. 16/83, Slg. 1984, 1299 (Prantl).

Möglicherweise könnte es genügen, in einem offenkundigen Umgehungsfall zunächst die Eintragung der Zweigniederlassung vorzunehmen und im Anschluß eine Gewerbeuntersagung gemäß § 6 II 4 GmbHG iVm § 35 GewO zu erlassen. Die Rechtsprechung erkennt eine Gewerbeuntersagung gemäß § 35 GewO überwiegend als Hinderungsgrund für die Eintragung einer Zweigniederlassung an[529]. Das Tätigkeitsverbot aus § 6 II 4 GmbHG, 76 III 4 AktG ist im Verhältnis zu dem aus § 6 II 3 GmbHG, 76 III 3 AktG auch weniger einschneidend, da es nur die Tätigkeit in einem Gewerbe (nicht dagegen in einem freien Beruf) und nur in einem bestimmten Gewerbe untersagt. Das generelle Verbot, als Geschäftsleiter einer jeglichen Kapitalgesellschaft tätig zu werden, kann dagegen nicht Inhalt einer Gewerbeuntersagung gemäß § 35 GewO sein[530]. Diese Einschränkung begründet aber zugleich die geringere Effektivität dieses Mittels. Es kommt darauf an, ungeeignete und unzuverlässige Personen generell von einer Geschäftsleitertätigkeit in einer Kapitalgesellschaft auszuschließen. Die Fehlverhaltensweisen, die zu dem Ungeeignetheitsurteil führen, sind ja nicht auf bestimmte Gewerbetypen beschränkt, sondern finden ihren Ursprung oftmals darin, daß im Bewußtsein der Anonymität einer Kapitalgesellschaft und mit dem Wissen, nur selten haftbar gemacht werden zu können, unzuverlässig und verantwortungslos gehandelt wird. § 6 II 4 GmbHG iVm § 35 GewO ist zwar auch grundsätzlich geeignet, die zur Diskussion stehenden Umgehungsfälle zu verhindern, jedoch nicht in dem Umfang wie es die vorgeschlagene Regelung zu tun vermag. Zudem hilft § 35 GewO keinesfalls, um den Betreffenden von vornherein von einer Geschäftsleitertätigkeit auszuschließen. Er müßte sich erst im Rahmen seiner inländischen Tätigkeit als unzuverlässig erweisen. Eine nur spätere Gewerbeuntersagungsverfügung stellt somit kein vorzugswürdiges Mittel dar, zumal Folge dieser Verfügung die faktische Handlungsunfähigkeit der Zweigniederlassung wäre[531].

Ähnlich verhält es sich mit § 70 StGB. Rechtsformneutral ausgestaltet, kann er zwar auch Geschäftsleitern ausländischer Gesellschaften ein Berufsverbot auferlegen. Ein Verstoß gegen dieses Verbot setzt dabei voraus, daß die entsprechenden Handlungen im Inland vorgenommen werden, vgl. §§ 145 c, 3, 9 I 1 StGB. Damit darf eine Person nicht Leiter der Zweigniederlassung einer (Schein)Auslandsgesellschaft sein, wenn sie einem strafrechtlichen Berufsverbot unterliegt. Der Bestimmtheitsgrundsatz in § 260 II StPO gebietet es aber, die untersagte Tätigkeit genau zu bezeichnen, was regelmäßig eine Eingrenzung des

---

529 Thüringer OLG, DB 2006, 720; OVG NRW, BB 2005, 2259 (2260); AG Limburg/Lahn, GewArchiv 2005, 28 (29); AG Westerstede, RIW 2001, 67 mit der Entscheidung vorsichtig zustimmendem Kommentar von Seifert, RIW 2001, 68; a.A. dagegen OLG Oldenburg, RIW 2001, 863.

530 Siehe schon die Ausführungen unter B.I.3.bb..

531 Thüringer OLG, DB 2006, 720 (722).

Umfangs des Berufsverbots mit sich bringt. Es genügt insbesondere nicht, ein Verbot „jeder selbständigen Geschäftstätigkeit" oder ein Verbot der „Betätigung als Manager" auszusprechen[532]. Durch die Begrenzung des strafrechtlichen Berufsverbots auf bestimmte Unternehmensgegenstände entfaltet es zudem nur eine relative Wirkung im Gegensatz zu der absoluten Ausschlußwirkung des Vorschlags von *Hirte*, die ein Berufsverbot unabhängig vom konkreten Unternehmensgegenstand ausspricht. Damit ist auch das strafrechtliche Berufsverbot weniger effektiv als sein Vorschlag.

Die Erforderlichkeit der Regelung wäre aber dann zu verneinen, wenn im streitgegenständlichen Fall der (Schein)Auslandsgründung das ausländische Gründungsrecht eine weniger einschneidende, aber gleich effektive Maßnahme vorsähe. Im Kontext dieser Arbeit liegt es nahe, den Umgehungsfall mit einer englischen limited zu gestalten, da dann die Frage zu beantworten ist, ob eine Disqualifizierungsanordnung eine solche Maßnahme darstellt. Wie schon mehrfach hervorgehoben, ist es auch das Primärziel einer Disqualifizierungsanordnung, Gläubiger zu schützen und darüber hinaus nur vertrauensvollen Personen ein Leitungsamt in einer Kapitalgesellschaft zu gewähren. Der Anwendungsbereich des CDDA ist auch so weitreichend, daß selbst Geschäftsleiter einer englischen Gesellschaft disqualifiziert werden können, die ihre Hauptgeschäftstätigkeit außerhalb Englands ausüben. Der Wirkungsgrad einer Disqualifizierungsanordnung ist jedoch noch ungeklärt; nach derzeitigem Stand kann der Geschäftsleiter der englischen limited im Ausland über eine Zweigniederlassung tätig sein, ohne gegen die Anordnung zu verstoßen und die Rechtsfolgen der ss. 13–15 CDDA befürchten zu müssen.

Doch lassen auf jeden Fall andere Gründe eine Disqualifizierungsanordnung nicht als das mildere Mittel erscheinen: Sie untersagt nicht nur die Tätigkeit als director, sondern schließt darüber hinaus auch shadow directors, de facto directors und jede anderweitige Form der Ausübung von Leitungsmacht aus. Dem gegenüber erfaßt das gesellschaftsrechtliche Berufsverbot bisher nur ordnungsgemäß bestellte Geschäftsleiter. Aber selbst wenn die nationale Regelung in dieser Hinsicht erweitert werden sollte[533], so bleibt ein letztes Argument gegen die Disqualifizierungsanordnung als vorzugswürdiges Mittel: Dem deutschen Handelsregister fehlt ein diesbezügliches Prüfungsrecht, so daß die englische Anordnung keinen Hinderungsgrund für die Eintragung einer Zweigniederlassung darstellt[534].

Somit existiert kein Mittel, das bei gleicher Effektivität weniger einschneidend ist als die von *Hirte* vorgeschlagene Neuregelung.

---

532 BGH bei Dallinger, MDR 1952, 530; BGH bei Dallinger, MDR 1958, 139.
533 So der Vorschlag in dieser Arbeit unter C.III.4.
534 Thüringer OLG, DB 2006, 720 (722).

Letzte Rechtfertigungsvoraussetzung ist schließlich die Angemessenheit der Regelung. Das nationale Recht bedarf einer wirkungsvollen Regelung, um die Lücke zu schließen, die das geltende Recht im Hinblick auf Umgehungsgestaltungen der genannten Art enthält. Anderweitig können die Ziele Gläubigerschutz, vertrauensvolle Zusammenarbeit von Kaufleuten und Lauterkeit des Handelsverkehrs nicht umfassend erreicht werden. Die dafür erforderliche Einschränkung der Niederlassungsfreiheit durch die vorliegende Regelung ist dabei insbesondere unter dem Aspekt angemessen, daß die Gründung einer (Schein)Auslandsgesellschaft zur Umgehung eines inländischen Umgehungsverbots nicht mehr zu der zulässigen Ausnutzung größtmöglicher Freiheiten gehört, sondern eine bewußte Umgehung nationaler Vorschriften darstellt und damit als Mißbrauch der gewährten Rechte zu qualifizieren ist. Der EuGH nimmt einen Mißbrauch an, wenn

„...eine Gesamtwürdigung der objektiven Umstände ergibt, daß trotz formaler Einhaltung der gemeinschaftsrechtlichen Bedingungen das Ziel der Regelung nicht erreicht wurde. Zum anderen setzt (die Feststellung des Mißbrauchs) ein subjektives Element voraus, nämlich die Absicht, sich einen gemeinschaftsrechtlich vorgesehenen Vorteil dadurch zu verschaffen, daß die entsprechenden Voraussetzungen willkürlich geschaffen werden.“[535]

Im vorliegenden Fall handelt es sich um eine Erscheinungsform des Rechtsmißbrauchs in Form einer Normenumgehung durch Normenflucht, bei der ein Marktteilnehmer direkt nach der Auslandsberührung (hier in Form der Gründung der Auslandsgesellschaft) auf den inländischen Markt zurückkehrt („U-turn-Konstruktion“)[536]. Die vom EuGH geforderte Umgehungsabsicht ist dieser Konstruktion immanent.

Im Ergebnis ist der Vorschlag Hirtes deshalb zu befürworten, weil er die typische Umgehung eines inländischen Berufsverbots durch Gründung einer (Schein)Auslandsgesellschaft verhindert. Es gelingt ihm allerdings nicht, den Fall zu erfassen, in dem eine mit einem inländischen Berufsverbot belegte Person eine Auslandsgesellschaft gründet und allein durch grenzübergreifendes Tätigwerden im Inland faktisch dieselbe Gefährdung für Gläubiger darstellt, als wäre sie im Inland ansässig. Auch löst er nicht das Problem, das entsteht, wenn eine Person aufgrund eines ausländischen Berufsverbots im Verurteilungsstaat kein Geschäftsleitungsamt in einer Kapitalgesellschaft übernehmen darf, sie die untersagte Tätigkeit daraufhin aber im Inland ausübt.

---

535 EuGH, Rs. C-110/99 (Emsland-Stärke), Slg. 2000, I-1569, Rn. 52 f.

536 Fleischer, JZ 2003, 865 (870); Eidenmüller, Ausländische Kapitalgesellschaften, S. 73; Rehberg, EuLF 2004, 1 (2); für die Anwendung der Mißbrauchsrechtsprechung in diesem Fall Schanze/Jüttner, AG 2003, 661 (669).

b. Ausländische Verurteilungen und ausländische Berufsverbote

Unterschiede in den nationalen Strafrechtsordnungen der Mitgliedstaaten der europäischen Union erschweren gegenwärtig die Feststellung der Gleichartigkeit ausländischer Verurteilungen und Berufsverbote mit inländischen Entscheidungen. Der CDDA befaßt sich mit dieser Gleichstellungsproblematik erst gar nicht; er spricht Disqualifizierungen über Landesgrenzen hinweg aus und will sich so von ausländischen Verurteilungen und Tätigkeitsverboten unabhängig machen. Dieser Ansatz könnte auch für das deutsche Recht eine Lösung sein.

aa. Eignung der englischen Regelung zur Übernahme in das deutsche Recht?

Ausländische Verurteilungen fallen nicht unter die Verbotstatbestände des CDDA und ausländische Berufsverbote lösen ebenfalls keine Disqualifizierung aus. Auf diese Ausweitung seines Tatbestandes kann der CDDA aber auch verzichten, da er gemäß s. 22 (2) b CDDA, s. 221 I Insolvency Act 1986 ausländische Gesellschaften erfaßt und deren Geschäftsleiter disqualifizieren kann, wenn sie einen Disqualifizierungsgrund erfüllen[537]. Daher müssen die englischen Gerichte und Behörden sich nicht mit der Frage der Vergleichbarkeit einer ausländischen Verurteilung oder eines ausländischen Berufsverbots auseinandersetzen, sondern können mit dem CDDA ihr eigenes Recht anwenden.

Die Vorteile dieser Vorgehensweise liegen darin, daß das Verhalten des Betroffenen nur am CDDA gemessen wird, er mithin den gleichen Anforderungen unterliegt wie der in England tätige director einer englischen Gesellschaft. Das gewährleistet, daß Geschäftsleiter inländischer oder ausländischer Gesellschaften gleich behandelt werden. Müssten statt dessen ausländische Verurteilungen oder ausländische Berufsverbote mit dem CDDA verglichen werden, um entscheiden zu können, ob eine Disqualifizierungsanordnung gerechtfertigt ist, kann neben der schwierigen Vergleichbarkeit auch das Problem entstehen, daß ausländische Verurteilungen nicht all jene Straftaten erfassen müssen, wie es im englischen Recht der Fall ist. Ein im Ausland tätiger Geschäftsleiter mag ein Fehlverhalten an den Tag gelegt haben, das in England zu einer Disqualifizierung führen würde, in seinem Ansässigkeitsstaat aber keine Verurteilung oder kein Berufsverbot nach sich zieht. Dann hätten die englischen Behörden und Gerichte keine Grundlage, auf die sie eine Disqualifizierungsanordnung stützen könnten. So könnten Lücken in der Schutzwirkung von Disqualifizierungen entstehen. Die Möglichkeit der Disqualifizierung nur auf Grundlage des CDDA verhindert dagegen das

537 Näher hierzu die Darstellung der Entscheidung Re Seagull Manufactoring unter B.V.1.a.

Entstehen dieser Lücken. Sobald die disqualifizierte Person durch ihre Geschäftsleitertätigkeit hinreichende Beziehungen zum englischen Hoheitsgebiet aufbaut, wird die Anordnung wirksam[538]. Der Schutz der englischen Öffentlichkeit und insbesondere der englischen Gläubiger ist damit grundsätzlich so umfassend wie möglich gewährleistet.

Allerdings kranken die Disqualifizierungsanordnungen daran, daß zwar der Anwendungsbereich des CDDA so weit gefaßt ist, daß er weltweite Disqualifizierungen ermöglicht. Die Frage der territorialen Reichweite einer Disqualifizierung ist derzeit jedoch noch ungeklärt[539].

Schwierig stellt sich auch die praktische Umsetzung der grundsätzlich möglichen weltweiten Disqualifizierung dar. Wollen die englischen Behörden und Gerichte auch Geschäftsleiter ausländischer Gesellschaften disqualifizieren, die bisher noch gar nicht auf dem englischen Markt tätig geworden sind, so bedeutet das einen enormen Ermittlungsaufwand, der über die Grenzen englischen Hoheitsgebiets hinaus geht. Die Ermittlungsbefugnisse des für das Disqualifizierungsverfahren zuständigen Insolvency Service erschöpfen sich an der Staatsgrenze. Darüber hinaus gehende Ermittlungsarbeit stellt sich mithin als schwierig dar und ist nur mit Unterstützung von Ermittlungsbehörden im Ansässigkeitsstaat der zu disqualifizierenden Person möglich. Inwieweit diese aber schon aufgrund mangelnder Kapazitäten zur Amtshilfe bereit sind, ist fraglich. Darüber hinaus könnten sich die Ermittlungstätigkeiten überschneiden, wenn die Behörden des Ansässigkeitsstaats bereits eigene Nachforschungen anstellen, um die betreffende Person verurteilen oder sie mit einem Berufsverbot belegen zu können.

Da die englische Regelung somit in einem wesentlichen Punkt noch unvollkommen ist, ist ihre Übernahme in das deutsche Recht nicht zu empfehlen.

bb. Eigener Vorschlag

Eine Gleichstellung von ausländischen Straftaten oder ausländischen Tätigkeitsverboten mit inländischen Entscheidungen ist aufgrund der dargestellten Schwierigkeiten wie insbesondere den Unterschieden in den nationalen Strafrechtsordnungen nicht ohne Weiteres möglich. Um der Gleichstellungsproblematik von vornherein aus dem Weg zu gehen, könnte es daher sinnvoll sein, nicht an einzelne Straf- oder Berufsverbotstatbestände anzuknüpfen, sondern eine ausländische Verurteilung oder ein ausländisches Verbot nur daraufhin zu untersuchen, ob daraus im Verurteilungsstaat der Ausschluß von einem Geschäftsleiteramt in

---

538 Zur Frage, wie diese hinreichende Beziehung aussehen kann, siehe schon unter B.V.1.b.

539 Siehe bereits B.V.1.b.bb.

einer Kapitalgesellschaft folgt. Eine entsprechende Formulierung könnte dann so lauten:

„Wer aufgrund einer ausländischen Straftat oder eines ausländischen Berufsverbots im Verurteilungsstaat nicht zum Leitungsorgan einer Kapitalgesellschaft gehören darf, kann für die Dauer des in der ausländischen Entscheidung festgelegten Zeitraums nicht Geschäftsführer/Vorstandsmitglied sein.“

Mit Hilfe dieser Bestimmung kann eine Person, die sich durch ein Fehlverhalten in einem anderen Staat bereits für ein Geschäftsleitungsamt disqualifiziert hat, auch im Inland von diesen Positionen ferngehalten werden. Damit wird die Gefahr gebannt, daß sie ihr unrechtmäßiges und unzuverlässiges Geschäftsgebahren hier fortsetzt. Durch die Versagung der Möglichkeit, im Inland als Geschäftsleiter tätig zu werden, sieht sich die betroffene Person allerdings in ihrer Niederlassungsfreiheit oder Arbeitnehmerfreizügigkeit eingeschränkt, je nachdem, ob sie die Leitungstätigkeit als Unternehmensinhaber oder in einem Angestelltenverhältnis ausüben möchte.

Die Freiheit, sich in einem Mitgliedstaat der Europäischen Union niederzulassen oder als Arbeitnehmer im gesamten Gebiet der EU freizügig zu sein, gewährleisten die Artt. 43, 39 EG-Vertrag grundsätzlich unbeschränkt. Ein Eingriff in diese Freiheitsrechte durch nationale Maßnahmen wie die oben vorgeschlagene Regelung kann allerdings unter den vom EuGH aufgestellten Voraussetzungen gerechtfertigt sein, daß die Regelung nicht diskriminiert, zwingenden Gründen des Allgemeininteresses entspricht und verhältnismäßig ist[540].

Das Diskriminierungsverbot folgt allgemein aus Art. 12 EGV, für die Arbeitnehmerfreizügigkeit regelt Art. 39 II EGV sogar einen speziellen Gleichbehandlungsgrundsatz. Die vorgeschlagene Regelung stellte eine Diskriminierung dar, wenn Ausländer durch sie stärker benachteiligt würden als Inländer. Die Frage, ob eine Benachteiligung vorliegt, setzt die Gegenüberstellung vergleichbarer Gruppen von In- und Ausländern voraus. Vergleichbar sind allein Inländer, denen die Ausübung des Geschäftsleitungsamtes einer Kapitalgesellschaft versagt ist mit Ausländern, gegen die durch eine Entscheidung in ihrem Ansässigkeitsstaat dasselbe Verbot verhängt wurde. Durch die vorgeschlagene Regelung ist beiden Gruppen gleichermaßen die geschäftsleitende Tätigkeit in einer inländischen Kapitalgesellschaft verwehrt, eine übermäßige Benachteiligung der Ausländer und damit eine Diskriminierung ist nicht zu besorgen[541].

540 Siehe schon Fn. 528.

541 Die Nichtanerkennung des ausländischen Berufsverbotes würde dem gegenüber zu einer Inländerdiskriminierung führen. Diese fällt schon gar nicht in den Anwendungsbereich der Grundfreiheiten des EGV, kann aber Anlaß für eine Rechtsangleichung sein; Leible in Grabitz/Hilf, Art. 28 EGV, Rn. 24, 50.

Die vorgeschlagene Regelung bezweckt, Gläubiger im eigenen Land vor Geschäftsleitern zu schützen, die sich durch ihr Fehlverhalten in einem anderen Land bereits für die Führungsposition in einer Kapitalgesellschaft disqualifiziert haben und will dafür Sorge tragen, daß der Rechts- und Wirtschaftsverkehr nicht mit unzuverlässigen und ungeeigneten Geschäftsleitern belastet wird. Damit dient sie nicht nur dem Gläubigerschutz, sondern auch der Lauterkeit des Handelsverkehrs, zwei vom EuGH anerkannten zwingenden Allgemeinwohlgründen[542].

Weniger einschneidend für die betroffene Person wäre es, die ausländische Verurteilung außer Acht zu lassen, ihr zunächst den Zugang zum Geschäftsleiteramt zu gestatten und ihr erst bei einer dann folgenden Verfehlung ein Berufsverbot gemäß §§ 6 II 3, 4 GmbHG, 76 III 3, 4 AktG aufzuerlegen. Denn erst dann hat sie ihre Ungeeignetheit für das Leitungsamt auch nach der inländischen Rechtsordnung bewiesen. Der Ländervergleich hat jedoch gezeigt, daß auch andere Rechtsordnungen die Befähigung für ein Geschäftsleitungsamt vor dem Hintergrund des Gläubigerschutzes und der Lauterkeit des Handelsverkehrs aberkennen[543]. Soll sich die hiermit verfolgte Schutzwirkung voll entfalten, darf der Ausschluß nicht nur im Ansässigkeitsstaat erfolgen, sondern muß über dessen Grenzen hinausgehen, damit der Rechts- und Wirtschaftsverkehr in anderen Ländern ebenso geschützt ist.

Der Vorschlag ist auch vor dem Hintergrund einer leichteren Überprüfbarkeit der Vergleichbarkeit sinnvoll. Voraussetzung für die Verweigerung, ein Geschäftsleitungsamt übernehmen zu können, ist lediglich, daß dem Betreffenen auch im Verurteilungsstaat die Ausübung des Leitungsamtes einer Kapitalgesellschaft verwehrt ist. Ist sie erfüllt, entspricht das ausländische Verbot vom Sinn und Zweck §§ 6 II 3 GmbHG, 76 III 3 AktG und kann daher anerkannt werden. Das Registergericht ist hierdurch von der Aufgabe entbunden, die Vergleichbarkeit ausländischer Verurteilungen oder ausländischer Berufsverbote festzustellen, ein Vorteil, der den Bemühungen des Gesetzgebers entspricht, die Gründung insbesondere der GmbH zu erleichtern und zu beschleunigen[544]. Sinnvoll wäre es in diesem Zusammenhang, die Straffreiheitserklärung der §§ 8 III GmbHG, 37 II AktG auszuweiten und den zukünftigen Geschäftsführer versichern zu lassen, keiner ausländischen Anordnung zu unterliegen, die ihm die Leitungstätigkeit in einer Kapitalgesellschaft untersagt.

Die Regelung müßte schließlich auch angemessen sein. Gilt ein Berufsverbot nicht nur im Verurteilungsstaat, sondern auch darüber hinaus, vergrößert sich die Belastung des Betroffenen umso mehr, da Einschränkungen in der beruflichen

542 Siehe schon Fn. 528.

543 Siehe die Ausführungen unter B.V.2.a.

544 Ges.Begr.MoMiG-Entwurf, S. 33, 34, www.bmj.bund.de.

Entwicklung EU-weit und finanzielle Einbußen die Folge sind. Doch kann sich nur so die mit dem Berufsverbot beabsichtigte Sanktionswirkung voll entfalten. Verläßt der Betreffende den Verurteilungsstaat, übt er die ihm untersagte Tätigkeit dort zwar nicht mehr aus, so daß das Verbot zu greifen scheint[545]. Doch wie soll der Staat reagieren, in dem sich der Betroffene nunmehr niederläßt, um die untersagte Tätigkeit dort auszuüben? Zwar hindert ihn hier kein Verbot. Doch wie der Ländervergleich gezeigt hat, werden Verbote, als Geschäftsleiter tätig zu sein, in den EU-Staaten bei vergleichbarem Fehlverhalten ausgesprochen, zumindest aber verfolgen sie die gleichen Ziele[546]. Daher ist davon auszugehen, daß die Rechtsordnung des Niederlassungsstaats das Berufsverbot ebenfalls ausgesprochen hätte. Diesem Staat ist aber nicht zuzumuten, abzuwarten, bis der Betreffende auch hier ein verbotsauslösendes Fehlverhalten begeht, da er der Öffentlichkeit einen amtsunfähigen Geschäftsleiter aufbürden müßte und Gläubigerschäden im Ernstfall wahrscheinlich sind. Die Anerkennung des Verbots im Niederlassungsstaat und die daraus resultierende Verweigerung, den Betreffenden das Amt eines Geschäftsleiters ausüben zu lassen ist notwendig, um die Effektivität der Berufsverbotsregelungen zu unterstützen. Auf der anderen Seite liegt es auch im Interesse des Verurteilungsstaats, wenn sein Berufsverbot auch im neuen Niederlassungsstaat Anerkennung findet. Läßt sich der Verurteilte in einem anderen Staat nieder, übt er seine Tätigkeit aber grenzüberschreitend weiterhin im Verurteilungsstaat aus, so kann das Verbot hier faktisch keine Wirkung mehr entfalten. Die Anerkennung des Verbots im Niederlassungsstaat kann diese Umgehung verhindern.

Die vorgeschlagene Regelung hält daher auch Verhältnismäßigkeitserwägungen Stand und ist europarechtlich als unbedenklich zu qualifizieren.

Die Defizite aufgrund der bislang noch unzureichenden grenzübergreifenden Wirkung von Berufsverboten können durch die Erweiterung der §§ 6 II GmbHG, 76 III AktG um folgende Bestimmungen erheblich reduziert werden:

„Für eine im Ausland gegründete juristische Person, die im Inland als solche anzuerkennen ist und deren effektiver Verwaltungssitz sich im Inland befindet, kann im Inland nicht als Vertreter handeln, wer nach § 6 II GmbHG, 76 III AktG nicht Geschäftsführer einer GmbH/Vorstandsmitglied einer AG sein dürfte.

Wer aufgrund einer ausländischen Straftat oder eines ausländischen Berufsverbots im Verurteilungsstaat nicht zum Leitungsorgan einer Kapitalgesellschaft gehören darf, kann für die Dauer des in der ausländischen Entscheidung festgelegten Zeitraums nicht Geschäftsführer/Vorstandsmitglied sein."

Parallel dazu sind § 8 III GmbHG, 37 II AktG anzupassen:

545 Wedekind, S. 242.

546 Siehe schon unter B.V.2.a

„Die Geschäftsführer/Vorstandsmitglieder haben ferner zu versichern, daß sie nicht aufgrund einer ausländischen Straftat oder eines ausländischen Berufsverbots daran gehindert sind, im Verurteilungsstaat zum Leitungsorgan einer Kapitalgesellschaft zu gehören.“

cc. Reformansätze auf europäischer Ebene

Der Gläubigerschutz, die Lauterkeit des Handelsverkehrs und das Bestreben, Wirtschaftskriminalität auch über Ländergrenzen hinaus zu bekämpfen, würden von einem europaeinheitlichen Berufsverbotstatbestand für Geschäftsleiter von Kapitalgesellschaften profitieren. Allerdings fehlt der Europäischen Gemeinschaft bislang die Gesetzgebungskompetenz für die Schaffung einer supranationalen Berufsverbotssanktion[547]. Möglich wäre aber, durch Vorgaben in einer Richtlinie die Mitgliedstaaten dazu anzuhalten, einheitliche Verbotstatbestände zu definieren, die in Ausgestaltung und Zweck auf dem gemeinsamen Willen der Unionsstaaten beruhen.

Einen ersten Gedanken in dieser Hinsicht äußerte die von der Europäischen Kommission eingesetzte High Level Group of Company Law Experts in ihrem Abschlußbericht aus dem Jahre 2002. Sie schlägt vor, EU-weite Tätigkeitsverbote für Direktoren einzuführen, die falsche Erklärungen über finanzielle und andere wesentliche Fakten des Unternehmens verbreiten, darüber hinaus aber eventuell auch bei generellem Fehlverhalten eines Direktors (misconduct)[548].

Der Vorschlag der High Level Group ist von der deutschen Arbeitsgruppe Europäisches Gesellschaftsrecht mit dem Argument befürwortet worden, dass eine EU-weite director's disqualification eine besonders wirkungsvolle und abschreckende Sanktion darstellt. Sie will das Berufsverbot aber nur bei besonders schweren Verstössen zum Einsatz kommen lassen[549].

Die EG-Kommission schließlich hat die Empfehlung der High Level Group aufgegriffen und plant ausweislich ihres im Mai 2003 vorgelegten Aktionsplans,

---

547 Wedekind, S. 202.

548 Bericht der High Level Group, abrufbar im Internet unter: www.publicgovernance.de/pdf/03032502_winter_report.pdf.

549 Arbeitsgruppe Europäisches Gesellschaftsrecht, ZIP 2003, 863 (871); ähnlich sieht es der DAV in seiner Stellungnahme zum Aktionsplan der EU-Kommission, ZIP 2003, 1909 (1912), der allerdings nur mit § 76 III AktG vergleichbare schwerwiegende Pflichtverletzungen für ein Berufsverbot ausreichen lassen will.

zur Umsetzung mittelfristig, d.h. 2006–2008, einen entsprechenden Richtlinienvorschlag vorzulegen[550].

550 Aktionsplan der EG-Kommission zur Modernisierung des Gesellschaftsrechts und Verbesserung der Corporate Governance in der Europäischen Union vom 21.05.2003, 9, 14.

Zusammenfassung

Rechtsverkehr und Wirtschaftsleben stellen hohe Anforderungen an die gesellschaftsrechtlichen Berufsverbotsregelungen der §§ 6 II 3 GmbHG, 76 III 3 AktG: Sie sollen ein Mittel zur Bekämpfung von Wirtschaftskriminalität darstellen, den Gläubigerschutz verbessern, als Instrument zur Anhebung der Unternehmensführungsstandards sowie als Korrektiv für fehlende Berufseingangskontrollen dienen und bei allem nicht zuletzt auch eine ausreichende präventive Wirkung entfalten. Die Konfrontation mit diesen Anforderungen hat gezeigt, daß die §§ 6 II 3 GmbHG, 76 III 3 AktG in vielen Bereichen an einer defizitären Ausgestaltung leiden.

Den dringenden Reformbedarf hat nunmehr auch der deutsche Gesetzgeber erkannt. Er versucht, mit dem Entwurf eines Forderungssicherungsgesetzes sowie mit dem Entwurf des Gesetzes zur Modernisierung des GmbH-Rechts und zur Mißbrauchsbekämpfung die bestehenden Defizite zu beseitigen. Zwar hat die Untersuchung gezeigt, daß ihm dies nicht umfänglich gelingt, sondern in Teilen Verbesserungen notwendig sind. Dennoch enthalten die Gesetzentwürfe sinnvolle und zu befürwortende Erweiterungen der Verbotskataloge der §§ 6 II 3 GmbHG, 76 III 3 AktG.

Noch deutlicher werden die Schwächen der §§ 6 II 3 GmbHG, 76 III 3 AktG im Vergleich mit dem Company Directors Disqualification Act, der differenzierte Lösungen bereit hält und den Anforderungen an effiziente Berufsverbotsregelungen für Geschäftsleiter um ein Vielfaches mehr gerecht wird. Die Arbeit hat sich dieses Gesetz daher zum Vorbild genommen. Einige Regelungen konnten – angepasst an den nationalen Rechtskontext – übernommen werden, andere erwiesen sich dagegen als nicht sinnvoll für eine Übernahme oder schon gar nicht übernahmefähig. Die Gründe hierfür liegen in der fehlenden Praktikabilität der englischen Regelung selbst, in den unterschiedlichen verfassungsrechtlichen Vorgaben beider Rechtssysteme oder auch in einem fehlenden Bedürfnis für ihre Übernahme, da das deutsche Recht – in novellierter Form – schon selbst überzeugt.

Berufsverbote für Geschäftsleiter dürfen nicht nur national betrachtet werden. Daher hat sich die Arbeit auch mit der grenzübergreifenden Problematik auseinandergesetzt, die entsteht, wenn mit Berufsverboten beschwerte Inländer versuchen, über Scheinauslandsgesellschaften ein Verbot zu umgehen oder wenn Personen, denen ein ausländisches Berufsverbot auferlegt wurde, im Inland die Position eines Geschäftsleiters einnehmen. Die Entwürfe des FoSiG und des MoMiG beleuchten lediglich die nationalen Aspekte von Berufsverboten und Tätigkeitshindernissen für Geschäftsleiter von Kapitalgesellschaften. Auch der Blick auf den CDDA führt nicht zu einer zufriedenstellenden Lösung. Daher versucht die Arbeit auf anderem Wege, die europarechtliche Problematik in den Griff zu bekommen. Zustimmung findet hierbei ein von *Hirte* entwickelter Vorschlag, der die Umgehungsversuche mittels Scheinauslandsgesellschaften leerlaufen läßt. Darüber hinaus wird ein eigener Lösungsansatz vorgestellt, der es ermöglicht, Personen, die aufgrund eines ausländischen Berufsverbots oder einer ausländischen Verurteilung im Verurteilungsstaat kein Geschäftsleitungsamt inne haben dürfen, den Zugang zu diesem Amt auch im Inland zu verwehren. Die weitere Entwicklung der Berufsverbote für Geschäftsleiter mit grenzübergreifendem Bezug hängt maßgeblich vom Fortkommen der geplanten europäischen Aktivitäten ab, die auf ein europaweites Berufsverbot für Geschäftsleiter von Kapitalgesellschaften abzielen.

Ergebnis

Aus der Zusammenstellung der Novellierungsvorschläge von FoSiG und MoMiG, demVergleich mit den Bestimmungen des Company Directors Disqualification Act und eigenen Vorschlägen ist eine Neufassung der §§ 6 II 3 GmbHG, 76 III 3 AktG entstanden:

[1]Für die Dauer von bis zu zehn Jahren kann nicht Geschäftsführer/Vorstandsmitglied sein, wer

1. als Betreuter bei der Besorgung der Vermögensangelegenheiten ganz oder teilweise einem Einwilligungsvorbehalt (§ 1903 des Bürgerlichen Gesetzbuchs) unterliegt,
2. aufgrund eines gerichtlichen Urteils oder einer vollziehbaren Entscheidung einer Verwaltungsbehörde einen Beruf, einen Berufszweig, ein Gewerbe oder einen Gewerbezweig nicht ausüben darf, sofern der Unternehmensgegenstand ganz oder teilweise mit dem Gegenstand des Verbots übereinstimmt,
3. wegen einer vorsätzlich begangenen Straftat nach
   a. § 82 oder 84 des Gesetzes betreffend Gesellschaften mit beschränkter Haftung,
   b. den §§ 399 bis 401 des Aktiengesetzes,
   c. § 331 des Handelsgesetzbuches,
   d. den §§ 264 a und 283 bis 283 d des Strafgesetzbuches,
   e. den §§ 370, 370 a, 372, 373, 374 der Abgabenordnung,
   f. den §§ 246, 263, 263 a, 266 des StGB oder
   g. § 14 I Nr. 1 iVm § 38 I Nr. 1 WpHG

   verurteilt worden ist. [2]Die Begehung einer Tat nach lit. f. führt nur dann zu einem Berufsverbot, wenn die Tat als Geschäftsführer oder in anderweitiger Position aus einem Unternehmen heraus begangen worden ist.
4. wegen eines Verstosses gegen § 14 I Nr. 2, 3 WpHG gemäß § 39 II Nr. 3, 4 iVm IV WpHG mit einer Geldbuße belegt worden ist oder
5. wegen eines Verstosses gegen § 15 a I WpHG gemäß § 39 II Nr. 2 d iVm IV WpHG mit einer Geldbuße belegt worden ist.

[3]Der Ausschlußzeitraum beginnt mit der Rechtskraft des Urteils bzw. der vollziehbaren Entscheidung der Behörde. In ihn wird die Zeit nicht eingerechnet, in welcher der Täter auf behördliche Anordnung in einer Anstalt verwahrt worden ist. [4]Über die Dauer des Tätigkeitsverbotes entscheidet in den Fällen der Nr. 3 das für die Verurteilung zuständige Gericht, in den Fällen der Nrn. 4 und 5

die Bundesanstalt für Finanzdienstleistungsaufsicht (BaFin). [5]Bei berechtigtem Interesse des Betroffenen ist das Tätigkeitsverbot zur Bewährung auszusetzen.

[6]Das Verbot umfasst

1. die Tätigkeit als ordentlich bestellter Geschäftsführer/ordentlich bestelltes Vorstandsmitglied sowie
2. jede andere Tätigkeit,
   a. die faktische Geschäftsführung ist, oder
   b. durch welche eine Person mittelbar geschäftsleitend tätig wird."

[7]Ein Verstoß gegen das Verbot kann zu einer Haftstrafe von sechs Monaten bis zwei Jahren führen. [8]Gesellschafter, die vorsätzlich oder grob fahrlässig einer Person, die nicht Geschäftsführer sein kann, tatsächlich die Führung der Geschäfte überlassen, handeln ordnungswidrig. Die Ordnungswidrigkeit wird mit einer Geldbuße von 50.000 €, im wiederholten Fall mit einer Geldbuße bis zu 100.000 € geahndet. [9]Für eine im Ausland gegründete juristische Person, die im Inland als solche anzuerkennen ist und deren effektiver Verwaltungssitz sich im Inland befindet, kann im Inland nicht als Vertreter handeln, wer nach § 6 II GmbHG, 76 III AktG nicht Geschäftsführer einer GmbH bzw. Vorstandsmitglied einer AG sein dürfte. [10]Wer aufgrund einer ausländischen Straftat oder eines ausländischen Berufsverbots im Verurteilungsstaat nicht zum Leitungsorgan einer Kapitalgesellschaft gehören darf, kann für die Dauer des in der ausländischen Entscheidung festgelegten Zeitraums nicht Geschäftsführer/Vorstandsmitglied sein.

§ 8 III GmbHG und § 37 II AktG sind wie folgt zu erweitern:

„Die Geschäftsführer/Vorstandsmitglieder haben ferner zu versichern, daß sie nicht aufgrund einer ausländischen Straftat oder eines ausländischen Berufsverbots daran gehindert sind, im Verurteilungsstaat zum Leitungsorgan einer Kapitalgesellschaft zu gehören".

Literaturverzeichnis

Achenbach, Hans/Ransiek, Andreas: Handbuch Wirtschaftsstrafrecht, Heidelberg 2004, *zit.: Handbuch Wirtschaftsstrafrecht, S.*

Achilles, Wilhelm-Albrecht/Ensthaler, Jürgen/Schmidt, Burkhard: Kommentar zum GmbH-Gesetz, München 2006; *zit.: Bearbeiter in Achilles/Ensthaler/ Schmidt, § , Rn.*

Altmeppen, Holger: Haftung der Geschäftsleiter einer Kapitalgesellschaft für Verletzung von Verkehrssicherungspflichten; ZIP 1995, 881

–: Ungültige Vereinbarungen zur Haftung von GmbH-Geschäftsführern – zugleich Besprechung von BGH-Urteil von 15.11. 1999-I ZR 122 (98), DB 2000, 261

Arbeitsgruppe Europäisches Gesellschaftsrecht: Stellungnahme zum Report of the High Level Group of Company Law Experts on a modern Regulatory Framework for Company Law in Europe, ZIP 2003, 863

Ballerstedt, Kurt: Zur Haftung für culpa in contrahendo bei Geschäftsabschluß durch Stellvertreter, AcP 1950/51, 501

Bartl, Harald/Fichtelmann, Helmar/Schlarb, Eberhard/Schulze, Hans-Jürgen: Heidelberger Kommentar zum GmbH-Recht, 5. Auflage, Heidelberg 2002; *zit.: Bearbeiter, Heidelberger Kommentar, § , Rn.*

Baumbach, Adolf/Hueck, Alfred: GmbH-Gesetz Kommentar, 18. Auflage, München 2006; *zit.: Bearbeiter in Baumbach/Hueck, § , Rn.*

Boos, Karl-Heinz (Hrsg.)/Fischer, Reinfried/Schulte-Mattler, Hermann: Kreditwesengesetz – Kommentar zu KWG und Ausführungsgesetzen, 2. Auflage, München 2004; *zit.: Bearbeiter in Boos/Fischer/Schulte-Mattler, § , Rn.*

Bottke, Wilfried: Das Wirtschaftsstrafrecht in der Bundesrepublik Deutschland – Lösungen und Defizite, wistra 1991, 1

Brüggemeier, Gert: Organisationshaftung – Deliktsrechtliche Aspekte innerorganisatorischer Funktionsdifferenzierung; AcP 191 (1991) 33 f.

Bundeskriminalamt: Polizeiliche Kriminalstatistik 2005; www.bka.de/pks/

Bundesministerium der Justiz (Hrsg.): Tagungsberichte der Sachverständigenkommission zur Bekämpfung der Wirtschaftskriminalität, Band III, Bonn 1973

Bürgers, Tobias: Das Anlegerschutzverbesserungsgesetz; BKR 2005, 424

Cheffins, Brian R.: Company Law: Theory, Structure, and Operation, Oxford 1997

Christensen, Guido: Verkehrspflichten in arbeitsteiligen Prozessen, Frankfurt am Main 1995

Dauner-Lieb, Barbara/Linke, Bernd: Digital gleich optional? – Der Regierungsentwurf des Gesetzes über elektronische Handelsregister und Genossenschaftsregister sowie das Unternehmensregister (EHUG), DB 2006, 767

Dallinger,Wilhelm: Aus der Rechtsprechung des Bundesgerichtshofs in Strafsachen, MDR 1952, 530

–: Aus der Rechtsprechung des Bundesgerichtshofes in Strafsachen, MDR 1958, 139

Davies, Paul: Legal Capital in Private Companies in Great Britain; AG 1998, 346

DeutscherAnwaltsVerein: Stellungnahme zum Aktionsplan der EU-Kommission zur Modernisierung des Gesellschaftsrechts und Verbesserung der Corporate Governance, ZIP 2003, 1909

Department of Trade: The Report of the Review Committee on Insolvency Law and Practice (the Cork Committee), Cmnd 8558, 1982

Diekmann, Hans/Sustmann, Marco: Gesetz zur Verbesserung des Anlegerschutzes (Anlegerschutzverbesserungsgesetz – AnSVG); NZG 2004, 929

Drygala, Tim: Zur Neuregelung der Tätigkeitsverbote für Geschäftsleiter von Kapitalgesellschaften, ZIP 2005, 423

Eckhold, Thomas: Materielle Unterkapitalisierung: zur Gesellschafterverantwortlichkeit in der Gesellschaft mit beschränkter Haftung, Köln 2002

EG-Kommission: Aktionsplan Modernisierung des Gesellschaftsrechts und Verbesserung der Corporate Governance in der Europäischen Union vom 21.05.2003, Sonderbeilage zu NZG 13/2003

Eidenmüller, Horst (Hrsg.): Ausländische Kapitalgesellschaften im deutschen Recht, München 2004, *zit.: Bearbeiter, Ausländische Kapitalgesellschaften, S.*

Erdmann, Ulrich: Ausländische Staatsangehörige in Geschäftsführungen und Vorständen deutscher GmbHs und AGs, NZG 2002, 503

Farrar, John H/Hannigan, Brenda: Farrar's Company Law, 4. Edition, London, Edinburgh and Dublin 1998

Fikentscher, Wolfgang: Schuldrecht, 9. Auflage, Berlin 1997

Fleischer, Holger: Erweiterte Außenhaftung der Organmitglieder im Europäischen Gesellschafts- und Kapitalmarktrecht, ZGR 2004, 437

–: Bestellungshindernisse und Tätigkeitsverbote von Geschäftsleitern im Aktien-, Bank- und Kapitalmarktrecht, WM 2004, 157

Friauf, Heinrich (Hrsg.): Kommentar zur Gewerbeordnung – GewO – Gewerberechtlicher Teil; Loseblatt, Stand Juli 2006; *zit.: Bearbeiter in Friauf, § , Rn.*

Frotscher, Werner: Wirtschaftsverfassungs- und Wirtschaftsverwaltungsrecht, 4. Auflage, München 2004

Gernoth, Jan P.: Das deutsche Handelsregister – telekommunikative Steinzeit im Zeichen des europäischen Wettbewerbs, BB 2004, 837

Geßler, Ernst/Hefermehl, Wolfgang/Eckardt, Ulrich/Kropff, Bruno: Aktiengesetz Kommentar, Band 1: §§ 1–75 AktG, München 1984; *zit.: Geßler/Hefermehl, AktG, §, Rn.*

Goddard, Robert: Leave to act and the disqualified director: Re Hennelly's Utilities Ltd, The Company Lawyer 2004, 222

Godek, Manfred: Letzter Gang nach nirgendwo, Markt und Mittelstand Heft 6 2006, 80

Goette, Wulf: Zur persönlichen Haftung des Geschäftsführers einer GmbH gegenüber Dritten aus Geschäften, die nach Eintritt der Konkursreife mit ihnen geschlossen werden, DStR 1994, 1048

Grabitz, Eberhard (Begr.)/Hilf, Meinhard (Hrsg.): Das Recht der Europäischen Union, Band I EUV/EGV, Loseblattsammlung, München, Stand Oktober 2005

Griffin, Stephen: Personal liability and disqualification of company directors, Oxford 1999

Haas, Ulrich: Geschäftsführerhaftung und Gläubigerschutz – Unternehmerische Verhaltenspflichten des GmbH-Geschäftsführers zum Schutz Dritter, München 1997

Hadding, Walther/Hennrichs, Joachim: Die HGB-Klausur, 3. Auflage, München 2003

Hannigan, Brenda: Company Law, London 2003

Heil, Ulf/Russenschuck, Viola: Die persönliche Haftung des GmbH-Geschäftsführers – Im Blickpunkt: Grundsätze der sogenannten Managerproduktaftung, BB 1998, 1749

Heisse, Matthias: Die Beschränkung der Geschäftsführerhaftung gegenüber der GmbH, Köln 1988

Hey, Andreas/Regel, Gerd: Firmenbestatter – Strafrechtliche Würdigung eines neuen Phänomens, GmbHR 2000, 115

Hicks, Andrew: Director Disqualification: Can it deliver?; Journal of Business Law 2001, 433; *zit.: Hicks, J.B.L.*

High Level Group of Company Law Experts: Report on a modern Regulatory Framework for Company Law in Europe, abrufbar unter www.publicgovernance.de/pdf/03032502_winter-report.pdf

Hirte: Die organisierte „Bestattung" von Kapitalgesellschaften: Gesetzgeberischer Handlungsbedarf im Gesellschafts- und Insolvenzrecht, ZInsO 2003, 833

Höfling, Barbara: Das englische internationale Gesellschaftsrecht, Heidelberg 2002

Hüffer, Uwe: Aktiengesetz Kommentar, 6. Auflage, München 2004; *zit.: Hüffer, AktG, § , Rn.*

Insolvency Service: The Annual Report of the Insolvency Service 2001/2002; www. insolvency.gov.uk/pdfs/annual 2001-02 web.pdf

–: The Annual Report of the Insolvency Service 2003/2004; www. insolvency.gov.uk/pdfs/annual 2003-04.web.pdf

Isensee, Josef/Kirchhof, Paul: Handbuch des Staatsrechts der Bundesrepublik Deutschland, Band VI: Freiheitsrechte, 2. Auflage, Heidelberg 2001; *zit.: Bearbeiter in Handbuch des Staatsrechts, S.*

Jähnke, Burhard/Laufhütte, Heinrich Wilhelm/Odersky, Walter: Leipziger Kommentar zum Strafgesetzbuch, 7. Band: §§ 264–302 StGB, 11. Auflage, Berlin/New York 2005; *zit.: Bearbeiter in LK, § , Rn.*

Janert, Ingo: Neues zur Generalbereinigung? Zugleich ein Beitrag zum Urteil des BGH v. 07.04.2003 – II ZR 193/02, GmbHR 2003, 712 mit Komm. Blöse

Joecks, Wolfgang/Miebach, Klaus (Hrsg.): Münchener Kommentar zum Strafgesetzbuch, Band 2/1: §§ 59–79b StGB, München 2005; zit.: Bearbeiter in MK-StGB, § , Rn.

Jula, Rocco: Die Haftung von GmbH-Geschäftsführern und Aufsichtsräten – Haftung, Strafbarkeit, Risikoverminderung und –vermeidung, Berlin 1998

Junker, Abbo: Internationales Privatrecht, München 1998

Just, Clemens: Die englisched Limited in der Praxis, München 2005

Kaiser, Thomas: Keine Straffreiheitserklärung bei Eintragung der Zweigniederlassung einer ausländischen Gesellschaft, AG 1991, 18

Karsten, Frederik: Müssen sich Geschäftsführer aus der Baubranche vor dem Forderungssicherungsgesetz fürchten?, GmbHR-Report 2005, R 29

Kempen, Bernhard: Die Entwicklung des allgemeinen Gewerberechts von 1993 bis 1996, NVwZ 1997, 243

Keßler, Jürgen: Die deliktische Eigenhaftung des GmbH-Geschäftsführers; GmbHR 1994, 429

Kingsley, TW Ong: Disqualification of directors: a faulty regime?, Company Lawyer 1998, 7

Kleindiek, Detlef: Deliktshaftung und juristische Person – zugleich zur Eigenhaftung von Unternehmensleitern, Tübingen 1997

Krag, Joachim/Mölls, Sascha: Rechnungslegung, München 2001

Kropff, Bruno/Semler, Johannes/Goette, Wulf/Habersack, Mathias (Hrsg.): Münchener Kommentar zum Aktiengesetz, Band 3: §§ 76–117 AktG – MitbestG – § 76 BetrVG 1952, 2. Auflage, München 2004; Band 9/2: §§ 329–410 SE-VO, SEBG, 2. Auflage, München 2006; *zit.: Bearbeiter in MK-AktG, § , Rn.*

Landmann/Rohmer: Gewerbeordnung und ergänzende Vorschriften Band 1 – Kommentar; Loseblatt Stand Oktober 2004, München 2004; *zit.: Bearbeiter in Landmann/Rohmer, § , Rn.*

Lanzius, Tim: Anwendbares Recht und Sonderanknüpfung unter der Gründungstheorie, Frankfurt am Main 2005

Laubinger, Hans-Werner: Die gewerberechtliche Unzuverlässigkeit und ihre Folgen – Teil 1 –, Verwaltungsarchiv 1998, 145

Lenenbach, Markus: Kapitalmarkt- und Börsenrecht, Köln 2002

Lindacher, Walter F.: Haftung des GmbH-Geschäftsführers und Einwand des Auswahl- und Überwachungsverschuldens (BGH NJW 1983, 1856), JuS 1984, 672

Lohr, Martin: Die Beschränkung der Innenhaftung des GmbH-GF, NZG 2000, 1204

Lutter, Marcus: Die GmbH-Novelle und ihre Bedeutung für die GmbH, die GmbH & Co. KG und die Aktiengesellschaft, DB 1980, 1317

–: Haftungsrisiken des Geschäftsführers einer GmbH, GmbHR 1997, 329

Lutter, Marcus/Hommelhoff, Peter: GmbH-Gesetz, Kommentar; 16. Auflage, Köln 2004; *zit.: Bearbeiter in Lutter/Hommelhoff, § , Rn.*

v. Mangoldt, Hermann/Klein, Friedrich: Kommentar zum Grundgesetz, Band 1: Präambel, Artikel 1 bis 19, 5. Auflage, München 2005; *zit.: Bearbeiter in v.Mangoldt/Klein, Art., Rn.*

Maul, Silja: Verantwortlichkeit der Organmitglieder – Entwicklungen aus europäischer Sicht-WM 2004, 2146

Medicus, Dieter: Zur deliktischen Eigenhaftung von Organpersonen; FS Lorenz, 155 f., Tübingen 1991; *zit.:Medicus, FS Lorenz, S.*

–: Die Außenhaftung des GmbH-Geschäftsführers, GmbHR 1993, 533

Melchior, Robin: Ausschließungsgründe für Geschäftsführer werden novelliert. Schwarze Schafe – Weiße Weste: Reloaded!, GmbHR-Report 2005, R 29

Meyer-Goßner, Lutz: Strafprozessordnung Kommentar, 49. Auflage, München 2006

Meyding, Berhard/Bödeker, Annette: Gesetzentwurf über elektronische Handelsregister und Genossenschaftsregister sowie das Unternehmensregister (EHUG-E) – Willkommen im Online-Zeitalter!, BB 2006, 1009

Michalski, Lutz (Hrsg.): Kommentar zum Gesetz betreffend die Gesellschaften mit beschränkter Haftung (GmbH-Gesetz), Band I Systematische Darstellungen 1 –7, §§ 1–34 GmbHG, München 2002; *zit.: Bearbeiter in Michalski, § , Rn.*

Mithani, Abbas/Wheeler, Sally: The Disqualification of Company Directors, Butterworths, London 1996

Morse, Geoffrey: Charlesworth & Morse Company Law, 15th Edition, London 1995; *zit.: Charlesworth & Morse, p.*

Mutter, Stefan: Über das Menschliche im Kapitalanleger (Gedanken zum Stand der Bankenhaftung bie der Anlageberatung nach „Bond Finance"), MDR 1994, 233

Müller-Gugenberger, Christian/Bieneck, Klaus (Hrsg): Handbuch des Wirtschaftsstraf – und ordnungswidrigkeitenrechts, 4. Auflage, Münster 2006; *zit.: Bearbeiter in Müller-Gugenberger/Bieneck, § , Rn.*

Office of Fair Trading: Consultation paper: Competition Disqualification Orders; www. oft.gov.uk/NR/rdonlyres/59DD34DB-574A-4FF6-A202-72A08116EA82/0/oft500.pdf

Palandt, Otto: Bürgerliches Gesetzbuch Kommentar, 65. Auflage, München 2006; *zit.: Bearbeiter-Palandt, § , Rn.*

Pape, Gerhard: Gesetzeswidrigkeit der Verweisung des Insolvenzverfahrens bei gewerbsmäßiger Firmenbestattung, ZIP 2006, 877

Park, Tido (Hrsg.): Kapitalmarktstrafrecht – Handkommentar, Baden-Baden 2004; *zit.: Bearbeiter in Park, Kapitalmarktstrafrecht, § , Rn.*

Payne, J.: Casting light into the shadows: Secretary of State for Trade and Industry v. Deverell, The Company Lawyer 2001, 90

Pelz, Christian: Strafrecht in Krise und Insolvenz; München 2004

Penzlin, Dietmar: Strafrechtliche Auswirkungen der Insolvenzordnung, Herbolzheim 2000

Pieroth, Bodo/Schlink, Bernhard: Grundrechte Staatsrecht II, 15. Auflage, Heidelberg 1999

Priester, Hans-Joachim/Mayer, Dieter: Münchener Handbuch des Gesellschaftsrechts, Band 3: Gesellschaft mit beschränkter Haftung, 2. Auflage, München 2003, *zit.: Bearbeiter, MHdB GesR, § , Rn.*

Ransiek, Andreas: Zur deliktischen Eigenhaftung des GmbH-Geschäftsführers aus strafrechtlicher Sicht, ZGR 1992, 203

Rehberg, Markus: Inspire Art – Europäische Niederlassungsfreiheit zwischen „Mißbrauch" und nationalem Regelungsanspruch, EuLF 2004, 1

Richter, Hans: Der Konkurs der GmbH aus der Sicht der Strafrechtspraxis (II), GmbHR 1984, 137

Roth, Wulf-Henning: Internationales Gesellschaftsrecht nach Überseering, IPRax 2003, 117

Satzger, Helmut: Internationales und europäisches Strafrecht, Baden Baden 2005

Schanze, Erich/Jüttner, Andreas: Die Entscheidung für Pluralität: Kollisionsrecht und Gesellschaftsrecht nach der EuGH-Entscheidung „Inspire Art", AG 2003, 661

Schmidt, Karsten: Gesellschaftsrecht, 4. Auflage, München 2003; *zit.: Schmidt, GesR, § , S.*

Schmidt-Bleibtreu, Bruno/Klein, Franz: Kommentar zum Grundgesetz, 10. Auflage, München 2004; *zit.: Bearbeiter in Schmidt-Bleibtreu/Klein, Art., Rn.*

Schönke, Adolf/Schröder, Horst: Strafgesetzbuch Kommentar, 27. Auflage, München 2006, *zit.: Bearbeiter in Schönke/Schröder, § , Rn.*

Scholz, Franz: Kommentar zum GmbH-Gesetz; I. Band: §§ 1–44 Anhn. Konzernrecht; 9. Auflage, Köln 2000; *zit.: Bearbeiter in Scholz, § , Rn.*

Schübel, Eva: Wie gut funktioniert die Strafverfolgung innerhalb Europas?, NStZ 1997, 105

Schünemann, Bernd: Alternative Kontrolle der Wirtschaftskriminalität in: Gedächtnisschrift für Armin Kaufmann, S. 629, Köln 1989

Sealy, L.S.: Disqualification and personal liability of directors, 4. Edition, Bicester 1993

Spindler, Gerald: Kapitalmarktreform in Permanenz – Das Anlegerschutzverbesserungsgesetz; NJW 2004, 3449

Stapelfeld, Ait: Die Haftung des GmbH-Geschäftsführers für Fehlverhalten in der Gesellschaftskrise, Köln 1990

Stein, Ursula: § 6 Abs. 2 Satz 2 GmbHG, § 76 Abs. 3 Satz 2 AktG: Verfassungswidrige Berufsverbote?, AG 1987, 165

Steiner, Udo (Hrsg.): Besonderes Verwaltungsrecht, 7. Auflage, Heidelberg 2003; *zit.: Bearbeiter in Steiner, S.*

Szagunn, Volkhard/Hang, Ulrich/Ergenzinger, Wilhelm: Gesetz über das Kreditwesen, 6. Auflage, Berlin/Köln 1997

Tettinger, Peter J./Wank, Rolf: Gewerbeordnung Kommentar, 7. Auflage, München 2004; zit.. Bearbeiter in Tettinger/Wank, § , Rn.

Triebel, Volker/Hodgson, Stephen/Kellenter, Wolfgang/Müller, Georg: Englisches Handels- und Wirtschaftsrecht; 2. Auflage, Heidelberg 1995; *zit.: Triebel u.a., Englisches Handels- und Wirtschaftsrecht, Rn.*

Triebel, Volker/Otte, Sabine: 20 Vorschläge für eine GmH-Reform: Welche Lektion kann der deutsche Gesetzgeber vom englischen lernen?, ZIP 2006, 311

Tröndle, Herbert/Fischer, Thomas: Strafgesetzbuch und Nebengesetze Kommentar, 52 Auflage, München 2004; *zit.: Bearbeiter in Tröndle/Fischer, § , Rn.*

Ulmer, Peter (Hrsg.): Hachenburg – Gesetz betreffend die Gesellschafen mit beschränkter Haftung (GmbHG), 1.Band: Allgemeine Einleitung, §§ 1–34, 8. Auflage, Berlin/New York 1992; 2. Band: §§ 35–52, 8. Auflage, Berlin/New York 1997; *zit: Bearbeiter in Hachenburg, § , Rn.*

Voerste, Rüdiger: Nochmals: § 6 Abs. 2 S. 2 GmbHG, 76 Abs. 3 S. 2 AktG: Verfassungswidrige Berufsverbote?, AG 1987, 376

Vorpeil, Klaus: Neuere Entwicklungen im englischen Handels- und Wirtschaftsrecht, RIW 1994, 600

Wabnitz, Heinz-Bernd/Janovsky, Thomas: Handbuch des Wirtschafts- und Steuerstrafrechts; 2. Auflage, München 2004; *zit.: Wabnitz/Janovsky, S.*

Wachter, Thomas: Ausländer als GmbH-Gesellschafter und -Geschäftsführer, ZIP 1999, 1577

Wackerbarth, Ulrich: Existenzvernichtungshaftung 2005: Unternehmerische Entscheidungen auf dem Prüfstand?, ZIP 2005, 877

Walters, Adrian: Bare undertakings in directors disqualification proceedings: the Insolvency Act 2000, Blackspur and beyond; The Company Lawyer 2001, 290

–: Bare undertakings in disqualification proceedings: a postscript, The Company Lawyer 2002, 123

Wareham, Robert/Smailes, David: Tolley's Company Law Handbook 1999

Wedekind, Volker E.: Die Reform des strafrechtlichen Berufsverbots (§§ 70–70 b StGB), Jena 2006, *zit.: Wedekind, S.*

Weller, Marc-Philippe: Einschränkung der Gründungstheorie bei missbräuchlicher Auslandsgründung?, IPRax 2003, 520.

Westermann, Harm Peter/Mutter, Stefan: Die Verantwortlichkeit von Geschäftsführern einer GmbH gegenüber Dritten, DZWiR 1995, 184

Wöhe, Günther: Die Handels- und Steuerbilanz, 4. Auflage, München 2001

Zöllner, Wolfgang (Hrsg.): Kölner Kommentar zum Aktiengesetz, Band 1: §§ 1–75 AktG, 2. Auflage, Köln 1988; Band 2: §§ 76–117 AktG und Mitbestimmung im Aufsichtsrat, 2. Auflage, Köln 1996; *zit.: Bearbeiter in KK-AktG, § , Rn.*

Verzeichnis der zitierten Rechtsprechung

Deutschland

Obergerichte

BVerfGE 1, 14
BVerfGE 3, 58
BVerfGE 3, 162
BVerfGE 7, 377
BVerfGE 12, 326
BVerfGE 13, 97
BVerfGE 13, 237

BVerfGE 18, 121
BVerfGE 19, 330
BVerfGE 21, 12
BVerfGE 26, 302
BVerfGE 28, 21
BVerfGE 65, 1
BVerfGE 65, 12
BVerfGE 71, 162
BVerfGE 76, 196
BVerfGE 80, 367
BVerfGE 85, 97
BVerfGE 98, 49
BVerfGE NJW 1997, 2510
BerlVerfGH NJW-RR 2005, 1294

BVerwGE 65, 1
BVerwG GewArch 1977, 14
BVerwG GewArch 1982, 233
BVerwG GewArch 1993, 156
BVerwG GewArch 1996, 241
BVerwG NVwZ 2004, 103

BFHE 146, 23
BFH GmbHR 1994, 496
BFH GmbHR 1988, 370

BGHSt 22, 144
BGHSt 28, 371
BGHSt 31, 118
BGHSt 37, 106
BGH v. 14.01.1958 – 5 StR 534/57
BGHZ 68, 312
BGHZ 108, 134
BGHZ 109, 297
BGHZ 115, 78
BGHZ 126, 181
BGHZ 133, 370
BGH NJW 1983, 2099
BGH ZIP 1986, 183
BGH-NJW-RR 1989, 110

BGH NJW-RR 1991, 1312
BGH NJW-RR 1992, 1061
BGH ZIP 1992, 694
BGH ZIP 1992, 1614
BGH NJW 1994, 997
BGH ZIP 1994, 1102
BGH GmbHR 1994, 409
BGH GmbHR 1994, 464
BGH DStR 1995, 989
BGH ZIP 1996, 786
BGH DB 1998, 465
BGH DStR 1999, 1117
BGH NJW 2000, 576
BGH NJW 2000, 2896
BGH NStZ-RR 2001, 17
BGH NJW 2002, 3777
BGH GmbHR 2003, 712
BGH GmbHR 2003, 835
BGH ZIP 2003, 2242
BGH NJW 2004, 2668
BGH NJW 2004, 2971

Instanzgerichte

BayObLG WM 1986, 1557
BayObLG DB 1987, 1882
BayObLG NJW-RR 1989, 934
BayObLG DB 1991, 1976
BayObLG GmbHR 1992, 304
Bay ObLG BB 2003, 2370
OLG Celle GmbHR 1994, 467
OLG Celle NZG 1999, 1161
OLG Celle ZIP 2004, 1022
OLG Düsseldorf, DB 1992, 1469
OLG Düsseldorf NJW 1995, 404
OLG Düsseldorf GmbHR 1997, 71
OLG Düsseldorf NZG 2000, 312
OLG Frankfurt GmbHR 1992, 233
OLG Hamburg NJW 1955, 1568
OLG Karlsruhe, StV 1993, 403 (405)

OLG Karlsruhe ZInsO 2004, 511
OLG Karlsruhe ZIP 2005, 1475
OLG Naumburg ZIP 2000, 622
OLG Naumburg, GmbHR 2000, 378
OLG Oldenburg RIW 2001, 863
OLG Schleswig-Holstein GewArch 1989, 235
OLG Schleswig DB 2004, 753
OLG Stuttgart GmbHR 2003, 835
OLG Stuttgart GmbHR 2004, 503
Thüringer OLG DB 2006, 720

LG Köln NJW-RR 1995, 553
LG Potsdam NZG 2001, 807

BayVGH GewArch 1992, 181
BayVGH GewArch 2003, 120
VGH BW GewArch 1991, 112
VGH BW GewArch 1994, 373
VGH BW GewArch 1994, 420
HessVGH GewArch 1978, 224
HessVGH GewArch 1993, 160
HessVGH GewArch 1994, 238
HessVGH GewArch 1998, 289

OVG NRW NWVBl. 1996, 153
OVG NRW BB 2005, 2259

VG Gießen GewArch 2003, 35

KG NJW-RR 1999, 1341
KG NZG 2000, 1032
KG wistra 2002, 313

AmtsG Memmingen, GmbHR 2004, 952
AmtsG Westerstede RIW 2001, 67
AmtsG Limburg/Lahn GewArch 2005, 28

Blain Re Sawers [1874-80] All ER Rep 708
Clark v. Oceanic Contractors Inc. [1983] 1 All ER 133, 139
Re v Campbell [1984] BCLC 83
Re v Appleyard [1985] 81 Cr App R 319
Re Arctic Engineering Ltd & Ors [1985] 1 BCC 99, 563
Re Oriel (in Liquidation) [1986] 1 WLR 180, 184 (CA)
Re Stanford Services Ltd [1987] 3 BCC 326
Re Dawson Print Group Ltd [1987] BCLC 601
Re Dawson Print Group Ltd [1987] 3 BCC 322
Re Douglas Construction Services Ltd. [1988] BCLC 397
Re Lo-Line Electric Motors Ltd [1988] Ch 477, 486
Re Churchill Hotel (Plymouth) Ltd [1988] BCLC 341.
Re DJ Matthews (Joinery Design) Ltd [1988] 4 BCC 513
Re Ipcon Fashions Ltd [1989] 5 BCC 773
Re Majestic Recording Studios Ltd [1989] 4 BCC 519
Re Lo-Line Electric Motors [1990] BCLC 677
Re Cladrose Ltd [1990] 6 BCC 11
Re Sevenoaks Stationers (Retail) Ltd [1991] 3 All ER 578
Re Travel Mondial (UK) Ltd [1991] BCLC 120
Re City Investment Centres Ltd [1992] BCLC 956
Re Burnham Marketing Services Ltd [1993] BCC 518
Re Carecraft Construction Ltd [1993] BCLC 1259
Re Swift 736 Ltd [1993] BCLC 1
Re Firedart Ltd, Official Receiver v Fairal [1994] 2 BCLC 340
Re Hydrodam (Corby) Ltd [1994] 2 BCLC 180
Re Pamstock Ltd [1994] 1 BCLC 716
Re Unisoft Group Ltd (No. 3) [1994] 1 BCLC 609
Re v Goodman, [1994] BCLC 349
Re v Brockley [1994] 1 BCLC 606
Re Seagull Manufactoring (No.2) [1994] 1 BCLC 273
Secretary of State for Trade and Industry v Gray [1995] 1 BCLC 276 at 288–289
Re PFTZM Ltd, Jourdain v Paul [1995] 2 BCLC 354
Re Grayan Building Services Ltd, [1995] BCC 554, CA.
Re Hitco 2000 Ltd [1995] 2 BCLC 63
Secretary of State for Trade and Industry v Van Hengel [1995] 1 BCLC 545.
Re Living Images Ltd [1996] 1 BCLC 348
Secretary of State for Trade and Industry v Mc Tighe, No.2 [1996] 2 BCLC 477
Secretary of State for Trade and Industry v Rogers [1996] 2 BCLC 513

Practice Note (Chancery Division: Disqualification Applications) [1996] 1 All ER 442
Secretary of State for Trade and Industry v Arif [1997] 1 BCLC 34
Re Park House Properties Ltd [1997] 2 BCLC 530
Re Continental Assurance Co of London plc, Secretary of State for Trade and Industry v Burrows, [1997] 1 BCLC 48
Court of Appeal, Regina v. Cole; Regina v. Lees; Regina v. Birch, PLC [1997] VIII (8), 59
Re Blackspur Group plc. Secretary of State for Trade and Industry v. Davies [1998] 1 BCLC 676
Re Westmid Packing Services Ltd, Secretary of State for Trade and Industry v Griffiths [1998] 2 BCLC 646, CA.
Re Blackspur Group plc, Secretary of State for Trade and Industry v Davies [1998] 1 BCLC 676
Official Receiver v Brady [1998] BCC 258
Official Receiver v Vass [1999] BCC 516
Re Barings plc (No. 5), Secretary of State for Trade and Industry v Baker [1999] 1 BCLC 433
Re Kaytech [1999] 2 BCLC 351
Shuttleworth v.Secretary of State for Trade and Industry, PLC [1999] X (3), 62 f.
Official Receiver v Brady [1999] BCC 258
Secretary of State for Trade and Industry v Collins [2000] 2 BCLC 223 CA
Secretary of State for Trade and Industry v Deverell [2000] 2 All ER 365
Re Structural Concrete Ltd., PLC [2000] XI (7), 73
Re Westminster Property Management Ltd, Official Receiver v Stern [2000] 2 BCLC 396
Re Amaron Ltd, Secretary of State for Trade and Industry v Lubrani, No.2, [2001] 1 BCLC 562
Re Bradcrown Ltd [2001] 1 BCLC 547
Re Britannic Home Centres Ltd [2001] 2 BCLC 63
Re Cedarwood Productions Ltd., PLC [2001] XII (9), 80 f.
Secretary of State for Trade and Industry v. Rayna, PLC [2001] XII (5), 86 f.
Re Priority Stainless (UK) Ltd., PLC 2001 XII (7), 91 f.
Re Blackspur Group plc, Secretary of State for Trade and Industry v. Eastaway
Re Hennelly's Utilities [2004] All ER (D) 85 Jan.
Ultraframe (UK) Ltd v. Fielding, [2005] EWHC 1638 (Ch.)

Australien

Commissioner for Corporate Affairs v Bracht [1989] 7 ACLC 40

Gesetzgebung

Entwurf eines Gesetzes zur Änderung des Gesetzes betreffend die Gesellschaften mit beschränkter Haftung und anderer handelsrechtlicher Vorschriften, BT-Drucksache 8/1347

Stellungnahme des Bundesrates zum Entwurf eines Gesetzes zur Änderung des Gesetzes betreffend die Gesellschaften mit beschränkter Haftung und anderer handelsrechtlicher Vorschriften, BT-Drucksache 8/1347, Anlage 2

Gegenäußerung der Bundesregierung zu der Stellungnahme des Bundesrates zum Entwurf eines Gesetzes zur Änderung des Gesetzes betreffend die Gesellschaften mit beschränkter Haftung und anderer handelsrechtlicher Vorschriften, Anlage 3, BT-Drucksache 8/1347

BT-Drucksache 8/3908, Beschlußempfehlung und Bericht des Rechtsausschusses zu dem von der Bundesregierung eingebrachten Entwurf eines Gesetzes zur Änderung des Gesetzes betreffend die Gesellschaften mit beschränkter Haftung und anderer handelsrechtlicher Vorschriften –Drucksache 8/1347

Entwurf eines Gesetzes zur Sicherung von Werkunternehmeransprüchen und zur verbesserten Durchsetzung von Forderungen (Forderungssicherungsgesetz-FoSiG) vom 14.07.2004

Entwurf eines Gesetzes zur Modernisierung des GmbH-Rechts und zur Bekämpfung von Mißbräuchen (MoMiG) vom 29.05.2006

Entwurf eines Gesetzes über elektronische Handelsregister und Genossenschaftsregister sowie das Unternehmensregister (EHUG) vom 14.12 2005

Urteilsanmerkungen

Bokelmann, Gunther zu BayObLG, Beschluß vom 18.09.1986 in EWiR 1986, 1113

Breitling, Maximilian zu OLG Celle ZIP 2004, 1022 in EWiR 2005, 225

Mankowski, Peter; zu LG Köln NJW-RR 1995, 553 in EWiR 1995, 673.

Medicus, Dieter, zu BGH ZIP 1991, 1140 in EWiR 1992, 161

Mertens, Hans-Joachim/Mertens, Georg; Anmerkung zu BGH JZ 1990, 486.

Schulze-Osterloh, Joachim zu BGH ZIP 1992, 694 in EWiR 1992, 563.

Seifert, Bernd zu AmtsG Westerstede RIW 2001, 67 in RIW 2001, 68.

Anhang

Relevante Bestimmungen des Company Directors Disqualification Act 1986

Preliminary

1. Disqualification orders: general

(1) In the circumstances specified below in this Act a court may, and under section 6 shall, make against a person a disqualification order, that is to say an order that he shall not, without leave of the court –
- (a) be a director of a company, or
- (b) be a liquidator or administrator of a company, or
- (c) be a receiver or manager of a company's property, or
- (d) in any way, whether directly or indirectly, be concerned or take part in the promotion, formation or management of a company,

for a specified period beginning with the date of the order.

(2) In each section of this Act which gives to a court power or, as the case may be, imposes on it the duty to make a disqualification order there is specified the maximum (and, in section 6, the minimum) period of disqualification which may or (as the case may be) must be imposed by means of the order.

(3) Where a disqualification order is made against a person who is already subject to such an order, the periods specified in those orders shall run currently.

(4) A disqualification order may be made on grounds which are or include matters other than criminal convictions, notwithstanding that the person in respect of whom it is to be made be criminally liable in respect of those matters.

Disqualification for general misconduct in connection with companies

2. Disqualification on conviction of indictable offence

(1) The court may make a disqualification order against a person where he is convicted of an indictable offence (whether on indictment or summarily), in connection with the promotion, formation, management or liquidation of a company, or with the receivership or management of a company's property.

(2) „The court“ for this purpose means –

(a) any court having jurisdiction to wind up the company in relation to which the offence was committed, or

(b) the court by or before which the person is convicted of the offence, or

(c) in the case of a summary conviction in England and Wales, any other magistrates' court acting for the same petty sessions area;

and for the purpose of this section the definition of „indictable offence“ in Schedule 1 to the Interpretation Act 1978 applies for Scotland as it does for England and Wales.

(3) The maximum period of disqualification under this section is –

(a) where the disqualification order is made by a court of summary jurisdiction, 5 years, and

(b) in any other case, 15 years.

3. Disqualification for persistent breach of companies legislation

(1) The court may make a disqualification order against a person where it appears to it that he has been persistently in default in relation to provisions of the companies legislation requiring any return, account or other document to be filed with, delivered or sent, or notice of any matter to be given, to the registrar of companies.

(2) On an application to the court for an order to be made under this section, the fact that a person has been persistently in default in relation to such provisions as are mentioned above may (without prejudice to its proof in any other manner) be conclusively proved by showing that in the 5 years ending with the date of the application he has been adjuged guilty (whether or not on the same occasion) of three or more defaults in relation to those provisions.

(3) A person is to be treated under subsection (2) as being judged guilty of a default in relation to any provision of that legislation if –

(a) he is convicted (whether on indictment or summarily) of an offence consisting in a contravention of or failure to comply with that provision (whether on his own part or on the part of any company), or

(b) a default order ist made against him, that is to say an order under any of the following provisions –

(i) section 242 (2) oft the Companies Act (order requiring delivery of company accounts), section 245B of that Act (order requiring preparation of revised accounts)

(ii) section 713 of that Act (enforcement of company's duty to make returns),

(iii) section 41 of the Insolvency Act (enforcement of receiver's or manager's duty to make returns), or

(iv) section 170 of that Act (corresponding provision for liquidator in winding up),

in respect of any such contravention of or failure to comply with that provision (whether on his own part or on the part of any company).

(4) In this section „the court" means any court having jurisdiction to wind up any of the companies in relation to which the offence or other default has been or is alleged to have been committed.

(5) The maximum period of disqualification under this section is 5 years.

4. Disqualification for fraud, etc, in winding up

(1) The court may make a disqualification order against a person, if, in the course of the winding up of a company, it appears that he –

(a) has been guilty of an offence for which he is liable (whether he has been convicted or not) under section 458 of the Companies Act (fraudulent trading), or

(b) has otherwise been guilty, while an officer or liquidator of the company or receiver or manager of its property, of any fraud in relation to the company or of any breach of his duty as such officer, liquidator, receiver or manager.

(2) In this section „the court" means any court having jurisdiction to wind up any of the companies in relation to which the offence or other default has been or is alleged to have been committed; and „officer" includes a shadow director.

(3) The maximum period of a disqualification under this section is 15 years.

5. Disqualification on summary conviction

(1) An offence counting for the purposes of this section is one of which a person is convicted (either on indictment or summarily) in consequence of a contravention of, or failure to comply with, any provision of the companies legislation requiring a return, account or other document to be filed with, delivered or sent, or notice of any matter to be given, to the registrar of companies (whether the contravention or failure is on the person's own part or on the part of the company).

(2) Where a person is convicted of a summary offence counting for those purposes, the court by which he is convicted (or, in England or Wales, any other magistrates' court acting for the same petty sessions area) may make a disqualifi-

cation order against him if the circumstances specified in the next subsection are present.

(3) Those circumstances are that, during the 5 years ending with the date of the conviction, the person has had made against him, or has been convicted of, in total not less than 3 default orders and offences counting for the purposes of this section; and those offences may include that of which he is convicted as mentioned in subsection (2) and any other offence of which he is convicted on the same occasion.

(4) For the purposes of this section –

(a) the definition of „summary offence“ in Schedule 1 to the Interpretation Act 1978 applies for Scotland as for England and Wales, and

(b) „default order“ means the same as in section 3(3)(b).

(5) The maximum period of disqualification order under this section is 5 years.

Disqualification for unfitness

6. Duty of court to disqualify unfit directors of insolvent companies

(1) The court shall make a disqualification order against a person in any case where, on an application under this section, it is satisfied –

(a) that he is or has been a director of a company which has at any time become insolvent (whether while he was a director or subsequently), and

(b) that his conduct as a director of that company (either taken alone or taken together with his conduct as a director of any other company or companies) makes him unfit to be concerned in the management of a company.

(2) For the purpose of this section and the next, a company becomes insolvent if –

(a) the company goes into liquidation at a time when its assets are insufficient for the payment of its debts and other liabilities and the expenses of the winding up,

(b) an administration order is made in relation to the company, or

(c) an administration receiver of the company is appointed;

and references to a person's conduct as a director of any company or companies include, where that company or any of those companies has become insolvent, that person's conduct in relation to any matter connected with or arising out of the insolvency of that company.

(3) In this section and the next „the court" means –
   (a) in the case of a person who is or has been a director of a company which is being wound up by the court, the court by which the company is being wound up,
   (b) in the case of a person who is or has been a director of a company which is being wound up voluntarily, any court having jurisdiction to wind up the company,
   (c) in the case of a person who is or has been a director of a company in relation to which an administration order is in force, the court by which that order was made, and
   (d) in any other cases, the High Court or, in Scotland, the Court of Session;

and in both sections „director" includes a shadow director.

(4) Under this section the minimum period of disqualification is 2 years, and the maximum period is 15 years.

7. Applications to court under s 6; reporting provisions

(1) If it appears to the Secretary of State that it is expedient in the public interest that a disqualification order under section 6 should be made against any person, an application for the making of such an order against that person may be made –
   (a) by the Secretary of State, or
   (b) if the Secretary of State so directs in the case of a person who is or has been a director of a company which is being wound up by the court in England and Wales, by the official receiver.

....

8. Disqualification after investigation of company

(1) If it appears to the Secretary of State from a report made by inspectors under section 437 of the Companies Act [or section 94 or 177 of the Financial Services Act 1986], or from information or documents obtained under section 447 or 448 of [the Companies Act or section 105 of the Financial Services Act 1986] [or section 2 of the Criminal Justice Act 1987] [or section 52 of the Criminal Justice (Scotland) Act 1987] [or section 83 of the Companies Act 1989] that it is expedient in the public interest that a disqualification order should be made against any person who is or has been a director or shadow director of any company, he may apply to the court for such an order to be made against that person.

(2) The court may make a disqualification order against a person where, on an application under this section, it is satisfied that his conduct in relation to the company makes him unfit to be concerned in the management of a company.

(3) In this section „the court" means the High Court, or, in Scotland, the Court of Session.

(4) The maximum period of disqualification under this section is 15 years.

9. Matters for determining unfitness of directors

(1) Where it falls to a court to determine whether a person's conduct as a director or shadow director of any particular company or companies makes him unfit to be concerned in the management of a company, the court shall, as respects his conduct as a director of that company, or, as the case may be, each of those companies, have regard in particular –

(a) to the matters mentioned in Part I of Schedule 1 to this Act, and

(b) where the company has become insolvent, to the matters mentioned in Part II of that Schedule;

and references in that Schedule to the director and the company are to be read accordingly.

...

Other cases of disqualification

9A. Disqualification for competition infringements

(1) The court must make a competition disqualification order against a person, if it considers that the following two conditions are satisfied in relation to that person.

(2) The first condition is that an undertaking which is a company of which that person is a director commits a breach of competition law.

(3) The second condition is that the court considers that person's conduct makes him unfit to be concerned in the management of a company.

(4) An undertaking commits a breach of competition law if it engages in conduct which infringes any of the following –

(a) the Chapter 1 prohibition (within the meaning of the Competition Act 1998) (prohibition agreements, etc. preventing, restricting or distorting competition);

(b) the Chapter 2 prohibition (within the meaning of that Act) (prohibition on abuse of a dominant position);
(c) Article 81 of the Treaty establishing the European Community (prohibition on agreements; etc. preventing, restricting or distorting competition);
(d) Article 82 of that Treaty (prohibition on abuse of a dominant position).

(5) For the purpose of deciding under paragraph (3) whether a person is unfit to be concerned in the management of a company the court –
(a) shall have regard to whether paragraph (6) applies to him;
(b) may have regard to his conduct as a director of a company in connection with any other breach of competition law;
(c) shall not have regard to the matters mentioned in Schedule 1.

(6) This paragraph applies to a person if as a director of the company –
(a) his conduct contributed to the breach of competition law mentioned in paragraph (2);
(b) his conduct did not contribute to the breach but he had reasonable grounds to suspect that the conduct of the undertaking constituted the breach and he took no steps to prevent it;
(c) he did not know but ought to have known that the conduct of the undertaking constituted the breach.

...

(9) The maximum period of disqualification under this Article is 15 years.

...

10. Participation in wrongful trading

(1) Where the court makes a declaration under section 213 or 214 of the Insolvency Act that a person is liable to make a contribution to a company's assets, then, whether or not an application for such an order is made by any person, the court may, if it thinks fit, also make a disqualification order against the person to whom the declaration relates.

(2) The maximum period of disqualification under this section is 15 years.

11. Undischarged bankrupts

(1) It is an offence for a person who is an undischarged bankrupt to act as a director of, or directly or indirectly to take part in or be concerned in the promotion, formation or management of a company, except with the leave of the court.

...

Consequences of contravention

13. Criminal penalties

(1) If a person acts in contravention of a disqualification order (...) or is guilty of an offence under section 11, he is liable –

(a) on conviction on indictment, to imprisonment for not more than 2 years or a fine, or both; and
(b) on summary conviction, to imprisonment for not more than 6 months or a fine not exceeding the statutory maximum, or both.

...

15. Personal liability for company's debts where person acts while disqualified

(1) A person is personally responsible for all the relevant debts of a company if at any time –

(a) in contravention of a disqualifiaction order or of section 11 of this Act he is involved in the management of the company or,
(b) as a person who is involved in the management of the company, he acts or is willing to act on instructions given without the leave of the court by a person whom he knows at that time to be subject of a disqualification order or to be an undischarged bankrupt.

(2) Where a person is personally responsible under this section for the relevant debts of a company, he is jointly and severally liable in respect of those debts with the company and any other person who, whether under this section or otherwise, is so liable.

(3) For the purpose of the section the relevant debts of a company are –

(a) in relation to a person who is personally responsible under paragraph (a) of subsection (1), such debts and other liabilities of the company, as are incurred at a time when that person was involved in the management of the company, and

(b) in relation to a person who is personally responsible under paragraph (b) of that subsection, such debts and other liabilities of the company as are incurred at a time when that person was acting or was willing to act on instructions given as mentioned in that paragraph.

(4) For the purposes of this section, a person is involved in the management of a company if he is a director of the company or if he is concerned, whether directly or indirectly, or takes part, in the management of the company.

(5) For the purposes of this section a person who, as a person involved in the management of a company, has at any time acted on instructions given without leave of the court by a person whom he knew at that time to be the subject of a disqualification order or to be an undischarged bankrupt is presumed, unless the contrary is shown, to have been willing at any time thereafter to act on any instructions given by that person.

Supplementary provisions

...

17. Application for leave under an order

(1) As regards the court to which application must be made for leave under a disqualification order, the following applies –

(a) where the application is for leave to promote or form a company, it is any court with jurisdiction to wind up companies, and

(b) where the application is for leave to be liquidator, administrator or director of, or otherwise to take part in the management of a company, or to be a receiver or manager of a company' property, it is any court having jurisdiction to wind up that company.

...

18. Register of disqualification orders

(1) The Secretary of State may make regulations requiring officers of courts to furnish him with such particulars as the regulations may specify of cases in which –

(a) a disqualification order is made, or

(b) any action is taken by a court in consequence of which such an order is varied or ceases to be in force, or

(c) leave is granted by a court for a person subject to such an order to do any thing which otherwise the order prohibits him from doing;

and the regulations may specify the time within which, and the form and manner in which, such particulars are to be furnished.

(2) The Secretary of State shall, from the particulars so furnished, continue to maintain the register of orders, and of cases in which leave has been granted as mentioned in subsection (1)(c), which was set up by him under section 29 of the Companies Act 1976 and continued under section 301 of the Companies Act 1985.

(3) When an order of which entry is made in the register ceases to be in force, the Secretary of State shall delete the entry from the register and all particulars relating to it which have been furnished to him under this section of any previous corresponding provision.

(4) The register shall be open to inspection on payment of such fee as may be specified by Secretary of State in regulations.

Miscellaneous and general

...

22. *Interpretation*

(1) This section has effect with respect to the meaning of expressions used in this Act, and applies unless the context otherwise requires.

(2) The expression „company" –

(a) in section 11, includes an unregistered company and a company incorporated outside Great Britain which had an established place of business in Great Britain, and

(b) elsewhere, includes any company which may be wound up under Part V of the Insolvency Act.

(3) Section 247 in Part VII of the Insolvency Act (interpretation for the first Group of Parts of that Act) applies as regards references to a company's insolvency and to its going into liquidation; and „administrative receiver" has the meaning given by section 251 of that Act.

(4) „Director" includes any person occupying the position of director, by whatever name called, and in sections 6 to 9 includes a shadow director.

(5) „Shadow director", in relation to a company, means a person in accordance with whose directions or instructions the directors of the company are ac-

customed to act (but so that a person is not deemed a shadow director by reason only that the directors act on advice given by him in a professional capacity).

Kolibri 360 GmbH
Ferdinand-Jühlke-Straße 7
99095 Erfurt, Deutschland
produktsicherheit@kolibri360.de

Druck:
CPI Druckdienstleistungen GmbH
im Auftrag der
Kolibri 360 GmbH
Ferdinand-Jühlke-Str. 7
99095 Erfurt